試験に

日商簿記1級
とおるテキスト

商業簿記・会計学 II

応用編

実力養成の1冊

Net-School

JN076326

Ⓢ ネットスクール出版

『日商簿記１級に合格するための学校　テキスト』からの主な改訂点

　旧版（学校シリーズ）で「基礎編１」、「基礎編２」、「完成編」と３分冊あったものを、章立てを入れ替えて「基礎編」、「応用編」の２分冊に再構成するとともに、主に以下の点を改訂しました。

『とおるテキストⅠ　基礎編』

(1)　退職給付会計　数理計算上の差異の計算方法を追加

(2)　税効果会計　実効税率の変更を追加、繰延税金資産の回収可能性を追加

(3)　外貨建満期保有目的債券　利息法の処理を追加

(4)　市場価格のない株式等、トレーディング目的で保有する棚卸資産に係る説明の変更
　　「時価の算定に関する会計基準」の公表にともない、「金融商品に関する会計基準」と「棚卸資産の評価に関する会計基準」の一部が改正され、市場価格のない株式等、トレーディング目的で保有する棚卸資産に係る説明を変更しました。

『とおるテキストⅡ　応用編』

(1)　「収益認識に関する会計基準」の新設による収益認識の Chapter を追加

(2)　工事契約における原価回収基準の処理を追加

(3)　連結会計における取得関連費用の処理を追加

(4)　子会社でその他有価証券評価差額金がある場合の持分変動の処理を追加

(5)　有価証券の保有目的の変更の処理を追加

注）旧版の各 Chapter の後ろにありました TRY IT の計算問題については、問題演習として他の問題とあわせて解いてもらうため、『とおるトレーニング』（問題集）に移しました。

本書は、2020 年 10 月末日時点で公表されている会計基準にもとづいて作成しています。

はじめに

選ばれし者達よ、さあ最高峰に挑もう！

　商業簿記・会計学では『収益の認識基準』や『時間価値の計算』、工業簿記・原価計算では『意思決定会計』や『予算実績差異分析』といった、本当に力になる知識が、いよいよ皆さんの前に展開されてきます。それが、日商1級です。

　これらの知識の修得は、日商2級という壁を超えるレベルの人にしか許されていない、というのが現実でしょう。でも、本書を手に取った皆さんは、既にその条件をクリアしていることでしょう。
　すべての人の中で、簿記を学ぶ人の割合、その中で2級レベルまで修得した人の割合を考えれば、それだけでも素晴らしいことです。

　では、この最高峰から見える景色を想像してみましょう。
　今の知識は、皆さんの足元を固める存在になり、目には真実を見る力が、耳にはあらゆる情報をキャッチする能力が、足には利害を見ての行動力、手には物事を動かす力が宿っているはずです。そしてそこからは、峯続きに税理士、その向こうには公認会計士という人生も見渡せることでしょう。
　つまり、スーパーなビジネスパーソンや経営者になるにしても、税理士や公認会計士といった士（サムライ）業を目指すにしても、大いに展望が開ける、それが日商1級です。

　いま皆さんは、日商1級という名の大きな扉の前に立ち尽くしているかもしれません。
　でも、よく見てください。
　目の前にあるのは、そんな大きな扉ではなく、現金預金、有価証券といった、いくつもの小さな扉が並んでいるに過ぎません。未知の扉を1つ1つ開けていくというのは、これまで皆さんがやってきたことと同じです。

　最後にこの扉をうまく開けるコツを、お伝えしておきましょう。
　それは「楽しむこと」です。
　これから目の前に展開されてくる1つ1つの扉を、ぜひ楽しみながら開けていってください。
　この、楽しむという気持ちが、皆さんの未来を輝けるものにしていきますから。

CONTENTS

本書の特徴

ネットスクールでは、日商簿記2級を修了された方が1級に合格するまでの過程として、次の3段階があると考えています。

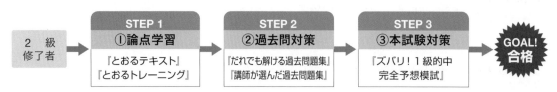

本書は、このうち①論点学習を行うためのテキストで、2級を修了された方が「無理なく効率的に1級の内容をマスターでき、さらに次のステップの②過去問対策や③本試験対策に役立つ知識を身につけることができる」ように構成され、次の特徴があります。

❶ 1級の合格に必要な論点をすべて網羅

本書は、日商簿記検定1級の合格に必要と考えられる論点をすべて網羅したテキストです。もちろん出題実績のある論点だけでなく、今後の出題が予想される論点も掲載しているため、他のテキストはまったく必要ありません。

❷ 過去問レベルまでムリなくステップアップ

一般的な1級カリキュラムでは、1つの章に平易な内容と難しい内容が混在し、学習者のやる気をくじく傾向がありました。そこで本シリーズでは、基礎編と応用編に分け、難関論点と過去問レベルの論点を応用編に配置することで、でこぼこがない学習環境を実現しています。

この2冊を学習することで、1級合格に最低限必要な知識を養うことができます。

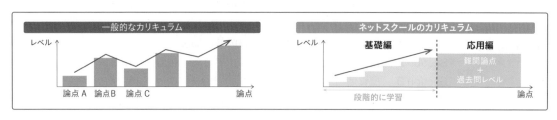

❸ 重要度が一目でわかる

　本書は、読者の皆さんが効率的に学習を進められるように、Sectionごとに重要度を示してあります。この重要度は、本試験での出題頻度や受験対策としての必要性の観点から3段階にランク付けしています。

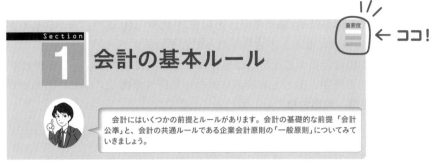

　さらに、Sectionの中の各項目においても重要度を次のように分けて示しています。

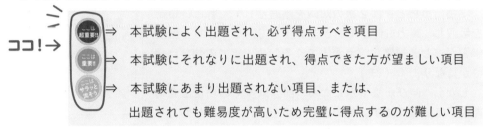

　この重要度により、時間を効率的に使い、的を絞った学習をすることができます。

❹ 問題集『とおるトレーニング』(別売り)で問題を解いて実力UP!

　基礎知識を合格レベルに引き上げるためには、問題演習が欠かせません。テキストを読んで理解し、自分で1つの問題を解けるようになって初めて得点能力が1つ上がります。合格するためにはそれを1つずつ積み上げていくしかありません。そのためには『とおるテキスト』の完全対応問題集である『とおるトレーニング』をあわせてご利用いただくことをおすすめします。

❺ 過去問題集『だれでも解ける過去問題集』(別売り)で、本試験への対応力を付ける!

　過去問題の中から、現金預金なら現金預金だけ、有価証券なら有価証券だけと論点ごとに(横断的に)問題を抜き出し、さらに2級レベルの内容から、1級の難問に至るまで、難易度順に並べたのが、『だれでも解ける過去問題集』です。このヨコ解きによって、論点ごとに実力を確認しながら自然と実力をアップさせていくことができ、また苦手な内容でも「合格に必要なところまでは解ける」ようになります。『だれでも解ける過去問題集』が終わったら、本試験問題をそのまま掲載した『講師が選んだ過去問題集』に進んでください。

日商 1 級の攻略方法

　日商 1 級の試験科目は**商業簿記・会計学・工業簿記・原価計算**の 4 科目で各 25 点の 100 点満点で出題されます。合格点は 70 点ですが、各科目に 40％（10 点）の合格最低点が設けられていて、1 科目でも 10 点未満になると不合格となってしまいます。

　ですから、日商 1 級に合格するためには極端な不得意科目を作らないことがとても重要です。

　また各科目とも学習時間と実力との関係は異なった特性があり、それにあわせた学習をすることは "**学習時間の短縮＝短期合格** " のためにとても重要です。

｜ 商 業 簿 記

出題形式➡ 　商業簿記の出題は、通常、総合問題（25 点分の問題）形式です。

　　　　　　出題パターンとしては、①決算整理後残高試算表の作成、②損益計算書作成、③貸借対照表作成、④本支店会計、⑤連結会計の 5 つがあります。

科目特性➡ 　学び始めたときは 2 級の知識を基礎として、新しい知識を吸収し、実力も伸びていきます（Ⓐ）。しかしある程度学習が進むと複雑な論点が出てくるため、実力の伸びは緩やかになります（Ⓑ）。

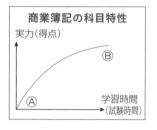

　　　　　　しかし " 伸びが緩やかになる " 部分は多くの場合出題可能性が低い論点です。この部分は手を広げればキリがありませんから重要度の高い論点を中心に学習し、その他はある程度のところで見切りをつけることが、短期合格のためには大切です。

学習方法➡ 　まずは損益計算書・貸借対照表といった一般的な（2 級でも学んだ）論点から始めましょう。『テキスト』（本書）で知識を身につけ『とおるトレーニング』で問題を解いてマスターしてください。

｜ 会 計 学

出題形式➡ 　会計学は 2 問から 3 問の小問で出題されます。通常、このうち 1 問は理論問題、残りは計算問題です。

　　　　　　理論問題は正誤問題または空所補充（穴埋め）問題で出題されています。

　　　　　　計算問題は財務諸表の数値を問うもの、簡単な財務諸表の作成を要求するものなどが出題されています。

科目特性➡ 　論点をひとつマスターするごとに実力もその分だけ伸びていきます。ですから学習時間に比例して実力が伸びるという、正比例の関係にあります。

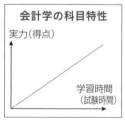

学習方法➡ 　理論問題は計算問題とリンクさせて学習すると効果的です。計算問題を解くさいに理論問題もあわせて見るようにしましょう。計算問題は商業簿記の各論点を学ぶことで実力がつきます。ですから商業簿記と会計学を分けることなく一緒に学習していくのが効率的です。

Chapter 1

会計の基本ルール

> **Point**
> 会計公準や一般原則は、会計学の第1問で出題されています。得点源にすべきところですので、一字一句を暗記するというよりも、内容を理解するようにしてください。

用語集

会計公準
企業が会計を行う上での基礎的前提および仮定

企業会計原則
企業会計の実務の中に慣習として発達したものの中から一般に公正妥当と認められているものを要約したもの

Section 1 会計の基本ルール

会計にはいくつかの前提とルールがあります。会計の基礎的な前提「会計公準」と、会計の共通ルールである企業会計原則の「一般原則」についてみていきましょう。

1 会計公準とは

▶ 会計公準[01]とは、企業が会計を行う上での基礎的前提および仮定をいいます。会計公準には、次の3つがあります。

> 01) 「準」という文字には手本、目安といった意味があります。会計が行われるにあたっての土台のイメージです。

1 企業実体の公準

▶ 企業実体の公準とは、企業はその出資者から分離した別個の存在であり、それを会計単位とする前提です[02]。

この公準により、企業は出資者から独立して企業自体の立場から会計上の計算・記録を行います。

> 02) 企業を、株主のものでも社長のものでもなく、1個の法的に独立した人格(法人)として捉えます。

2 継続企業の公準(会計期間の公準)

▶ 継続企業の公準とは、企業は解散や清算を予定せずに、永久に事業を営むものとする前提です[03]。

したがって、会計を行うにあたっては企業の全存続期間を人為的に区切った会計期間を対象とします。

> 03) この、「企業が永続する」という前提により、会計期間を区切る必要が生じます。

3 貨幣的評価の公準(貨幣的測定の公準)

▸▸ 貨幣的評価の公準とは、企業はその経済活動を貨幣額によって記録・計算・表示するとする前提[04]です。

そのため、企業は会計処理にあたって、貨幣(日本の場合は円)を単位として、記録・計算・表示しなければなりません。

04) すべてを貨幣額で評価するという前提により、逆にヒトなど貨幣的に評価できないものは簿記上の取引とされないことになります。

トレーニングⅡ　Ch1　問題1へ

2 企業会計原則とは

1 企業会計原則とは

▸▸ 企業会計原則[01]とは、企業会計の実務の中に慣習として発達したものの中から、一般に公正妥当と認められたところを要約したものです。

01) 企業が計算すること(企業会計)に関するルール(原則)という意味です。

2 企業会計原則の構成と一般原則

▸▸ 企業会計原則は、「一般原則」、「損益計算書原則」、「貸借対照表原則」の3つで構成されています。

このうち「一般原則」は、損益計算書や貸借対照表の作成に共通する原則であり、以下の7つの原則で構成されています。

「一般原則」
①真実性の原則
②正規の簿記の原則
③資本取引・損益取引区分の原則
④明瞭性の原則
⑤継続性の原則
⑥保守主義の原則
⑦単一性の原則

「損益計算書原則」
損益計算書を適正に作成するための原則

「貸借対照表原則」
貸借対照表を適正に作成するための原則

一般原則について、1つずつみていきましょう。

３ | 真実性の原則

> 企業会計は、企業の財政状態及び経営成績に関して、真実な報告を提供するものでなければならない。
> （一般原則一）

1 意味

▶▶ 真実性の原則は、すべての会計記録・測定および報告にあたり真実を記すことを要請しています。

2 真実性の原則の位置付け

▶▶ 真実性の原則は、企業会計の最高規範であり、他の一般原則より上位に位置する原則です。つまり、真実性の原則は"企業会計における財務諸表は真実なものでなければならない"というもっとも根本的ルールであるのに対し、他の一般原則は"その真実性を確保するためにいかなる手段が必要か"を示す細かいルールである、という関係になっています。

```
┌─────────────────────────────┐
│  真  実  性  の  原  則       │ ← 根本的ルール
└─────────────────────────────┘
  正   資本   明   継   保   単
  規   取引   瞭   続   守   一
  の   ・損   性   性   主   性
  簿   益取   の   の   義   の
  記   引区   原   原   の   原
  の   分の   則   則   原   則
  原   原則              則
  則                            } 細かいルール
```

3 真実性の意味

▶▶ 真実性の原則における真実とは、相対的真実[01]を意味しています。

1つの会計事実について複数の処理の原則や手続が認められるときは、いずれの方法を採るかによって、財務諸表の数値が異なります。

しかし、処理の原則や手続が一般に公正妥当なものと認められるときには、異なる数値が財務諸表に記載されることになっても、その財務諸表はそれぞれ真実な財務諸表です。

01) 相対的真実に対して絶対的真実があります。絶対的真実とは、1つの取引について財務諸表に記載される数値はつねに1つであることを意味します。
※相対的とは見方によって変わることをいいます。たとえば、減価償却で定額法、定率法のどちらを採用しても、その財務諸表は真実なものであるということです。

4　正規の簿記の原則

（ここは重要!!）

企業会計は、すべての取引につき、正規の簿記の原則に従って、正確な会計帳簿を作成しなければならない。

（一般原則二）

1　意味

▷▷　正規の簿記の原則は、正確な会計帳簿の作成とそれにもとづく財務諸表の作成、すなわち誘導法[01]による財務諸表の作成を要請しています。

> **01）**　誘導法とは財務諸表を帳簿記録から誘導して作成する方法です。対して、棚卸法とは期末棚卸によって財務諸表を作成する方法です。

2　正確な会計帳簿の要件

▷▷　正確な会計帳簿とは、⑴網羅性、⑵検証可能性、⑶秩序性の３つの要件を満たす会計帳簿をいいます。

⑴　網　羅　性	会計帳簿に記録すべき事実はすべて正しく記録され、記帳漏れや架空記録がないこと[02]。
⑵　検証可能性	記録はすべて客観的に証明可能な証ひょう資料にもとづいていること。
⑶　秩　序　性	すべての記録が、一定の法則に従って組織的・体系的に秩序正しく行われていること。

> **02）**　貸借対照表上、網羅性を表した原則を「貸借対照表完全性の原則」といい、すべての資産・負債・純資産を記載しなければならないというルールです。

トレーニングⅡ　Ch1　問題2・3へ

5 | 資本取引・損益取引区分の原則

資本取引と損益取引とを明瞭に区別し、特に資本剰余金と利益剰余金とを混同してはならない。

（一般原則三）

▸▸ 資本取引[01]・損益取引[02]区分の原則[03]は、"資本"（元本：維持拘束すべきもの）と"利益"（果実：分配可能なもの）を<u>区別すること</u>を要請する原則です[04]。

貸借対照表上、株主資本の資本金・資本剰余金と利益剰余金との区別が要請されています。

貸借対照表

資　　産	負　　債	
	資　本　金	維持拘束すべきもの
	剰 余 金　資本剰余金	←区別
	利益剰余金	分配可能なもの

01) 増資取引など、資本金と資本剰余金が増減する取引をいいます。
02) 収益取引と費用取引に分けられ、最終的に利益剰余金が増減する取引をいいます。
03) この原則は、「剰余金区分の原則」や「資本と利益の区別の原則」ともいわれています。
04) 資本と利益を混同すると、維持すべき剰余金が流出する"資本の食い潰し"や、その逆の"利益隠し"となります。したがって両者を明確に区別することが要求されているのです。

トレーニングⅡ　Ch1　問題4へ

┗ 明瞭性の原則

企業会計は、財務諸表によって、利害関係者に対し必要な会計事実を明瞭に表示し、企業の状況に関する判断を誤らせないようにしなければならない。　　　　　　　　　　　　　（一般原則四）

1　意味

▸　明瞭性の原則は、財務諸表の利用者である利害関係者が判断を誤らないように、必要な会計記録とそれが導きだされる過程などを明らかにすることを要請しています。

2　明瞭性の内容

⑴　形式に関する明瞭性

▸　利害関係者が容易に理解できるような表示方法を採用することを要求したものであり、具体的には次のものが示されています。

① 損益計算書および貸借対照表の様式
② 損益計算書および貸借対照表の区分表示
③ 科目の明瞭な分類
④ 科目の系統的配列
⑤ 総額主義[01]による表示

⑵　内容に関する明瞭性

▸　財務諸表に表示された科目や金額が、どのような会計処理の原則および手続により決定されたかを開示することを要求するものであり、具体的には次のものがあげられます。

① 重要な会計方針および重要な後発事象[02]などの注記
② 財務諸表附属明細表（損益計算書および貸借対照表の重要項目についての詳細を示す報告書）

01) Chapter2で学習します。　　**02)** 1-13ページ参照。

トレーニングⅡ　Ch1　問題5へ

7 │ 継続性の原則

企業会計は、その処理の原則および手続を毎期継続して適用し、みだりにこれを変更してはならない。

(一般原則五)

1 意味

▶▶ 継続性の原則は、1つの会計事実について、複数の会計処理の原則または手続の選択適用が認められている場合に、企業がそのうちの1つをいったん採用したならば、その会計処理の原則および手続を毎期継続して適用することを要請しています。

2 継続性の原則の必要性

▶▶ 継続性の原則が必要とされるのは、⑴利益操作を排除し、⑵財務諸表の期間比較性を確保するためです。

⑴ 利益操作の排除

▶▶ 減価償却などのように、いくつかの方法が認められている場合、採用した方法により算定される利益が異なります。

そのため、採用した方法の自由な変更を認めると、利益操作が可能になってしまいます。

⑵ 財務諸表の期間比較性の確保

▶▶ 前期と当期とで財務諸表作成の基礎となる会計処理や手続が異なっていると、正しい期間比較はできなくなります。

同じ条件のもとでの比較を可能にするために、継続性の原則が必要となります。

実務上は処理の原則や手続きを
"継続して適用している"ということによって
作成された財務諸表は"真実である"
と判断されることが多々あります

3 継続性の変更

継続性の変更は、1つの会計事実について、2つ以上の会計処理が認められている場合に、適正な処理から適正な処理へ変更するときに問題になります。

適　正　な　処　理　→　認められない処理　……　**認められない**
認められない処理　→　認められない処理　……　**認められない**
認められない処理　→　適　正　な　処　理　……　**当然の変更**(継続性の問題とならない)
適　正　な　処　理　→　適　正　な　処　理　……　正当な理由があるか否かが問題となる

正当な理由は、企業の内的理由と外的理由とに分けることができ、具体的には次の例をあげることができます。

正当な理由により、会計処理の原則または手続に重要な変更を加えたときは、これを財務諸表に注記しなければなりません[01]。

01)　1-13ページ参照。

正当な理由 ┬ **内的理由** ⇒ 企業の大規模な経営方針の変更
　　　　　　│　　　　　　　⎧取扱品目の変更、製造方法の変更、⎫
　　　　　　│　　　　　　　⎩経営組織の変更など　　　　　　　⎭
　　　　　　└ **外的理由** ⇒ 経済環境の急激な変化
　　　　　　　　　　　　　　⎧国際経済環境の急変、急激な貨幣価値⎫
　　　　　　　　　　　　　　⎩の変動、関連法令の改廃など　　　　⎭

トレーニングⅡ　Ch1　問題6へ

🔒 保守主義の原則

企業の財政に不利な影響を及ぼす可能性がある場合には、これに備えて適当に健全な会計処理をしなければならない。
（一般原則六）

1 意味

保守主義の原則は、企業の発展のために、予想される将来の危険に備えて慎重な判断にもとづく会計処理を行うことを要請しています[01]。

01)　たとえば、費用を多めに計上すること、および不確実な収益を計上しないことを要請しています。

2 保守主義の原則の適用例

▶ 保守主義の適用例として、次のものがあります。

(1) 将来に発生が予想される費用または損失に備える引当金の設定

(2) 減価償却における定率法の採用

3 過度の保守主義

▶ 貸倒引当金の額を見積額より多く計上したり、発生の可能性の少ない引当金を設定したりといった、意図的に利益を少なくしようとする 過度の保守主義は認められません[02]。

02) つまり、保守主義の原則は真実性の原則に反しない範囲で認められる原則なのです。

トレーニングⅡ　Ch1　問題7へ

9 単一性の原則

株主総会提出のため、信用目的のため、租税目的のため等種々の目的のために異なる形式の財務諸表を作成する必要がある場合、それらの内容は、信頼しうる会計記録に基づいて作成されたものであって、政策の考慮のために事実の真実な表示をゆがめてはならない。（一般原則七）

▶ 単一性の原則は、目的別に財務諸表の表示形式が異なること(形式多元)はかまいませんが、財務諸表の作成の基礎となる会計記録は単一(実質一元)であることを要請しています[01]。

つまり、二重帳簿の作成を排除する原則です。

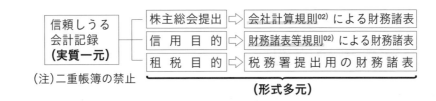

01) 単一性の原則は「実質一元・形式多元」と覚えましょう。
02) 1-15ページ参照。

トレーニングⅡ　Ch1　問題8へ

10 重要性の原則

これまでの7つの原則が企業会計原則の一般原則ですが、この一般原則に準じるものとして、重要性の原則があります。

> 企業会計は、定められた会計処理の方法に従って正確な計算を行うべきものであるが、企業会計が目的とするところは、企業の財務内容を明らかにし、企業の状況に関する利害関係者の判断を誤らせないようにすることにあるから、重要性の乏しいものについては、本来の厳密な会計処理によらないで他の簡便な方法によることも正規の簿記の原則に従った処理として認められる。
>
> （注解【注1】）

1 意味

企業会計の目的は、利害関係者に有用な情報を提供することにあるため、会計処理や財務諸表の表示にあたって、重要性の乏しいものについては簡便な処理や表示方法を容認するという原則です[01] [02]。

01) すべて厳密な方法によると、いたずらに複雑なものになってかえって判断を誤らせるおそれがあるためです。
02) 一方、重要性の高いものは厳密な会計処理や明瞭な表示を要請しています。

2 正規の簿記の原則との関連

正規の簿記の原則は、会計帳簿の網羅性を要請しています。ただし、重要性の原則によって簡便な処理を行った結果生じる簿外資産や簿外負債は、正規の簿記の原則に反しないものとして認められます。

> コピー用紙（消耗品）50,000円を購入時に費用として処理した。
>
> ⇒決算時に10,000円分のコピー用紙が残っていた。
>
> ⇒金額が僅少なため、消耗品（資産）として処理しなかった（全額当期の費用として処理した）。
>
> ⇒簿外資産：消耗品 10,000円
>
> なお、架空資産や架空負債の計上は、いかなる場合も認められません。

重要性の原則の適用により認められている。

トレーニングⅡ　Ch1　問題9へ

⤷ 重要性の判断基準には、**1 金額の重要性**と**2 科目の重要性**があります。

1 金額の重要性（量的基準）

⤷ 金額的に僅少なものについては、簡便な会計処理を認めるとするものです。

具体例として次のものがあります。

(1) 消耗品などの貯蔵品について、買入時または払出時に費用として処理することができる。
(2) 前払費用、未収収益、未払費用、前受収益について、経過勘定項目として処理しないことができる。
(3) 引当金のうち重要性の乏しいものは、計上しないことができる。
(4) 商品など棚卸資産の取得で発生した付随費用は、取得原価に含めず、費用として処理することができる。

2 科目の重要性（質的基準）

⤷ 重要性の高い科目は独立科目で、低い科目はまとめて表示するものです。

具体例としては、次のようなものがあります。

(1) 役員等企業内部の者や親会社・子会社に対する債権や債務は、特別の科目（役員貸付金・子会社貸付金など）を設けて表示するか、または注記をする。→重要性の高い科目
(2) 分割返済の定めのある長期の債権・債務を単に固定資産・固定負債として表示できる。→ 重要性の低い科目
(3) 法人税の追徴税額および還付税額のうち、重要性の乏しいものは、当期の負担額に含めて表示することができる。→ 重要性の低い科目

私は B/S に役員貸付金がある会社は信用しません
株主から受けた投資（資本）を役員が個人的に
流用している可能性があるためです
役員貸付金、重要です

参考 注記事項

注記とは、財務諸表の補足的説明です。財務諸表に注記事項を記載するのは、明瞭性の原則によって、利害関係者が企業の状況（財政状態・経営成績）に関する判断を誤らないよう、会計事実を明瞭に表示することが要請されているからです。

注記の例として、重要な会計方針、重要な後発事象、1株当たり当期純利益などがあります。

1 重要な会計方針[01]

会計方針とは、企業が財務諸表の作成にあたって採用した会計処理の原則および手続をいいます。重要な会計方針は財務諸表に注記しなければなりません。

注記すべき会計方針として次のものがあります[02]。

(1) 有価証券の評価基準および評価方法
(2) 棚卸資産の評価基準および評価方法
(3) 固定資産の減価償却方法
(4) 繰延資産の処理方法
(5) 外貨建資産・負債の本邦通貨への換算基準
(6) 引当金の計上基準
(7) 費用・収益の計上基準

01) 注解【注1-2】
02) ユウ・タナ・コ・クリ・ガイ・ヒキ・ヒと頭文字をとって覚えておきましょう。

2 重要な後発事象

後発事象[03]とは、貸借対照表日（決算日）の翌日から財務諸表作成日までに発生した事象で、次期以降の財政状態および経営成績に影響を及ぼすものをいいます。

後発事象が発生した場合、次期の財務諸表で開示されます[04]が、それでは利害関係者が判断を誤る可能性が高くなります。そこで、重要な後発事象については財務諸表に注記することが要請されています。

重要な後発事象には次のものがあります。

(1) 火災、出水等による重大な損害の発生
(2) 多額の増資または減資、多額の社債の発行、繰上償還
(3) 会社の合併、重要な営業の譲渡または譲受
(4) 重要な係争事件の発生または解決
(5) 主要な取引先の倒産

03) 注解【注1-3】
04) 当期末で倒産の可能性が高く、決算日後すぐに倒産した場合などでは、当期の財務諸表を修正することもあります。

▹ 　財務諸表は決算日の当日に作成されるものではなく、そこから約2カ月後に完成するものです。

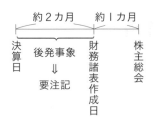

3　1株当たり当期純利益

▹ 　1株当たり当期純利益を注記する目的は、一会計期間における企業の成果を示し、投資家の的確な投資判断に役立つ情報を提供することにあります。

　1株当たり当期純利益は、次の算式で算定します。

$$\text{1株当たり当期純利益} = \frac{\text{普通株式に係る当期純利益}}{\text{普通株式の期中平均株式数}}$$

$$\text{期中平均株式数}^{05)} = \text{期首発行済株式数} + \text{期中発行株式数} \times \frac{\text{新株発行日から期末までの日数}}{\text{365日}}$$

▹ 　分子の普通株式に係る当期純利益は、期中に平均的に発生するものと考えられるので、分母の株式数も普通株式の期中平均とします。

05) 　次の算式で簡便に計算することもあります。

$$\text{期中平均株式数} = \frac{\text{期首発行済株式数} + \text{期末発行済株式数}}{2}$$

参考　## 連結財務諸表作成の一般原則

1. 真実性の原則
▹ 　連結財務諸表は、真実な報告を提供するものでなければならない。

2. 個別財務諸表準拠性の原則 [01)]
▹ 　連結財務諸表は、一般に公正妥当と認められる企業会計の基準に準拠して作成した個別財務諸表を基礎として作成 [02)] しなければならない。

3. 明瞭性の原則
▹ 　連結財務諸表は、必要な財務情報を明瞭に表示するものでなければならない。

4. 継続性の原則
▹ 　連結財務諸表作成のために採用した基準及び手続は、毎期継続して適用し、みだりにこれを変更してはならない。

01) 　基準性の原則とも呼ばれます。

02) 　連結財務諸表作成の基礎となる個別財務諸表は正規の簿記の原則、剰余金区分の原則、保守主義の原則、単一性の原則といった各原則に従って作成されています。したがって、連結財務諸表原則ではこれらの各原則は個別財務諸表準拠性の原則に含まれているといわれます。

参考 | 会計のルールと会計制度

(1)　会計のルール

　　一般に公正妥当と認められる会計慣行としては、「企業会計原則」のほかにも個々の事象について規定した右の「会計基準」があります。

主な会計基準(一部)

「金融商品に関する会計基準」

「棚卸資産の評価に関する会計基準」

「固定資産の減損に関する会計基準」など

(2)　会計制度

　　わが国の会計制度は上記の会計慣行を様々な法律が利用することにより形成されています。

①　金融商品取引法

　　金融商品取引法では、証券取引所に上場している会社に対して「有価証券報告書[01]」を各事業年度終了後３カ月以内に内閣総理大臣に提出することを義務づけています。

　　主な法律としては、「金融商品取引法」、「会社法」などがあります。

②　会社法

　　会社法では、会社に対して「会社計算規則」にもとづいて計算書類[02]を作成し、株主総会への提出を義務づけています。

01)　「有価証券報告書」における「経理の状況」の箇所に財務諸表を記載します。

02)　会社法では、財務諸表を「計算書類」と呼びます。

	金融商品取引法	会　社　法
目　　的	投資家保護	株主および債権者保護
規　制　対　象	上場している会社など	すべての株式会社
財務諸表の様式	「財務諸表等規則」などに従って作成	「会社計算規則」などに従って作成
個別財務諸表	貸借対照表 損益計算書 株主資本等変動計算書 キャッシュ・フロー計算書など	貸借対照表 損益計算書 株主資本等変動計算書など
連結財務諸表	連結貸借対照表 連結損益計算書 連結株主資本等変動計算書 連結包括利益計算書 連結キャッシュ・フロー計算書など	連結貸借対照表 連結損益計算書 連結株主資本等変動計算書など

次の各文章の空欄に適切な語句を記入しなさい。

一般原則等

⑴　企業会計は、企業の財政状態および経営成績に関して、（　ア　）を提供するものでなければならない。

⑵　企業会計は、すべての取引につき、（　イ　）の原則に従って、正確な会計帳簿を作成しなければならない。

⑶　（　ウ　）と損益取引を明瞭に区別し、特に（　エ　）と利益剰余金とを混同してはならない。

⑷　企業会計は、財務諸表によって、利害関係者に対し必要な会計事実を（　オ　）に表示し、企業の状況に関する判断を誤らせないようにしなければならない。

⑸　企業会計は、その処理の原則および手続を毎期（　カ　）し、みだりにこれを変更してはならない。

⑹　企業の財政に不利な影響を及ぼす可能性がある場合には、これに備えて適当に健全な（　キ　）をしなければならない。

⑺　株主総会提出のため、信用目的のため、租税目的のため等種々の目的のために異なる形式の財務諸表を作成する必要がある場合、それらの内容は、信頼しうる（　ク　）にもとづいて作成されたものであって、政策の考慮のために事実の真実な表示をゆがめてはならない。

⑻　企業会計は、定められた会計処理の方法に従って正確な計算を行うべきものであるが、企業会計が目的とするところは、企業の財務内容を明らかにし、企業の状況に関する利害関係者の判断を誤らせないようにすることにあるから、重要性の乏しいものについては、本来の厳密な会計処理によらないで他の簡便な方法によることも（　ケ　）の原則に従った処理として認められる。

⑼　企業会計原則は、企業会計の実務の中に慣習として発達したものの中から、一般に（　コ　）と認められたところを要約したものであって、必ずしも法令によって強制されないでも、すべての企業がその会計を処理するにあたって従わなければならない基準である。

A TRY IT! │解答│

ア	イ	ウ	エ	オ
真実な報告	正規の簿記	資本取引	資本剰余金	明瞭

カ	キ	ク	ケ	コ
継続して適用	会計処理	会計記録	正規の簿記	公正妥当

各⑩点　　合計**100**点

Chapter
2

損益計算書の
基本ルール

Point

このChapterでは、主に費用と収益をどのような考え方にもとづいて計上し、損益計算書上、表示するかについて学習していきます。会計学の第1問の理論問題で出題されていますが、会計の基本となる考え方になりますので、全体を理解するようにしてください。

用語集

現金主義
現金の収入・支出にもとづいて収益・費用を認識する基準

発生主義
経済的価値の増加・減少にもとづいて収益・費用を認識する基準

費用収益対応の原則
当期の成果である収益に、収益を獲得するためにかかった費用を対応させることにより、純成果である期間損益を計算する原則

費用配分の原則
資産の取得原価を、費用が発生した期間などにもとづいて、当期の費用と次期以降の費用に配分する原則

総額主義の原則
損益計算書上、収益と費用を相殺してはならないという原則

Section

1 損益計算書のルール

損益計算書は財務諸表の一つとして一般に公開されるものです。
したがって損益計算書には「いつ収益や費用を認識するのか」「収益や費用の金額をいくらにするのか」といったことに共通のルール(原則)が定められています。
これらの損益計算書に関するルールについてみていきましょう。

1 純損益の計算方法

▶ 純損益の計算方法には、次の2つがあります。

1 財産法

▶ 財産法とは、期首と期末の純財産(正味財産)の差額から純損益を計算する方法です。

2 損益法

▶ 損益法とは、一会計期間における総収益と総費用の差額により純損益を計算する方法です。

現行会計は損益法による計算を中心としています。

参考　認識と測定

▶ 会計では、総収益と総費用は(1)認識と(2)測定という2つのプロセスを経て決定されます。

認　識：ある収益・費用がどの期間に帰属するのかを決定すること。← いつ

測　定：認識された収益・費用の金額を決定（＝評価）すること。← いくら

たとえば、決算日を3月末日（年1回）とするS会社では、2月1日に店舗の火災保険料1年分（10,000円／月）を支出した場合に、「このうち当期の保険料となるのは2カ月分（2/1〜3/31）である」と決定するのが認識であり、「当期の保険料と認識された費用の金額を120,000円×$\dfrac{2カ月}{12カ月}$」と決定するのが測定（評価）です。ちなみに、「計上」という言葉は「認識」＋「測定」を意味します。

トレーニングⅡ　Ch2　問題1へ

2 | 損益計算書原則

▶ 損益計算書に関するルール（原則）には、次のものがあります。

損益計算書の本質	①費用収益対応の原則⇒ 4 　②費用配分の原則⇒ 5
費用の認識基準	発生主義の原則⇒ 3
収益の認識基準	実現主義の原則⇒ 3
費用・収益の測定基準	収支額基準⇒ 6
金額の表示基準	総額主義の原則⇒ 7
項目の表示基準	費用収益対応表示の原則⇒ 8

3 | 費用・収益の認識基準

> 「認識」というのは、会計上は『いつ』というタイミングを指します。したがって「費用や収益をいつのタイミングで認識するのが適切か」というのがここのテーマです。

なお、収益の認識について、ここでは伝統的な考え方である企業会計原則における実現主義について学習します。

ただし、2021年4月以降は「収益認識に関する会計基準」が適用され、収益の認識の要件が「実現」から「履行義務の充足」（資産に対する支配が売り手から買い手へ移転すること）に変更されます[01]。

> 01) 「収益認識に関する会計基準」については、くわしくはChapter 8で学習します。なお、「収益認識に関する会計基準」が適用されるのは証券取引所に上場しているなど規模の大きな企業です。中小企業では強制されないため、引き続き実現主義が適用されます。

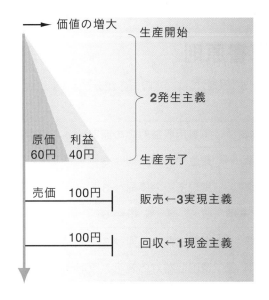

> まず、現金主義、発生主義、実現主義についてまとめると、以下のとおりです。

	長　　所	短　　所
現金主義	外部との取引価格のため客観性がある。	価値の増減と現金の収支は一致しない。
発生主義	費用の認識について合理性がある。	収益について金額の客観性が乏しい。
実現主義	収益の認識について合理性があるだけでなく、金額についての客観性もある。	特　に　な　し

1 現金主義

▶ むかし話からはじめましょう。

会計が行われるようになった当初「収益＝収入、費用＝支出」と考えていたと思われます。この考え方を現金主義といいます。

しかし現金主義では、当期に売り上げても代金を回収できなければ収益になりませんし、広告を出しても代金を支払わなければ費用にもなりません。これでは、現代の収益・費用の認識基準としては、価値の増減と一致しないため不適切です。

現金主義×　∵価値の増減と現金の収支は一致しない

現金主義：現金の収入・支出にもとづいて収益・費用を認識する基準

2 発生主義

▶ そこで次に、「価値が生まれたときに収益を認識し」「価値が減った（使った）ときに費用を認識する」という発生主義が出てきました。

価値の増減に従うのですから、合理的な基準です。費用についてはそれでいいでしょう。しかし収益に適用するにあたり、認識には客観性が必要だとすると、問題があります。

たとえば、60円の原価をかけて100円で売れる製品ができるとしましょう。

ならば「30円の原価をかければ収益は50円となるのか」と言われると、作りかけの半製品にそれだけの価値はないでしょうし、第一、60円の原価をかけたからといって、つねに100円で売れるとは限らないはずです。つまり、収益について適用するには、金額の客観性が乏しいのです。

発生主義○　⇒費用の認識は価値が減ったときでOK

発生主義×　∵収益を発生主義で認識するには、金額の客観性が乏しい

発生主義：経済的価値の増加・減少にもとづいて収益・費用を認識する基準

3 実現主義

▶ こうして収益の旅は続き、ついに「発生した価値が明確かつ客観的になった時点で収益を認識する」という実現主義に行き着きます。

明確かつ客観的になった時点とは、お客さんが現れて金額が決まり、販売した時点です。

収益はこの販売した時点で認識することになります。

実現主義○ ⇒収益の認識は実現主義でOK
∴販売＝収益の計上

実現主義：企業外部の第三者に財貨または役務[02]を提供し、現金または現金等価物[03]を受領したときに収益を認識する基準

---

02) 商品やサービスのことです。
03) 売掛金や受取手形が該当します。

▶ このような経緯で、費用については発生主義、収益については実現主義で認識することになったのです。

そうすると、さらに問題が生じます。

認識基準が同じならば、単純にその差額が純損益でいいのですが、費用と収益で認識基準が違うのでその調整が必要になってきます。

4 費用収益対応の原則

▶ 費用は発生主義、収益は実現主義で認識するとなると、この差を調整しなければなりません。

また、調整した結果を記載したものが損益計算書です。では、この調整方法をみていきましょう。

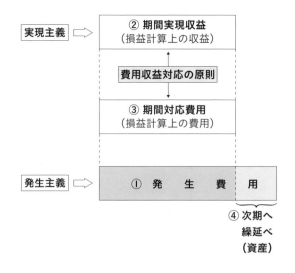

▸　たとえば、商品3個を＠10円で仕入れ、このうち2個を＠14円で販売したとしましょう。

(1)　**発生費用の認識**

　　まず、商品3個分の30円を仕入という費用として認識します。

(2)　**収益を認識**

　　次に、販売した商品2個分の収益28円を認識します。

(3)　**発生費用のうち、認識した収益に対応した部分を抜き出す**

　　商品3個分の30円のうち、販売した2個分20円を抜き出し、収益28円と対応させ、純利益8円を計算します。

　　この発生費用から収益に対応した部分を抜き出して対応させる原則を「費用収益対応の原則」といい、損益計算書の本質的なルールになります。

(4)　**残りは資産**

　　発生費用のうち、収益に対応しなかった1個分10円は、資産として次期に繰り越し、貸借対照表に記載します。

　　つまり費用収益対応の原則は、費用と資産を切り分けるカッターナイフのような原則でもあるのです。

費用収益対応の原則：当期の成果である収益に、収益を獲得するためにかかった費用を対応させることにより純成果である期間損益を計算する原則

損益計算書

Ⅰ　売　上　高		(2) 28
Ⅱ　売　上　原　価		
1　期首商品棚卸高	0	
2　当期商品仕入高	(1) 30	
計	30	
3　期末商品棚卸高	(4) 10	(3) 20
売　上　総　利　益		8

貸借対照表

商　　　品　(4) 10	

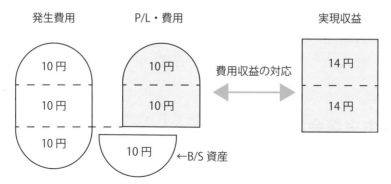

発生費用	P/L・費用		実現収益
10 円	10 円		14 円
10 円	10 円	費用収益の対応	14 円
10 円	10 円 ←B/S 資産		

5 | 費用配分の原則

▶ では、次に建物の減価償却費について考えてみましょう。

建物の減価償却費は、売上原価と違って、特定の収益に対応する費用というわけではありません。

ですから、費用収益対応の原則で収益に対応させようにも、相手になる収益がいません。

そこで今度は、期間を相手にして費用計上します[01]。

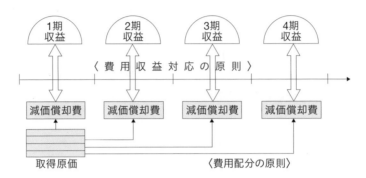

> 01) 減価償却費は売上原価と異なり、収益との1対1の関係が明確でないので、期間の収益に対する期間の費用ととらえます。ちなみに、これらの費用が記載される区分がP/L「販売費及び一般管理費」です。

6 | 費用・収益の測定基準（収支額基準）

▶ 費用・収益は支出額・収入額にもとづいて測定します[01]。この場合の支出額・収入額とは当期の支出額・収入額だけでなく、過去および将来の支出額・収入額を含みます[02]。

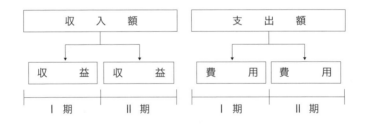

> 01) "いくら"という金額の問題を「測定」といいます。
> 02) 当期に収入があっても当期の収益になるとは限りません。→前受収益
> また、次期以降の収入であっても当期の収益とすることもあります。→未収収益

参考 | 発生主義会計

▶ 現行制度会計における損益会計は「発生主義会計」であるといわれています。

この「発生主義会計」とは、発生主義を基本に、収益を実現主義で認識するという制約を加え、かつ実現収益と費用とを対応させる損益会計のシステムです。

7 | 総額主義の原則

総額主義の原則[01]は、損益計算書上、費用と収益を相殺してはならないという原則です。つまり費用と収益を直接相殺することによって、その全部または一部を損益計算書から除外してはならないとしています[02]。

この原則は毎期の利益がどのような収益、費用によって生み出されたかを明らかにするために要請されています[03]。

ただし、次のような例外もあります。

> **01)** 損益計算書原則—B
> **02)** こんな除外が許されるならば、損益計算書は当期純利益の一行で終わってしまいます。
> **03)** 総額主義の原則は「明瞭性の原則」の適用例の一つです。

1 売上高、仕入高

総売上高・総仕入高から返品、割戻しを控除した純売上高・純仕入高による表示が行われます[04]。

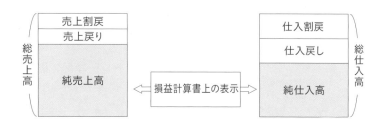

> **04)** ただし割引については控除せず、営業外損益として表示します。

2 為替差損益

為替差益・為替差損については、両者を相殺していずれか一方で表示します。

🔒 費用収益対応表示の原則

▸ 費用収益対応表示の原則[01]とは、費用お
よび収益はその発生した源泉（理由）によって明
瞭に分類し、各収益項目とそれに関連する費用
項目とを損益計算書に対応表示することを要請

する原則です。費用収益の対応表示には実質的
対応関係にもとづくものと、取引の同質性にも
とづくものがあります。

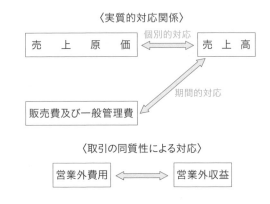

〈実質的対応関係〉

| 売　上　原　価 | ←個別的対応→ | 売　上　高 |

期間的対応

| 販売費及び一般管理費 |

〈取引の同質性による対応〉

| 営業外費用 | ⟺ | 営業外収益 |

01) 損益計算書原則—C

トレーニングⅡ　Ch2　問題2・3へ

Section 2 財務会計の概念フレームワーク

いきなり「財務会計の概念フレームワーク」と聞いてもイメージがわかないかと思います。一般的に概念とは、物事の意味・内容のことをいい、フレームワークとは枠組みのことをいいます。

つまり、イメージとしては財務会計の意味・内容を一定の枠組みにしたものということになります。ここは抽象的な内容ですので、簡単にみていきましょう。

1 財務会計の概念フレームワークの役割

▶▶ 「財務会計の概念フレームワーク(以下、概念フレームワークとします。)」は、企業会計(財務会計)の基礎にある前提や概念を体系化するために、会計基準を設定している企業会計基準委員会より公表されたものです。

それは、会計基準の概念的な基礎を提供するものであり、これによって、会計基準に対する理解が深まり、会計基準の変化についての予見可能性が高まる効果があります[01]。

01) 他に財務諸表の利用者が会計基準を解釈するさいに無用のコストが生じることを避けるなどといった効果があります。

2 財務会計の概念フレームワークの構成

▶▶ 概念フレームワークは、以下の4つの章[01]より構成されています。

第1章 財務報告の目的
第2章 会計情報の質的特性
第3章 財務諸表の構成要素
第4章 財務諸表における認識と測定

▶▶ 本テキストでは、上記の中でやや重要な財務報告の目的と、財務諸表の構成要素について簡単にみていきます。

01) 章のタイトルを覚える必要はありません。

3 財務報告の目的

ここは
重要!!

1 財務報告の目的

▶▶ 概念フレームワークでは、財務報告の目的を「投資家による企業成果の予測と企業価値の評価に役立つような、企業の財務状況の開示」にあるとしています。

2 財務状況の開示

▶▶ 「企業の財務状況の開示」とは、企業の投資のポジション（ストック[01]）とその成果（フロー[01]）を開示することとしています。

　企業は資金を株主・債権者から純資産・負債として調達し、商品や有形固定資産、有価証券などに投資をし、それらを利用して活動を行った結果、成果として収益を得ます。

　そのため、投資のポジションとは企業の財政状態、投資の成果とは企業の経営成績とイメージしておけばいいでしょう。

> **01)** たとえば、ダムにたまっている水量をストックといい、ダムから出たり入ったりする水量のことをフローといいます。財務諸表では、経営成績を表す損益計算書がフロー（一定期間）、財政状態を表す貸借対照表がストック（一定時点）ということになります。

4 財務諸表の構成要素

ここは
超重要!!

▶▶ 財務報告の目的である投資のポジションを表す貸借対照表の構成要素とその定義についてみていきます[01]。

資　産：資産とは、過去の取引または事象の結果として、報告主体[02]が支配[03]している経済的資源[04]をいいます。

負　債：負債とは、過去の取引または事象の結果として、報告主体が支配している経済的資源を放棄もしくは引き渡す義務、またはその同等物をいいます。

純資産：純資産とは、資産と負債の差額をいいます。

株主資本：純資産のうち報告主体の所有者である株主に帰属する部分をいいます。

> **01)** 損益計算書の構成要素である収益、費用、純利益の定義については、「収益認識に関する会計基準」の適用により今後の出題可能性は低いと考えられるため、本書では割愛しています。
> **02)** 報告主体とは財務諸表を作成する企業を指します。
> **03)** 支配とは、報告主体が経済的資源を利用し、そこから生み出される利益を受けることができる状態をいいます。
> **04)** 経済的資源とは、キャッシュの獲得に貢献する利益の源泉をいいます。

| 参考 | **資産・負債アプローチと収益・費用アプローチ** |

1 会計上の利益の捉え方

▶ 会計上の利益の捉え方については、資産・負債アプローチと収益・費用アプローチの2つの考え方があります。

> 資産・負債アプローチ：まず、資産や負債を定義し、資産と負債の差額である純資産の当期変動額を利益とする考え方
>
> 収益・費用アプローチ：収益・費用を重視し、収益と費用の差額を利益とする考え方

2 わが国の会計

▶ わが国の会計は、従来「企業会計原則」に則り、主に収益・費用アプローチをとっていました。その後、会計の国際化の流れの中で「財務会計の概念フレームワーク」では、資産・負債アプローチをとりいれています[01]。

ただし、純利益も重視し、資産・負債アプローチと収益・費用アプローチが混在したハイブリッド構造になっています。

01) 個々の会計処理でも、「固定資産の減損に係る会計基準」における回収可能価額や「資産除去債務に関する会計基準」における資産除去債務など、割引現在価値によりまず資産・負債を把握していることから、資産・負債アプローチをとりいれていると考えることができます。

トレーニングII　Ch2　問題4へ

朝10,000円持っていて、今日バイトして8,000円稼ぎ食費などに5,000円使い、夜に13,000円持っていたとすると…。

利益＝ 8,000円－ 5,000円＝3,000円←収益・費用アプローチ
利益＝13,000円－10,000円＝3,000円←資産・負債アプローチ

Q TRY IT! │理論問題│概念フレームワーク│

次の文章の空欄に適切な語句を記入しなさい。

1. 財務報告の目的

投資家は不確実な将来キャッシュ・フローへの期待のもとに、自らの意思で自己の資金を企業に投下する。

財務報告の目的は、投資家の意思決定に資する（　ア　）制度の一環として、（　イ　）とその（　ウ　）を測定して開示することである。

2. 財務諸表の構成要素

(1) 財務諸表の構成要素を特定し、それらに定義を与えることを通じて、財務報告が対象とすべき事象を明確にしている。そうすることで、環境の変化により新たな経済事象が生じたとき、それを財務報告の対象に含めるか否かの指針としての機能が果たされる。

(2) 概念フレームワークでは、（　イ　）と（　ウ　）を表すため、貸借対照表および損益計算書に関する構成要素として、資産や負債、純資産、株主資本、包括利益、純利益、収益、費用を定義している。

① 資産

資産とは、過去の取引または事象の結果として、報告主体が（　エ　）している（　オ　）をいう。

② 負債

負債とは、過去の取引または事象の結果として、報告主体が（　カ　）している（　キ　）を放棄もしくは（　ク　）義務、またはその同等物をいう。

③ 純資産

純資産とは、資産と負債の差額をいう。

④ 株主資本

純資産のうち報告主体の所有者である株主に帰属する部分をいう。

A TRY IT! │解答│

ア	イ	ウ	エ	オ
ディスクロージャー	投資のポジション	成　　果	支　　配	経済的資源
⑩	⑩	⑩	⑩	⑩

カ	キ	ク
支　　配	経済的資源	引き渡す
⑳	⑳	⑩

合計 **100** 点

Chapter 3

純資産会計2
（新株予約権）

Point
このChapterでは、新株予約権と新株予約権付社債について学習します。新株予約権については新株の発行をイメージしましょう。新株予約権付社債については新株の発行と社債の償還をイメージしましょう。

用語集

新株予約権
ある会社の株式を一定の期間内に一定の額で購入する権利

新株予約権付社債
新株予約権が付された社債

ストック・オプション
会社が従業員等に対して、報酬として自社の新株予約権を与えること

1 新株予約権

"株式を一定の価格で買える権利"が証券化されたものを新株予約権といい、市場で売買されています。

たとえば、1,000円で1株購入できる新株予約権を所有していたとして、株価が1,200円になったタイミングで権利を行使したとすると、1,000円の支払で1,200円の株式が入手できる、という仕組みです。

では、その新株予約権を発行した側の処理をみていきましょう。

1 新株予約権とは

ここはサラッと流そう

新株予約権とは、それを発行する会社の株式を一定の期間内に一定の額で購入する権利をいい、この権利を証券化した新株予約権証券が市場等で売買されます。

新株予約権者[01]が権利を行使すると、その発行会社は新株予約権者に対して株式を発行することになります[02]。

発行会社（当社）　　　　　　　　　　　　　　　　　新株予約権者

① 予約権交付（販売）

② 権利行使（払込み）

③ 新株または自己株式

01) 新株予約権の所有者です。

02) 所有する自己株式を交付することもできます。

03) 新株予約権証券には、たとえば「新株予約権1個に対して10株」といった形で引き渡す株式数があらかじめ決められています。

2 | 新株予約権の性格

発行者側にとって新株予約権は期限内[01]に権利行使が行われた場合には資本金や資本準備金に振り替えられますが、期限内に権利行使されない場合には新株予約権戻入益[02]として利益となります。したがって、新株予約権は、社債のような返済義務のある負債ではないので、純資産の部に新株予約権の区分を設けて記載します。

一方、取得者側からみると、新株予約権として受け取った新株予約権証券は、有価証券として計上します[03]。

- **01)** 新株予約権には権利行使の期限が設定されています。
- **02)** P／L・特別利益です。
- **03)** 取得者側では、保有目的に応じて売買目的有価証券またはその他有価証券として処理します。
    償還日に弁済されるものではないので、満期保有目的に分類できません。

3 | 新株予約権の会計処理

1 発行時

新株予約権を発行した場合、新株予約権は払込金額をもって計上します。

Q 1-1 | **新株予約権の発行** |

×1年4月1日に、A社は以下の条件で新株予約権を発行した。なお、対価の受取りは当座預金勘定で処理している。

発行総数：30個　払込金額：新株予約権1個につき、500円(以下同じ)

A 1-1 | **解答・解説** |

発行時

(借)当 座 預 金 15,000	(貸)新 株 予 約 権 15,000[01]

- **01)** 500円×30個＝15,000円
    取得者側は次の仕訳になります。　(借)有価証券 15,000　(貸)現金預金 15,000

2 権利行使を受けたとき

▷▷ 　新株予約権が行使された場合には、発行会社は新株予約権者に対して、⑴新株を発行するか、または⑵自己株式を交付しますが、両者で会計処理が異なります[02]。

02) 　取得者側が新株予約権を行使した場合の有価証券の取得原価は、保有目的に応じて異なります。
売買目的有価証券　⇒権利行使時の時価　その他有価証券　⇒帳簿価額

⑴ 新株を発行する場合

▷▷ 　権利行使によって、新株を発行する場合、新株予約権の払込金額と権利行使にともなう払込金額の合計額を株式の払込金額とします。

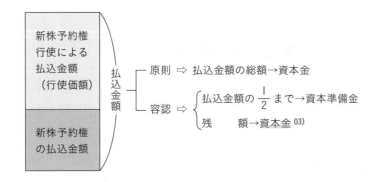

03) 　払込金額の$\frac{1}{2}$を「会社法規定の最低限度額」ともいいます。

Q | 1-2 | 新株予約権行使時の処理 |

　×2年6月30日に、A社の発行した新株予約権10個が行使され、すべて株式を発行した。なお、新株予約権1個につき2株を発行し、権利行使価額は1株あたり1,500円である。

　新株予約権の行使により発行する株式については、会社法規定の最低限度額を資本金に計上する。

A | 1-2 | 解答・解説 |

（借）当 座 預 金	30,000[04]	（貸）資 本 金	17,500[06]
新 株 予 約 権	5,000[05]	資 本 準 備 金	17,500

04) 　@1,500円×2株×10個=30,000円
05) 　@500円×10個=5,000円
06) 　（30,000円+5,000円）×$\frac{1}{2}$=17,500円

⑵ 自己株式を交付する場合

▶ 自己株式を交付する場合、新株予約権の払込金額と権利行使にともなう払込金額の合計額を自己株式の処分の対価とします。

なお、自己株式の帳簿価額と処分の対価の差額が自己株式処分差益（または損）となり、その他資本剰余金勘定で処理します[07]。

07) 新株発行と同時に行った場合に差損が生じたときは、払込金額から控除します。
テキストⅠ Ch13 Section 3 「参考 新株の発行と自己株式の処分を同時に行った場合」をご覧ください。

Q 1-3 | 権利行使時の自己株式の交付 |

×2年9月30日に、A社の発行した新株予約権10個が行使され、新株予約権者に交付する株式20株のうち5株は自己株式（帳簿価額1,500円）を交付し、残り15株は新株を発行した。なお、新株予約権1個につき2株を発行し、権利行使価額は1株あたり1,500円である。

新株予約権の行使により発行する株式については、全額を資本金に計上する。

A 1-3 | 解答・解説 |

（借）当 座 預 金	30,000[08]	（貸）資 本 金	26,250[10]
新 株 予 約 権	5,000[09]	自 己 株 式	1,500
		その他資本剰余金	7,250[11]

08) 行使価額@1,500円×2株×10個=30,000円
09) @500円×10個=5,000円
10) (30,000円+5,000円)×新15株／⊗20株=26,250円
11) 自己株式処分の対価：(30,000円+5,000円)×自5株／⊗20株=8,750円
その他資本剰余金：8,750円－1,500円=7,250円（自己株式処分差益）

3 権利行使期限到来時

▶ 発行した新株予約権の権利行使がなされずに権利行使期限が到来した場合には、新株予

約権を新株予約権戻入益として特別利益に計上します[12]。

12) 取得者側では、"新株予約権未行使損"として特別損失に計上します。

Q 1-4 | 行使期限到来時の処理 |

×3年3月31日、A社の発行した新株予約権10個が行使されないまま権利行使期限が到来した。

A 1-4 | 解答・解説 |

（借）新 株 予 約 権	5,000	（貸）新 株 予 約 権 戻 入 益	5,000[13]

13) @500円×10個=5,000円

トレーニングⅡ Ch3 問題1へ

4 | ストック・オプション

▶ ストック・オプションとは、会社が従業員等[01]に対して、報酬（労働の対価）として自社の新株予約権を与えるものをいいます。新株予約権を行使すると、従業員等は、一定の価額で自社株式が購入できるので、もし、会社の業績が上がり株式の時価が高くなれば、低い価額で自社株式を購入し、市場で高く売ることができます[02]。

01) 従業員等とは会社の従業員や役員などをいいます。
02) このため、従業員等のモチベーションをあげるための手段として用いられます。

1 ストック・オプションの用語

▶ まず、付与日に従業員等にストック・オプションが与えられます。次に、従業員等は一定期間以上会社に勤めたとか、会社の業績が一定のレベルに達したといった条件をクリアしてはじめて権利を行使することができます。

このような条件を満たして権利が確定した日を権利確定日といいます。

そして、ストック・オプションを与えられた従業員等が権利を行使した日を権利行使日といいます。

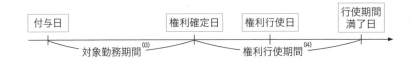

03) 付与日から権利確定日までの期間をいいます。
04) 権利確定日から権利行使期間満了日までの期間をいいます。

2 ストック・オプションの会計処理

(1) 権利確定日以前（1年目）

▶ ストック・オプションは、従業員等の労働に対する報酬としての意味があります。そのため、決算時にはその報酬分を株式報酬費用（費用）[05]として計上するとともに、同額の新株予約権（純資産）を計上します。

05) P/L・販売費及び一般管理費に表示します。

$$株式報酬費用 = 公正な評価額^* \times \frac{付与日から当期末までの月数}{対象勤務期間（月数）}$$

$$*公正な評価額 = 公正な評価単価^{06）} \times ストック・オプション数$$

▷ なお、ストック・オプション数は、権利確定日までの見積失効数を除いて計算します。

06） ストック・オプションは通常、市場で取引されず時価がありませんが、ストック・オプション1単位あたりの価値と考えれば十分です。

Q | 1-5 | 権利確定日以前の処理 |

当社は課長以上の従業員50名に対して、以下のストック・オプションを付与することを決議し、×1年10月1日に付与した。当期は×1年4月1日から×2年3月31日までである。×2年3月31日（決算日）の仕訳を示しなさい。

【ストック・オプションの内容】

① ストック・オプション数は従業員1人あたり10個（合計500個）である。なお、付与日における公正な評価単価は20円である。

② ストック・オプションの行使により与えられる株式数は1個につき1株である。

③ ストック・オプションの権利確定日は×3年9月30日、権利行使期間は×3年10月1日から×5年9月30日までである。

④ ストック・オプションの権利行使価額は1株あたり200円である。

⑤ 付与日において、権利確定日までに3人の退職による失効[07]を見込んでいる。

A | 1-5 | 解答・解説 |

公正な評価額：＠20円 × ｛10個 ×（50人 − 3人）｝= 9,400円

株式報酬費用：$9,400円 \times \dfrac{6カ月}{24カ月} = 2,350円$

（借）株 式 報 酬 費 用	2,350	（貸）新 株 予 約 権	2,350

07） 退職などにより自社株式を一定の価額で購入できる権利が失われることをいいます。

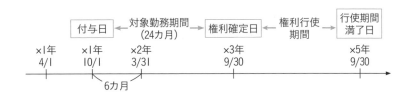

⑵ 権利確定日以前(2年目)

▶▶ 権利確定日までに退職者の見積りが変更するなどの理由によりストック・オプション数が変わった場合には、変更後のストック・オプション数によって株式報酬費用を計上します。なお、2年目以降の費用計上額は以下の式により計算します。

$$\text{株式報酬費用} = \text{公正な評価額}^* \times \frac{\text{付与日から当期末までの月数}}{\text{対象勤務期間(月数)}} - \text{既計上額}$$

$$*\text{公正な評価額} = \text{公正な評価単価} \times \text{ストック・オプション数(変更後)}$$

Q | 1-6 | 失効見込人数の変更 |

【Q1-5】を前提として、×3年3月31日(決算日)の仕訳を示しなさい。なお、当期において退職による失効見込みを2人に修正した。

A | 1-6 | 解答・解説 |

💡 公正な評価額:@20円×{10個×(50人-2人)}=9,600円

株式報酬費用(累計):$9,600\text{円} \times \dfrac{18\text{カ月}}{24\text{カ月}} = 7,200\text{円}$

株式報酬費用(当期):7,200円-2,350円=4,850円

(借) 株 式 報 酬 費 用	4,850	(貸) 新 株 予 約 権	4,850

⑶ 権利確定日

▶▶ 株式報酬費用の累計額から前期以前の費用計上額を差し引いて計算します。

Q | 1-7 | 権利確定日の処理 |

【Q1-5】を前提として、×3年9月30日(権利確定日)の仕訳を示しなさい。なお、退職による失効は見込みどおり2人であった。

A | 1-7 | 解答 |

(借) 株 式 報 酬 費 用	2,400[08]	(貸) 新 株 予 約 権	2,400

08) 9,600円-2,350円-4,850円=2,400円

⑷ 権利行使日

▶▶ 権利確定後、権利が行使されたときは、通常の新株予約権の権利行使と同様の処理をします。

具体的には、権利行使された新株予約権と払込金額を資本金（原則）、または資本金と資本準備金（容認）として処理することになります。

Q 1-8 **権利行使日の処理**

【Q1-5】を前提として、従業員等40人が権利行使したときの仕訳を示しなさい。なお、権利行使分の新株予約権の帳簿価額は8,000円（400個分）であり、払込金額は当座預金口座に振り込まれた。新株予約権1個につき1株発行、権利行使価額は@200円である。資本金計上額は、会社法規定の最低限度額とする。

A 1-8 **解答・解説**

💡 新株予約権：@20円×10個×40人＝8,000円
当座預金：@200円×1株×400個＝80,000円

（借）当 座 預 金	80,000	（貸）資 本 金	44,000
新 株 予 約 権	8,000	資 本 準 備 金	44,000

⑸ 行使期間満了日

▶▶ 権利行使期間が満了したときは、通常の新株予約権と同様に未行使分を戻し入れます。

Q 1-9 **行使期間満了日の処理**

【Q1-5】を前提として、従業員等8人が権利行使しないまま、行使期間が満了（新株予約権の帳簿価額1,600円）したときの仕訳を示しなさい。

A 1-9 **解答**

（借）新 株 予 約 権	1,600	（貸）新 株 予 約 権 戻 入 益	1,600

トレーニングⅡ　Ch3　問題2へ

Section 2 新株予約権付社債

新株予約権のみの発行では、株価が上がって権利が行使されるまでは、多額の資金調達にはなりません。一方、社債のみの発行では、利率を高く設定しない限り、魅力に乏しく買ってもらえない可能性があります。

そこで、新株予約権と社債をセットにして発行する新株予約権付社債が生まれました。

この社債はどのように処理されるのでしょうか。

▶ 新株予約権の相手勘定 ◀

新株予約権付社債を発行したさい、新株予約権勘定の相手勘定は、現金預金などの実体のある資産になります。

これは、資本金等は実体をともなった資産の払込みを必要とするものであり、最終的に新株予約権勘定が資本金等の勘定に振り替えられるものだからです。

この結果、社債は額面金額と払込金額との差額が大きくなることがありますが、それも良しとしています。

1 新株予約権付社債とは

新株予約権付社債とは、新株予約権が付された社債のことをいいます。

新株予約権付社債については、新株予約権または社債が消滅した場合を除き、新株予約権または社債の一方のみを分離譲渡することはできません。

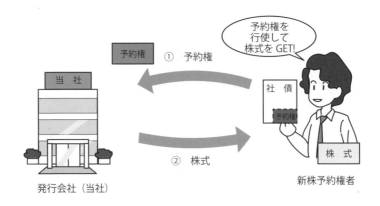

予約権を行使して株式を GET!

① 予約権

② 株式

発行会社（当社）

新株予約権者

2 新株予約権付社債の種類と会計処理

▶▶ 新株予約権付社債の種類には、1転換社債型新株予約権付社債と2転換社債型以外の新株予約権付社債があります。

1 転換社債型新株予約権付社債

▶▶ 転換社債型新株予約権付社債とは、新株予約権行使時に現金による払込の代わりに社債を払込に用いること[01]があらかじめ決められている新株予約権付社債のことです。

転換社債型新株予約権付社債は、新株予約権と社債を区分して処理する方法（区分法）、または新株予約権と社債を一括して処理する方法（一括法）により処理します[02]。

01) 「代用払込」といいます。転換社債型新株予約権付社債の場合は代用払込が強制されます。

02) 取得者側は、一括法による処理のみが認められています。

2 転換社債型以外の新株予約権付社債

▶▶ 転換社債型以外の新株予約権付社債には、現金払込と代用払込があります[03]。

いずれの場合でも、転換社債型以外の新株予約権付社債は、区分法により処理します[04]。

以上をまとめると、新株予約権付社債の処理は、以下のようになります。

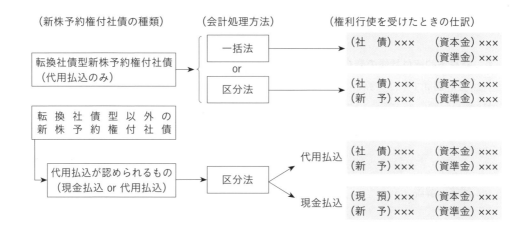

03) 代用払込が認められないものはありません。新株予約権と社債を別個に発行したものと同じになるからです。

04) 取得者側も、区分法により処理します。

▶▶　権利行使を受けたときの仕訳のイメージは、次のとおりです。

＊現金払込の場合、社債は残ります。

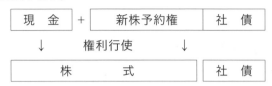

＊社債による代用払込がなされた場合、社債が消滅します。

ヨ　転換社債型以外の新株予約権付社債の会計処理一巡

▶▶　新株予約権付社債の会計処理は、**1 発行時、2 決算時、3 新株予約権の権利行使を受けたとき**がポイントになります。

1　発行時

▶▶　新株予約権付社債の発行価額は社債勘定で処理します。　　また、新株予約権の対価については新株予約権勘定で処理します。

Q ２-１ | **新株予約権付社債の発行**

　　当社（会計期間1年、決算日3月末日）は、×1年4月1日に、額面総額100,000円の新株予約権付社債を、額面@100円につき@90円、新株予約権は1個につき100円で100個発行し、払込金は当座預金とした。償還期限は5年、年利率4％（利払日は3月末日）である。このときの仕訳を示しなさい。

A ２-１ | **解答・解説**

（借）当　座　預　金	100,000	（貸）社　　　　　　　　債	90,000[01]
		新　株　予　約　権	10,000[02]

01) $100,000 円 \times \dfrac{@90円}{@100円} = 90,000 円$　　　**02)** @100円 × 100個 = 10,000円

2 決算時(利払時)

▸▸ 通常の社債と同様に、利息の計上および償却原価法の適用を行います。

Q 2-2 | 新株予約権付社債・決算時の処理 |
　　×2年3月31日、【**Q2-1**】の社債の利払日につき、社債利息を当座預金から支払った。また、発行差額については、償却原価法(定額法)を採用する。

A 2-2 | 解答・解説 |

(借)社　債　利　息	4,000[03]	(貸)当　座　預　金	4,000
(借)社　債　利　息	2,000[04]	(貸)社　　　　　債	2,000

03) 100,000円×4%=4,000円　　**04)** 10,000円(発行差額)×$\dfrac{12\,カ月}{60\,カ月}$=2,000円

3 新株予約権の権利行使を受けたとき

▸▸ 転換社債型以外の新株予約権付社債について権利行使を受けた場合には、新株予約権者が、**(1)代用払込を選択した場合**と、**(2)現金等による払込みが行われた場合**とで会計処理が異なります。

(1) 代用払込を選択した場合

▸▸ 権利行使時に、権利行使した部分に対応する新株予約権と社債の簿価[05]の合計を資本金または資本金・資本準備金に振り替えます。

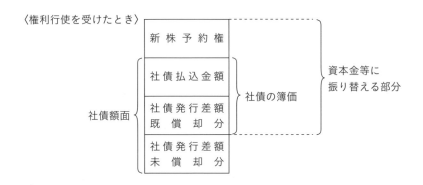

05) 期中に権利行使を受けた場合には、期首から行使時までの償却額を計上します。

(2) 現金等による払込みが行われた場合

▸▸ 新株予約権の権利行使を受けたときの処理と同じになります。

Q │ 2-3 │ **新株予約権行使時の処理** │

【**Q2-1**】における社債について、以下の条件を考慮し、新株予約権の権利行使を受けたときにおける仕訳を新株予約権者が①代用払込を選択した場合、②現金等による払込みが行われた場合に分けて示しなさい。

×2年9月30日に、新株予約権の80％が行使され、新株予約権1個につき2株を発行した。行使価額は@500円である。なお、会社法規定の最低限度額を資本金に計上する。払込金は当座預金とする。

A │ 2-3 │ **解答・解説** │

① 代用払込を選択した場合

（借）社 債 利 息	800[06]	（貸）社　　　　　　　　債	800
（借）社　　　　　　　　債	74,400[07]	（貸）資　　　本　　　金	41,200[09]
新 株 予 約 権	8,000[08]	資 本 準 備 金	41,200

06) 発行差額10,000円×80%×$\dfrac{6カ月}{60カ月}$＝800円

07) （払込金額90,000円＋前期償却額2,000円）×80%＝73,600円　　73,600円＋800円＝74,400円

08) 10,000円×80%＝8,000円

09) （74,400円＋8,000円）×$\dfrac{1}{2}$＝41,200円

② 現金等による払込みが行われた場合

（借）当 座 預 金	80,000[10]	（貸）資　　　本　　　金	44,000
新 株 予 約 権	8,000	資 本 準 備 金	44,000

10) @500円×（2株×100個×80%）＝80,000円

4 権利行使期限到来時

▷▷ 権利行使期限到来時において、新株予約権の未行使分があった場合には、特別利益として損益計算書に計上します[11]。

11) 新株予約権のみ発行している場合と同じです。

Q │ 2-4 │ **権利行使期限到来時の処理** │

新株予約権の20％は行使されずに権利行使期限をむかえた。このときの仕訳を示しなさい。

A │ 2-4 │ **解答・解説** │

（借）新 株 予 約 権	2,000[12]	（貸）新 株 予 約 権 戻 入 益	2,000

12) 10,000円×20%＝2,000円

トレーニングⅡ　Ch3　問題3・4へ

4 | 転換社債型新株予約権付社債の会計処理一巡

転換社債型新株予約権付社債についての会計処理は、区分法と一括法の選択適用が認められています。区分法の場合には、転換社債型以外の新株予約権付社債の会計処理（代用払込を選択した場合）と同様の処理となります。

一括法の場合には、新株予約権と社債を区分せずに一括して処理します。

以下、一括法の処理をみていきます。

1 発行時

Q | 2-5 | 新株予約権付社債の発行 |

【Q2-1】の社債（額面金額100,000円、社債1口90円、新株予約権1口10円で発行、年利率4％）について（以下【Q2-1】の社債を用いる）、発行時の仕訳を一括法により示しなさい。

A | 2-5 | 解答・解説 |

| （借）当 座 預 金 | 100,000 | （貸）社　　　　　　　債[01] | 100,000 |

01) 新株予約権付社債勘定を用いることもあります。

2 利払時[02]

利息の計上を行います。

Q | 2-6 | 新株予約権付社債・利払時の処理 |

×2年3月31日、上記社債の利払日につき、社債利息を当座預金から支払った。このときの仕訳を示しなさい。

A | 2-6 | 解答・解説 |

| （借）社 債 利 息 | 4,000 | （貸）当 座 預 金 | 4,000 |

02) 社債の払込金額合計（社債部分と新株予約権部分）が額面金額と異なる場合には、決算時に、償却原価法を適用します。【Q2-1】の社債については、払込金額合計が額面金額となるため、「仕訳なし」となります。

3 新株予約権の行使を受けたとき

▶ 新株予約権が行使されたときには、権利行使時に権利行使した部分に対応する社債の額面金額を資本金または資本金および資本準備金に振り替えます。

Q | 2-7 | **新株予約権行使時の処理** |

×2年9月30日に、新株予約権の80％が行使された。新株予約権1個につき2株を発行し、行使価額は＠500円である。

なお、会社法規定の最低限度額を資本金に計上する。一括法による仕訳を示しなさい。

A | 2-7 | **解答・解説** |

（借）社　　　　　　　債	80,000[03]	（貸）資　　本　　金	40,000[04]
		資　本　準　備　金	40,000

03)　100,000円×80%＝80,000円　　04)　$80,000円 \times \frac{1}{2} = 40,000円$

4 権利行使期限到来時

▶ 権利行使期限が到来した場合には、新株予約権と社債は一括して処理されているので、仕訳は行いません。

Q | 2-8 | **権利行使期限到来時の処理** |

新株予約権の20％は行使されずに権利行使期限をむかえた。

A | 2-8 | **解答・解説** |

仕　訳　な　し

なお、社債の満期時には以下の処理が必要ですが、ここでは省略します。

（借）社　債　利　息	××	（貸）当　座　預　金	××
（借）社　　　　　債	××	（貸）当　座　預　金	××

トレーニングⅡ　Ch3　問題5へ

Chapter 4

デリバティブ

Point

このChapterでは、デリバティブ取引の会計処理を学習します。会計処理のポイントは、「デリバティブ取引の原則処理は評価差額を当期の損益とし、繰延ヘッジを適用した場合には評価差額として繰り延べる」です。

取引のイメージがわきにくいので深く学習しようとしてしまいがちですが、処理方法をマスターしたら割り切って次のChapterに進みましょう。

用語集

デリバティブ
株式、債券といった金融商品から副次的に生まれた金融商品

スワップ取引
将来の収入と支出を交換する取引

ヘッジ取引
損失を回避するための取引

ヘッジ対象
ヘッジを必要とする資産や負債

ヘッジ手段
ヘッジ取引を行うデリバティブ取引など

ヘッジ会計
ヘッジの効果を会計上で表すために、ヘッジ手段から生じる損益をヘッジ対象から生じる損益と同じ会計期間に認識するための特殊な会計処理

繰延ヘッジ
ヘッジ手段に係る損益を繰り延べる方法

時価ヘッジ
ヘッジ手段に係る損益を当期の損益とする方法

先物取引
将来の一定の期日に、特定の商品を一定の価格で、一定の数量だけ売買することを約束する契約

オプション
ある資産を決められた期日に、決められた価格で買ったり売ったりすることができる権利

1 デリバティブとヘッジ会計

　会社の資金運用を担当しているあなたは、利息の受取りを目的として利率年3%の国債100,000円を@97円で、購入しました。
　しかし、国債には時価があり、上がる可能性もありますが、反対に下落して会社の資金を減らしてしまう可能性もあります。目的は利息の受取りなので、時価が上がることによる売却益は望みませんが、なんとか時価下落による損失を避ける手段はないものでしょうか。

▶ すべてのものに値段が付き、取引される ◀

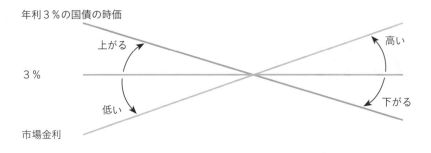

　株式と同じように　債券にも時価があります。
　いま、皆さんが、毎年3%の利息（固定金利）がもらえる国債を持っていたとしましょう。
　この国債の時価は、日々変動する市場金利が3%より低いと、固定的に3%の利息をもらえる方が得なので時価が上がり、市場金利が3%を超えて上がると、この国債を買うよりも他に投資した方が得なので国債の時価は下がることになります。

　このような状況で「固定金利を市場の変動金利と交換する権利」という商品があったとしましょう。
　この商品は市場金利が上がると、低い固定金利を手放して高い変動金利を得ることができるので価値が上がり、逆に市場金利が下がると、高い固定金利を手放して低い変動金利を得ることになるので価値が下がることになります。
　固定金利の国債を買うさいに、この商品も一緒に買えば…。
　市場金利が上がり、国債の時価が下がっても、この商品の価値が上がり、国債の時価下落というリスクをヘッジ（回避）してくれるのです。

1　デリバティブとは

デリバティブとは「金融派生商品」と訳されるとおり、株式、債券といった金融商品[01]から副次的に生まれた金融商品をいいます。

たとえば、債券そのものではなく、「一定の期日に、一定の金額で債券を売る権利や買う権利」を商品化し、取引することをいい、この取引をデリバティブ取引といいます。

デリバティブ取引によってリスクや損失を回避したり、少ない金額で多額の利益を獲得[02]したりすることが可能になるため、現在では盛んに行われています。

デリバティブ取引には、先物取引（先渡取引）、スワップ取引、オプション取引などがあります。

本テキストでは、過去に出題されたスワップ取引[03]や先物取引を中心に取り扱い、オプション取引は参考として解説していきます。

01)　これを原資産といいます。
02)　ただし、読みが外れると多額の損失を被ることになります。
03)　スワップ取引には金利スワップと通貨スワップがありますが、通貨スワップは本テキストでは扱いません。

2　デリバティブ取引の会計処理

デリバティブ取引では、取引によって生じる債権・債務の純額を金利スワップ資産（勘定）や先物取引差金（勘定）、オプション資産（勘定）などの資産・負債として捉え[01]、期末には時価で評価します。

なお、評価差額は原則として当期の損益として処理します。

01)　テキストで使用している科目は一例です。本試験では、問題文の指示に従ってください。

3　金利スワップ

スワップとは「交換する」という意味であり、スワップ取引とは、将来の収入と支出を交換する取引をいいます。

また、金利スワップ取引とは相対取引[01]により固定金利と変動金利とを交換する取引をいいます。取引は次のように行われます。

01)　市場を通して取引するのではなく、個別に相手を見つけて取引を行います。金利スワップの場合、多くは銀行と契約します。

1 固定金利を変動金利と交換するケース（例：固定金利受取りの国債を購入した場合）

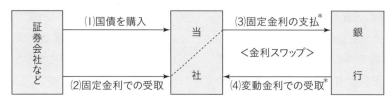

* 実際には変動金利と固定金利の差額のみを決済します。

(1) 固定金利受取りの国債を購入。銀行と金利スワップの締結。

(2) 固定金利を受け取る。

(3) 銀行に固定金利を支払う。*

(4) 銀行より変動金利を受け取る。*

▷ 上記の結果、当社は(2)と(3)が同様の固定金利であるため、結果として(4)の変動金利を受け取ることとなります。

2 変動金利を固定金利と交換するケース（例：変動金利支払の借入を行った場合）

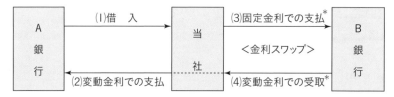

* 実際には変動金利と固定金利の差額のみを決済します。

(1) A銀行より変動金利支払の条件で借入れを行う。B銀行と金利スワップの締結。

(2) A銀行に変動金利を支払う。

(3) B銀行に固定金利を支払う。*

(4) B銀行より変動金利を受け取る。*

▷ 上記の結果、当社は(2)と(4)が同様の変動金利であるため、結果として(3)の固定金利を支払うこととなります。

なお、金利スワップ取引によってやり取りされる利息は、想定元本という架空の元本に利率を掛けて計算されます。

3 金利スワップに関係する科目の表示区分

(1) B／S表示区分

▸ 金利スワップの評価額は「金利スワップ資産(負債)」として、資産もしくは負債に計上されます。

(2) P／L表示区分

金利スワップによって生じる利益や損失は、「金利スワップ差益(差損)」として営業外収益もしくは営業外費用の区分に計上されます。

Q │ 1-1 │ 金利スワップ取引 │

次の取引に関する仕訳を示しなさい。

(1) ×1年4月1日

額面@100円につき@100円で総額100,000円、利率年2％、3年もの固定利付国債を購入(その他有価証券勘定で処理)し、代金は現金で支払った。

同時にA銀行との間で年2％の固定金利支払・変動金利受取の金利スワップ契約(想定元本は100,000円である)を締結した。なお、利払日は3月末の年1回である。

(2) ×2年3月31日

利払日につき必要な処理を行う。なお、利息は現金で授受している。また、A銀行から受け取る変動金利の利率は年3.5％であった。

(3) ×2年3月31日

決算日につき必要な処理を行う。なお、上記国債の時価は@97.1円であり、全部純資産直入法で処理する。同日における金利スワップの時価(公正な評価額)は2,850円であった。

(4) ×2年4月1日

翌期首につき、金利スワップとその他有価証券の評価差額を振り戻す。

(5) ×2年5月18日

上記国債を@97円で売却すると同時に金利スワップを3,035円で決済し、代金はともに現金で受け取った。利息の処理は無視する。

(1)　×1年4月1日 [02)]

（借）その他有価証券	100,000	（貸）現　　　　　金	100,000

02)　この時点では金利スワップ契約を締結しただけなので、金利スワップ自体の仕訳は行いません。

(2)　×2年3月31日（利払日）

国債利札受取り（固定受取り）

（借）現　　　　　金	2,000 [03)]	（貸）有　価　証　券　利　息	2,000

03)　100,000円（国債額面）×2％＝2,000円

金利スワップによる差額決済（変動受取り・固定支払）

（借）現　　　　　金	1,500 [04)]	（貸）有　価　証　券　利　息	1,500

04)　変動金利受取り：100,000円（想定元本）×3.5％＝3,500円
　　　固定金利支払：100,000円（想定元本）×2％＝2,000円
　　　差　額　決　済：3,500円－2,000円＝1,500円

(3)　×2年3月31日（決算日）

（借）その他有価証券評価差額金	2,900 [05)]	（貸）そ　の　他　有　価　証　券	2,900
（借）金　利　ス　ワ　ッ　プ　資　産	2,850	（貸）金　利　ス　ワ　ッ　プ　差　損　益	2,850

05)　$100,000円 \times \dfrac{@97.1円 - @100円}{@100円} = \triangle 2,900円$

(4)　×2年4月1日

（借）そ　の　他　有　価　証　券	2,900	（貸）その他有価証券評価差額金	2,900
（借）金　利　ス　ワ　ッ　プ　差　損　益	2,850	（貸）金　利　ス　ワ　ッ　プ　資　産	2,850

(5)　×2年5月18日

（借）現　　　　　金	97,000	（貸）そ　の　他　有　価　証　券	100,000
投資有価証券売却損	3,000		
（借）現　　　　　金	3,035	（貸）金　利　ス　ワ　ッ　プ　差　損　益	3,035

4 ヘッジとは

 ヘッジとは、「回避する」という意味[01]であり、「損失を回避するための取引」をヘッジ取引といいます。

 貸付金や有価証券などの資産、もしくは買掛金や借入金などの負債の中には、金利や為替、株式相場の変動によって思わぬ損失を被る可能性を持つものがあります。

 そのような資産や負債がある場合に、デリバティブ取引を用いることで将来の損失をヘッジすることができます[02]。このとき、ヘッジを必要とする資産や負債をヘッジ対象といい、ヘッジ目的で行うデリバティブ取引などをヘッジ手段といいます。

01) ヘッジ(hedge)には「両賭け」という意味もあります。つまり、「どちらに転んでも損をしないように賭けておく」ことで、将来の損失を回避します。
02) 原資産の売買に比べて少ない金額でヘッジの効果を得られるため、デリバティブ取引がヘッジ手段として便利なのです。

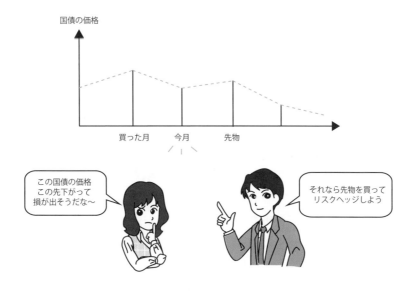

5 ヘッジ会計とは

1 ヘッジ会計とは

 ヘッジ取引は、ヘッジ対象となる資産や負債から生じる損失を回避するために行うものです。したがって、ヘッジの効果を会計上で表すためには、ヘッジ手段から生じる損益とヘッジ対象から生じる損益は同じ会計期間に認識されるべきです。

 そこで、ヘッジ手段から生じる損益をヘッジ対象から生じる損益と同じ会計期間に認識できるようにする特殊な会計処理をヘッジ会計といいます。

2 ヘッジ会計の処理

▶ ヘッジ会計を適用した場合、原則として
ヘッジ対象の損益が認識されるまでヘッジ手段
の損益を繰り延べる「繰延ヘッジ」という方法が
用いられます。

ただし、ヘッジ対象がその他有価証券の場
合[01]、例外としてヘッジ手段の損益を繰り延
べない「時価ヘッジ」という方法も認められてい
ます。

> 繰延ヘッジ：ヘッジ手段に係る損益を繰り延べる。
> 時価ヘッジ：ヘッジ手段に係る損益を当期の損益とする。

01) この場合、その他有価証券の評価損は「投資有価証券評価損」という当期の費用とし
て認識されるため、ヘッジ手段の損益も繰り延べずに当期の損益として認識します。

3 ヘッジ会計を適用した場合の表示区分

(1) B／S表示区分(決算時)

① ヘッジ手段の時価を表す「金利スワップ資
産(負債)」などの科目は、ヘッジ対象となる資
産・負債の流動固定分類に応じて(ヘッジ対象
がその他有価証券であれば固定資産)、流動項

目または固定項目として表示します。
② ヘッジ手段の損益を繰り延べた場合は、純
資産の部の評価・換算差額等の区分に「繰延ヘッ
ジ損益」として計上します[02]。

02) 税効果を適用する場合には、その他有価証券評価差額金と同様に、繰延税金資産・
繰延税金負債を引いた額を繰延ヘッジ損益とします。

(2) P／L表示区分(決済時)

▶ ヘッジ手段に係る損益を表す「金利スワッ
プ差益(差損)」などの科目は、ヘッジ対象の損
益の認識区分と同一区分で表示します。

ヘッジ対象が商品であれば売上原価、その他
有価証券であれば投資有価証券売却損益として
処理します。

6 金利スワップとヘッジ会計

▶ たとえば、利息を受け取る目的で固定金利
の国債を買った場合、金利の変動によって国債
の時価が変動するリスクも抱えることになりま
す。
　このとき、固定金利と変動金利を交換する金

利スワップ取引を締結することで、金利の変動
による国債の時価変動に関するリスクをヘッジ
(回避)することができます。
　どのようにしてヘッジされるのか、次のペー
ジの【Q1-2】で確認してみましょう。

Q | 1-2 | 金利スワップによるヘッジ |

次の取引に関する仕訳を示しなさい。

(1) ×1年4月1日

額面@100円につき@100円で総額100,000円、利率年2%、3年もの固定利付国債を購入(その他有価証券勘定で処理)し、代金は現金で支払った。

同時に国債の金利変動による価格変動リスクをヘッジするため、A銀行との間で年2%の固定金利支払・変動金利受取の金利スワップ契約(想定元本は100,000円である)を締結した。なお、利払日は3月末の年1回である。

(2) ×2年3月31日

利払日。利息は現金で授受した。A銀行から受け取る変動金利の利率は年3.5%であった。

(3) ×2年3月31日

決算日。上記国債の時価は@97.1円であり、全部純資産直入法で処理する。同日における金利スワップの時価(公正な評価額)は2,850円であった。また、この金利スワップ取引はヘッジに該当するため、ヘッジ会計(繰延ヘッジ)を適用する。

(4) ×2年4月1日

翌期首につき、金利スワップとその他有価証券の評価差額について振り戻す。

(5) ×2年5月18日

上記国債を@97円で売却すると同時に金利スワップを3,035円で決済し、代金はともに現金で受け取った。利息の処理は無視する。

A | 1-2 | 解答・解説 |

(1) ×1年4月1日

(借)その他有価証券	100,000	(貸)現　　　　　金	100,000

(2) ×2年3月31日(利払日)

(借)現　　　　　金	2,000	(貸)有 価 証 券 利 息	2,000
(借)現　　　　　金	1,500	(貸)有 価 証 券 利 息	1,500

(3) ×2年3月31日(決算日)

(借)その他有価証券評価差額金	2,900	(貸)そ の 他 有 価 証 券	2,900
(借)金 利 ス ワ ッ プ 資 産	2,850	(貸)繰 延 ヘ ッ ジ 損 益	2,850

(4) ×2年4月1日

(借)そ の 他 有 価 証 券	2,900	(貸)その他有価証券評価差額金	2,900
(借)繰 延 ヘ ッ ジ 損 益	2,850	(貸)金 利 ス ワ ッ プ 資 産	2,850

(5) ×2年5月18日

(借)現　　　　　金	97,000	(貸)そ の 他 有 価 証 券	100,000
投資有価証券売却損益	3,000		
(借)現　　　　　金	3,035	(貸)投資有価証券売却損益[01] (金利スワップ差損益)	3,035

01) 国債の売却損をヘッジ(回避)していることを確認してください。なお、投資有価証券売却損益勘定ではなく、金利スワップ差損益勘定で処理することもあります。

なお、時価ヘッジを採用している場合に
は、全部純資産直入法を採用していても、(3)の
仕訳で投資有価証券評価損(益)を計上します。

(借)投資有価証券評価損益	2,900	(貸)その他有価証券	2,900
(借)金利スワップ資産	2,850	(貸)投資有価証券評価損益[02]	2,850

02) 国債の評価損をヘッジ(回避)していることを確認してください。なお、こちらも投資有価証券評価損益
勘定ではなく、金利スワップ差損益勘定で処理することもあります。

1 ヘッジ会計(繰延ヘッジ)を適用しない場合(Q1-1)

× 2年度金利スワップ評価損益:3,035 円 - 2,850 円 = 185 円

ヘッジ会計を適用しない場合には、ヘッジ
対象であるその他有価証券に係る損益とヘッジ
手段である金利スワップに係る損益が、異なる
会計期間に認識されるため、ヘッジ手段によっ
てどれだけ損失を回避できたかが不明確になっ
てしまいます。

2 ヘッジ会計(繰延ヘッジ)を適用した場合(Q1-2)

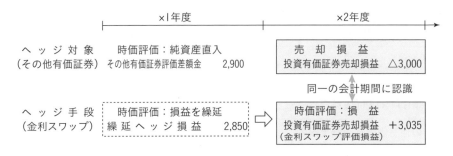

ヘッジ会計を適用した場合には、ヘッジ対
象であるその他有価証券に係る損益とヘッジ手
段である金利スワップに係る損益が同一の会計
期間に認識されるため、ヘッジ手段によってど
れだけ損失を回避できたかが明らかになりま
す。

トレーニングⅡ　Ch4　問題1へ

参考 | 金利スワップの価値とヘッジ機能

試験には関係しませんが、どうして金利スワップによって国債の価値変動をヘッジできるのか、また金利スワップの価値とは何なのかについて触れておきます。

【Q1-2】の数値を使って、説明していきます[01]。

01) 本来、金利スワップの価値を厳密に求めるためには別の分野の知識も必要となるため、試験で計算することは考えられません。ここでは、金利スワップやヘッジを理解するために話を簡略化して説明していきます。

1 締結時の価値

(1) 国債の価値

最も話を簡略化した場合、国債の価値は将来のキャッシュ・フローを変動金利で割り引いた現在価値と一致します。

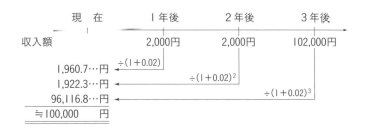

(2) 金利スワップの価値

この時点では契約上の固定金利と変動金利の利率が等しいため、それらを交換する金利スワップに特に価値はありません[02]。

02) 同じ金額を交換したところで、別に得をするわけでも損をするわけでもないため、価値はゼロということになります。

国債の価値が下がったときに上がり、上がったときに下がるものを同時に持てばリスクはヘッジでき、利息だけを手に入れることができます

Chapter 4 デリバティブ

2 金利変動による決算時の価値

▶▶ 変動金利が3.5％に上昇すると、2％の固定金利しかもらえない国債の価値は下落します。その一方で、2％の金利を支払い、3.5％の金利を受け取るという当社が締結した金利スワップに価値が生じます。

この時点での国債と金利スワップの価値は以下のようになります。

⑴ 国債の価値

▶▶ 残り2年間で受け取れるキャッシュ・フローを3.5％の市場金利で割り引いた金額まで、計算上は価値が下落します。

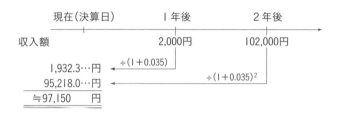

⑵ 金利スワップの価値

▶▶ この時点で、金利スワップを締結したことによって1,500円多く利息を受け取ることになっています。これが国債の満期の2年後まで変わらないとして、金利スワップによって多く受け取れる利息を変動金利で割り引いた現在価値が金利スワップの現時点での価値となります。

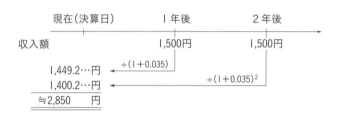

▶▶ 変動金利の上昇は国債にとって価値の下落を、金利スワップにとって価値の上昇をもたらす要因となります。

そのため、国債の価値の下落をヘッジする手段として金利スワップが有効となります。

7 | 先物取引

ここは
重要!!

1 特 徴

▶ 先物取引とは、将来の一定の期日(限月^{げんげつ})に、特定の商品を一定の価格(約定価格)で、一定の数量だけ売買することを約束する契約[01]をいいます。先物取引[02]には以下のような特徴があります。

時　価：市場取引であり、時価が成立しています。

証拠金：取引に入るさいに証拠金が必要です。なお、新規に売ることを約束する場合の取引を「売建^{うりだ}て」、新規に買うことを約束する場合の取引を「買建^{かいだ}て」といいます。

決　済：現物^{げんぶつ}の受渡しはほとんどされることはなく、反対売買(買建てなら転売、売建てなら買戻し)により差金^{さきん}(差額)のみを決済します。

01) 為替予約は通貨先物取引です。
02) 先物取引のうち現物の受渡しを行うものを、特に先渡取引といいます。先渡契約は市場取引ではなく相対取引(市場を通さずに当事者間で行う取引)であり、証拠金を必要としない、市場を通さないため市場価格がないなど、一般的な先物取引とは異なる特徴があります。本テキストで単に「先物取引」という場合は、先渡取引に該当しないものを指すことにします。

2 種 類

▶ 先物取引には、対象となる原資産によって商品先物取引と金融先物取引に分類できます。

また、金融先物取引はさらに、債券先物取引とその他の先物取引に分類できます。

3 先物取引における損益

▶ 先物取引における損益は次のように考えます(反対売買を行う場合)。

```
先物取引
├─ 買建先物 ⇒ 買予約をし、    ┌→ 時価が値上がりすれば利益 03)
│            その後、売決済  └→ 時価が値下がりすれば損失 04)
└─ 売建先物 ⇒ 売予約をし、    ┌→ 時価が値上がりすれば損失
             その後、買決済  └→ 時価が値下がりすれば利益
```

03) 安い値段で買って、高い値段で売れるため、利益が生じます。
04) 高い値段で買って、安い値段で売らなければならないため、損失が生じます。

右端: Chapter 4　デリバティブ

4 先物取引に関係する科目の表示区分

⑴ B/S上の表示区分

▶ 先物取引の評価額は「先物取引差金」という科目として、資産または負債に計上されます。

また、支払った証拠金は「先物取引差入証拠金」として流動資産または固定資産（投資その他の資産）に計上されます。

⑵ P/L上の表示区分

▶ 先物取引によって生じる利益や損失は、「先物取引利益（損失）」という科目として、営業外収益もしくは営業外費用の区分に計上されます。

5 商品先物取引

▶ 金、大豆からガソリン、コーヒーに至るまで、様々な商品を対象として先物取引が行われています。

取引は一定の単位で行われ、商品の買建て（または売建て）で始まり、転売（または買戻し）で終わります。

なお、取引を始めるさいには証拠金の支払（終了時に払戻しを受けます）が必要であり、また先物商品は月単位で時価が異なります[05]。

取引（次の例の⑴～⑷と対応）は以下のように行われます。

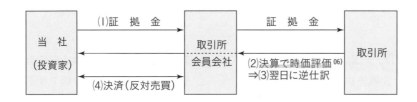

05) 同じ商品でも、5月限月の商品（5月末迄に決済しなければならない商品）と6月限月の商品では時価が異なります。

06) 時価評価の都度、損益も認識します（値洗基準）。

Q | 1-3 | 先物取引1 |

次の取引に関する仕訳を示しなさい。

(1) ×2年2月1日

6月末日を限月とするA先物商品を 1,000円／個で1枚買い建てた。なお、A先物商品の売買単位は1枚あたり 100個であり、証拠金 8,000円を現金で支払った。

(2) ×2年3月31日

決算日。6月末日を限月とするA先物商品の時価は 1,250円／個であった。

(3) ×2年4月1日

翌期首につき、先物取引の評価差額を振り戻す。

(4) ×2年5月18日

投資利益を確定させるため、6月末日を限月とするA先物商品を1枚売建て、売却代金は現金で受け取った（反対取引）。この時のA先物商品の時価は 1,300円であった。

デリバティブ

A | 1-3 | 解答・解説 |

(1) ×2年2月1日

（借）先物取引差入証拠金	8,000	（貸）現　　　　　　金	8,000

(2) ×2年3月31日

（借）先 物 取 引 差 金	25,000	（貸）先 物 取 引 損 益	25,000[07]

07) （1,250円／個－1,000円／個）×100個＝25,000円
この時点で、本来は1,250円でしか買えないものが1,000円で買える先物取引契約を結んでいることになるため、利益が生じます。

(3) ×2年4月1日

（借）先 物 取 引 損 益	25,000	（貸）先 物 取 引 差 金	25,000

(4) ×2年5月18日

（借）現　　　　　　金	8,000	（貸）先物取引差入証拠金	8,000
（借）現　　　　　　金	30,000	（貸）先 物 取 引 損 益	30,000[08]

08) （1,300円／個－1,000円／個）×100個＝30,000円

デリバティブとヘッジ会計 | Section 1　4-15

6 債券先物取引

▶ 債券先物取引で対象物となるのは、「標準物」といわれる国債であり、実在する国債を取引(受渡し)することはほとんどありません。したがって、大体の場合は現物を引き取らず、反対売買をして取引を終えることになります。

なお、商品先物取引と同様に、取引を始めるさいには証拠金の支払が必要です。

取引(次の例の(1)～(4)と対応)は以下のように行われます。

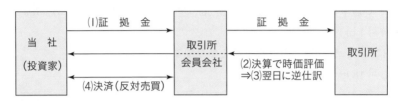

Q | 1-4 | 先物取引2 |

次の取引に関する仕訳を示しなさい。

(1) ×2年2月1日

国債先物 100,000円を額面@100円につき@95円で売建て、証拠金4,900円を現金払した。

(2) ×2年3月31日

決算日。同日の国債先物の時価は@97円であった。

(3) ×2年4月1日

翌期首につき、先物取引の評価差額を振り戻す。

(4) ×2年5月18日

反対売買を行い、差金は現金で決済した。なお、同日の国債先物の時価は@98円であった。

A | 1-4 | 解答・解説 |

(1) ×2年2月1日

(借) 先物取引差入証拠金	4,900	(貸) 現　　　　　　　　金	4,900

(2) ×2年3月31日

(借) 先 物 取 引 損 益	2,000[09]	(貸) 先 物 取 引 差 金	2,000

09) $100,000円 \times \dfrac{@95円 - @97円}{@100円} = \triangle 2,000円$

この時点では、本来は@97円でも売れる国債を@95円で売らなければならないため、総額で2,000円の損失が生じます。

(3) ×2年4月1日

(借) 先 物 取 引 差 金	2,000	(貸) 先 物 取 引 損 益	2,000

(4) ×2年5月18日

(借) 現　　　　　　　　金	4,900	(貸) 先物取引差入証拠金	4,900
(借) 先 物 取 引 損 益	3,000	(貸) 現　　　　　　　　金	3,000[10]

10) $100,000円 \times \dfrac{@95円 - @98円}{@100円} = \triangle 3,000円$

トレーニングⅡ　Ch4　問題3へ

🔒 先物取引とヘッジ会計

▶▶ 金利スワップ取引と同様に、先物取引もヘッジ手段として用いられることがあります。

Q | 1-5 | 先物取引によるヘッジ

　次の取引に関する仕訳を示しなさい。なお、その他有価証券は全部純資産直入法を、ヘッジ会計は繰延ヘッジを採用する。

(1) ×2年2月1日

　　国債1,000口を額面@100円につき@97円で購入し、代金は現金で支払った。なお、この国債はその他有価証券勘定で処理した。このさいに、時価の変動によるリスクをヘッジする目的で国債先物 100,000円を額面@100円につき@98円で売建て、証拠金として4,900円を現金で支払った。

(2) ×2年3月31日

　　決算日。同日の国債現物の時価は@94.5円、国債先物の時価は@95円であった。

(3) ×2年4月1日

　　翌期首につき、先物取引とその他有価証券の評価差額を振り戻す。

(4) ×2年5月18日

　　上記国債を@93円で売却し、代金を現金で受け取った。

　　このさいに、国債先物につき反対売買を行い差金は現金で受け取った。なお、同日の国債先物の時価は@94円であった。

A | 1-5 | 解答・解説

(1) ×2年2月1日

(借) その他有価証券		97,000	(貸) 現　　　　　金		97,000
(借) 先物取引差入証拠金		4,900	(貸) 現　　　　　金		4,900

(2) ×2年3月31日

(借) その他有価証券評価差額金		2,500	(貸) その他有価証券		2,500[01]
(借) 先物取引差金		3,000[02]	(貸) 繰延ヘッジ損益		3,000

01) （@94.5円 – @97円）×1,000口 = △2,500円　　02)（@98円 – @95円）×1,000口 = 3,000円

(3) ×2年4月1日

(借) その他有価証券		2,500	(貸) その他有価証券評価差額金		2,500
(借) 繰延ヘッジ損益		3,000	(貸) 先物取引差金		3,000

(4) ×2年5月18日

(借) 現　　　　　金		93,000	(貸) その他有価証券		97,000
投資有価証券売却損益		4,000			
(借) 現　　　　　金		4,900	(貸) 先物取引差入証拠金		4,900
(借) 現　　　　　金		4,000	(貸) 投資有価証券売却損益[03]		4,000[04]
			（先物取引損益）		

03) 投資有価証券売却損4,000円を打ち消していることを確認してください。

04) （@98円 – @94円）×1,000口 = 4,000円

トレーニングⅡ　Ch4　問題4へ

9 | ヘッジ会計の税効果

⮕ ヘッジ会計（繰延ヘッジ）で税効果会計を適用する場合には、デリバティブ取引の評価替えによる差額のうち、税効果相当額を控除した金額を繰延ヘッジ損益として計上します。

これは、損益計算書を経由せず、直接、貸借対照表に記載されるその他有価証券評価差額金の処理と同じ考え方によります。

Q | 1-6 | **ヘッジ会計** |

次の資料にもとづいて、その他有価証券および先物取引に関する仕訳を示しなさい。法人税等の法定実効税率は30％である。

なお、当社は取得原価48,000円（額面金額100円につき96円で500口取得）の国債（満期日×7年9月30日）を、その他有価証券として保有している。

1 ×2年10月1日に、国債の時価の変動による価格変動リスクをヘッジするために、国債先物50,000円（500口）を額面100円につき94円で売り建て、証拠金として200円を小切手を振り出して支払った（現金預金勘定で処理）。

2 ×3年3月31日（期末）に、その他有価証券と先物取引の時価評価を行う。

その他有価証券については、全部純資産直入法を適用し、先物取引についてはヘッジ会計（繰延ヘッジ）を適用する。

同日の国債現物の時価は額面100円につき93円であり、国債先物の時価は額面100円につき91.6円であった。

A | 1-6 | **解答・解説** |

1

（借）先物取引差入証拠金	200	（貸）現 金 預 金	200

2

（借）繰 延 税 金 資 産	450[02]	（貸）そ の 他 有 価 証 券	1,500[01]
その他有価証券評価差額金	1,050[03]		
（借）先 物 取 引 差 金	1,200[04]	（貸）繰 延 税 金 負 債	360[05]
		繰 延 ヘ ッ ジ 損 益	840[06]

01) $50,000円 \times \dfrac{93円}{100円} - 48,000円 = \triangle 1,500円$

02) $1,500円 \times 30\% = 450円$

03) $1,500円 \times (1 - 30\%) = 1,050円$

04) $50,000円 \times \dfrac{94円}{100円} - 50,000円 \times \dfrac{91.6円}{100円} = 1,200円$

05) $1,200円 \times 30\% = 360円$

06) $1,200円 \times (1 - 30\%) = 840円$

トレーニングⅡ　Ch4　問題4へ

参考 | オプション取引

1 オプション取引の内容

▶ オプションとは、「決められた期日（または それ以前）に、決められた価格（権利行使価格） で特定の資産（原資産）を買ったり、売ったりす ることができる権利」をいい、その権利（オプ ション）を売買する取引をオプション取引とい います。

「買ったり売ったりすることができる権利」で あるため、自分にとって不利な状況[01]であれ ば権利を行使して、原資産を買う（売る）必要は ありません[02]。

なお、オプションを購入するときは必ずオプ ション料を支払うことになります。

01) たとえば、1,000円で資産を購入できる権利を持っている場合、資産の時価が800円 であるときに権利行使すると不利になるため、権利行使をしないことになります。

02) この点が、必ず売買しなければならない先物取引と大きく異なる点です。原資産の時 価と権利行使価格との差額である利益から、さらにオプション料を差し引いたものが 正味の利益となります。

2 オプションの種類

▶ オプションには「買う権利」と「売る権利」 があり、「買う権利」のことをコール・オプショ ン、「売る権利」のことをプット・オプションと いいます。

コール・オプション（買う権利）の保有者は権

利行使することにより、相手に対して権利行使 価格で原資産を売るように求めることができま す。一方、プット・オプション（売る権利）の保 有者は、相手に対して権利行使価格で原資産を 買うように求めることができます。

3 オプション取引の損益

オプション取引の損益を簡単にまとめると、以下のようになります。

立場 / 原資産の時価	コール・オプション		プット・オプション	
	買い手	売り手	買い手	売り手
上昇 ↗	権利行使することで、値上がり分の**利益**を得られる。	権利行使されるため、値上がり分の**損失**が出る04)。	権利放棄することで、オプション料分の**損失**で済む。	権利放棄されるため、オプション料分の**利益**が出る。
下落 ↘	権利放棄することで、オプション料分の損失で済む03)。	権利放棄されるため、オプション料分の**利益**が出る。	権利行使することで、値下がり分の**利益**が得られる。	権利行使されるため、値下がり分の**損失**が出る。

03) たとえ不利な状況であっても、権利行使しなければ、オプション料以上の損失を被る必要はありません。

04) どんなに時価が高くなったとしても、買い手が権利行使すれば決められた価格で資産を売らなければならないため、時価が上がるほど損をします。

4 オプション取引に関係する科目の表示区分

(1) B/S上の表示区分

オプションの評価額は「オプション資産」または「オプション負債」として計上されます05)。

(2) P/L上の表示区分

オプション取引から生じる損益は「オプション差益(差損)」として、営業外収益もしくは営業外費用の区分に計上されます。

05) 前払金や前受金に含めて表示することもあります。また、主にオプションの売りを行うときに証拠金を支払うことがあり、これは「オプション取引証拠金」として流動資産または固定資産の区分に計上されます。

Q | **オプション取引** |

次の取引に関する仕訳を示しなさい。

(1) ×2年2月1日

投機目的で、今後の株価上昇が見込まれるC社株式のコール・オプション(権利行使価格@1,000円で100株を購入できる権利)を9,000円で購入し、現金で支払った。権利行使期日は×3年8月末日である。

(2) ×2年3月31日

決算日。同日におけるC社株式のコール・オプションの価値(時価)は、12,000円であった。

(3) ×2年4月1日

前期末に計上した評価損益を振り戻した。

(4) ×2年8月31日

同日のC社株式の時価が@1,200円であったため権利行使し、反対売買(権利行使価格で株式を取得すると同時に時価で売却)により時価と権利行使価格との差額を現金で受け取った。

A | **解答・解説** |

(1) ×2年2月1日

(借) オ プ シ ョ ン 資 産	9,000	(貸) 現 　　　　　　　 金	9,000

2 ×2年3月31日

(借) オ プ シ ョ ン 資 産	3,000	(貸) オ プ シ ョ ン 差 損 益	3,000[06]

06) 12,000円 − 9,000円 = 3,000円

3 ×2年4月1日

(借) オ プ シ ョ ン 差 損 益	3,000	(貸) オ プ シ ョ ン 資 産	3,000

4 ×2年8月31日

(借) 現 　　　　　　　 金	20,000[07]	(貸) オ プ シ ョ ン 資 産	9,000
		オ プ シ ョ ン 差 損 益	11,000[08]

07) (@1,200円 − @1,000円) × 100株 = 20,000円
08) オプション取引の決済により、現金受取額とオプションの簿価との差額が損益となります。

Q | TRY IT! | 理論問題 | デリバティブ |

次の文章の空欄に適切な語句を記入しなさい。

(1) デリバティブ取引により生じる正味の債権および債務は、（　ア　）をもって貸借対照表価額とし、評価差額は、原則として（　イ　）として処理する。

(2) ヘッジ会計とは、ヘッジ取引のうち一定の要件を充たすものについて、ヘッジ対象に係る損益と（　ウ　）に係る損益を同一の会計期間に認識し、ヘッジの効果を会計に反映させるための特殊な会計処理をいう。

(3) ヘッジ会計は、原則として時価評価されているヘッジ手段に係る損益または評価差額を、ヘッジ対象に係る損益が認識されるまで（　エ　）において繰り延べる方法による。

　ただし、ヘッジ対象である資産または負債に係る相場変動等を損益に反映させることにより、その損益とヘッジ手段に係る損益とを同一の会計期間に認識することもできる。

　なお、純資産の部に計上されるヘッジ手段に係る損益または評価差額については、（　オ　）を適用しなければならない。

A | TRY IT! | 解答 |

ア	イ	ウ	エ	オ
時価	当期の損益	ヘッジ手段	純資産の部	税効果会計
⑳	⑳	⑳	⑳	⑳

合計 **100** 点

トレーニングⅡ　Ch4　問題5へ

Chapter

会計上の変更および
誤謬の訂正

Point
ここでは、商品の評価方法を先入先出法から総平均法などに変更
した場合の処理と、過去の財務諸表に誤りがあった場合の処理を
主に学習します。
ポイントは、「前期以前の収益と費用の修正は、繰越利益剰余金で処理
する‼」です。あまり難しく考えすぎずに、割り切って進んでいきましょう。

用語集

会計上の変更
　会計方針の変更、表示方法の変更お
よび会計上の見積りの変更
会計方針の変更
　従来採用していた一般に公正妥当と
認められた会計方針から他の一般に
公正妥当と認められた会計方針に変
更すること

表示方法の変更
　従来採用していた一般に公正妥当と
認められた表示方法から他の一般に
公正妥当と認められた表示方法に変
更すること

会計上の見積りの変更
　新たに入手可能となった情報にもとづ
いて、過去に財務諸表を作成するさい
に行った会計上の見積りを変更するこ
と

1 会計上の変更および 誤謬の訂正

「あのときは、それが正しいと思っていたんだよ！」…人生においては1度や2度、そんなセリフをついつい口にしてしまったことって、あると思います。では、ちょっと当時を振り返って考えてみてください。あのときの判断は、本当にその時点で合理的だったのか。それとも、合理的といえるものではなかったのか。会計の世界では、そこが運命の分かれ道となってきます。

1 会計上の変更および誤謬（ごびゅう）の訂正とは

▶ 棚卸資産の評価方法を総平均法から先入先出法に変更した場合や、過去の財務諸表に誤りがあった場合などには財務諸表や注記事項の修正を行います。

財務諸表などの修正はその原因により分類され、それぞれ取扱いが異なります。

会計上の変更および誤謬の訂正の分類とその取扱いをまとめると、次のようになります。

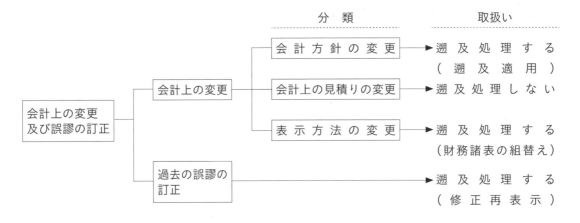

分　類	取扱い
会計上の変更 → 会計方針の変更	→ 遡及処理する（遡及適用）
会計上の見積りの変更	→ 遡及処理しない
表示方法の変更	→ 遡及処理する（財務諸表の組替え）
会計上の変更及び誤謬の訂正 → 過去の誤謬の訂正	→ 遡及処理する（修正再表示）

2 会計方針の変更

1 会計方針とは

▶ 会計方針とは、財務諸表の作成にあたって採用した会計処理の原則および手続[01]をいいます。

会計方針は、正当な理由[02]により変更を行う場合を除き、毎期継続して適用します。

01) 表示方法は、会計方針には含まれません。
02) 会計基準等の改正にともなう会計方針の変更と、その他の正当な理由による変更があります。

2 会計方針を変更した場合の取扱い

▶▶ 会計方針を変更した場合には、新たな会計方針を過去の期間のすべてに遡及適用[03]します。たとえば、棚卸資産の評価方法を総平均法 から先入先出法に変更することは会計方針の変更に該当するため、新たな会計方針である先入先出法を過去にさかのぼって適用します[04]。

03) 過去からその会計方針を採用していたとして財務諸表を作り直すことです。
04) 上場企業が公表する有価証券報告書には、当期の財務諸表に対する比較情報として、前期の財務諸表も記載します。会計方針の変更にともなう遡及適用は、前期の財務諸表にも反映されます。

Q | 1-1 | 会計方針の変更 |

当社は当期(×3期)決算において、商品の評価方法を総平均法から先入先出法に変更したため、遡及適用を行う。

以下の資料にもとづき、遡及適用による当期の帳簿上の仕訳を示しなさい。

1. それぞれの評価方法を適用した場合の各金額(単位:円)。
   (1) 前々期(×1期)

	期首商品	仕入高	売上原価	期末商品
総平均法	0	2,000	1,500	500
先入先出法	0	2,000	1,400	600

   (2) 前期(×2期)

	期首商品	仕入高	売上原価	期末商品
総平均法	500	3,800	3,600	700
先入先出法	600	3,800	3,400	1,000

A | 1-1 | 解答 |

先入先出法を遡及適用することにより、×1期の売上原価が100円減り、×2期の売上原価が200円減り、その分の利益が増加します。なお、遡及適用による過去の財務諸表の修正は精算表上で行われ、前期以前の帳簿を直接修正することはできません。

そのため、当期の帳簿上、前期以前の遡及適用による利益への累積的影響額は、繰越利益剰余金勘定で処理するとともに、繰越商品勘定を調整します。

(借)繰 越 商 品	300	(貸)繰 越 利 益 剰 余 金	300

なお、利益への累積的影響額は、総平均法および先入先出法を採用した場合の前期末の商品の金額の差額(300円)にあらわれます。

前々期(×1期)

総平均法の場合

商　品

期首	売上原価
0円	1,500円
仕入	
2,000円	期末
	500円

⇒

先入先出法の場合

商　品

期首	売上原価
0円	1,400円
仕入	
2,000円	期末
	600円

前期(×2期)

総平均法の場合

商　品

期首	売上原価
500円	3,600円
仕入	
3,800円	期末
	700円

⇒

先入先出法の場合

商　品

期首	売上原価
600円	3,400円
仕入	
3,800円	期末
	1,000円

} 期末商品の増加
→売上原価の減少
→利益の増加

▶▶　遡及適用による利益への累積的影響額は、株主資本等変動計算書上、次のように表示します。

当期(×3期)

株主資本等変動計算書　　（単位：円）

	繰越利益剰余金
当期首残高	×××
会計方針の変更による累積的影響額	300
遡及処理後当期首残高	××
当期変動額	
当期純利益	×
当期変動額合計	×
当期末残高	×××

3 会計上の見積りの変更

1 会計の見積りとは

▸ 会計上の見積りとは、資産および負債や、収益および費用等の額に不確実性がある場合において、財務諸表作成時に入手可能な情報にもとづいて、その合理的な金額を算出することをいいます[01]。

> 01) 引当金の計算や減価償却のように時期や金額が不確実な計算をイメージしてください。

2 会計上の見積りの変更を行った場合の取扱い

▸ 会計上の見積りの変更を行った場合の取扱いは、次のとおりです。

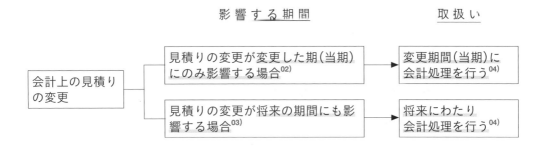

> 02) 前期に設定した貸倒引当金について、当期に状況が変化し貸倒引当金の計上額が不足した場合などです。
> 03) 有形固定資産の耐用年数について、購入時に予測できなかった事情が当期に発生し耐用年数が短縮した場合などです。
> 04) 会計方針の変更のように過去にさかのぼって財務諸表の修正は行いません。

(1) 見積りの変更が変更した期(当期)のみに影響する場合(貸倒引当金の計上不足)

▸ 過年度に設定した引当金に過不足が生じた場合で、過去の見積り方法がその見積り時点で合理的なものであり[05]、かつ、それ以降の見積りの変更も合理的な方法にもとづく場合には、会計上の見積りの変更として扱います。

この場合の変更による差額は新しい情報によってもたらされるものなので、過去にさかのぼって処理せず、その変更のあった期に営業損益または営業外損益として計上します。

> 05) 見積時点で合理的なものでなかった場合は、誤謬に該当します。くわしくは後ほど学習します。

Q | **1-2** | **会計上の見積りの変更(貸倒引当金)** |

前期に発生した売掛金2,000円が当期首に貸し倒れた(前期末の貸倒引当金残高は1,700円)。なお、この貸倒れにともなう引当不足額については、設定時には合理的に見積もられ、当期中における状況の変化によるものである。このときの仕訳を示しなさい。

A | **1-2** | **解答** |

(借)貸 倒 引 当 金	1,700	(貸)売　　　掛　　　金	2,000
貸 倒 損 失 06)	300		
販売費及び一般管理費			

06)　問題文より会計上の見積りの変更に該当するため、引当不足額は当期の費用として処理します。

トレーニングⅡ　Ch5　問題2へ

(2) 見積りの変更が将来の期間にも影響する場合(有形固定資産の耐用年数の短縮)

▶　有形固定資産の購入時の耐用年数の見積りがその時点で合理的なものだった場合07)でも、その後、減価償却計画の設定時において予見することができなかった新技術等の外的事情等により有形固定資産が機能的に著しく減価08)することがあります。

このような場合には、会計上の見積りの変更として耐用年数を変更(短縮)します。

07)　見積時点で合理的なものでなかった場合は、誤謬に該当します。くわしくは後ほど学習します。

08)　たとえば、1日10個製造できる機械を所有していたが、新技術の発明により同じ製品を1日100個製造できる機械が開発された場合が該当します。この「機能」は「能率」と読み替えることができます。

Q | **1-3** | **会計上の見積りの変更(耐用年数の短縮)** |

次の減価償却に関する決算整理仕訳を示しなさい。

備品(取得原価200,000円、耐用年数6年、残存価額は取得原価の10%)について、定額法により3年間償却したが、新技術の発明により、機能的価値が著しく減少したため、当期首より残存耐用年数を2年に変更する。

この耐用年数の変更は、設定時の耐用年数が合理的な見積りにもとづくものであり、変更後も合理的な見積りにもとづいている。なお、記帳方法は間接法によること。

A | **1-3** | **解答・解説** |

| (借)減 価 償 却 費 | 45,000 | (貸)備品減価償却累計額 | 45,000 |

当期首減価償却累計額:$200,000円 \times 0.9 \times \dfrac{3年}{6年} = 90,000円$

残存価額:$200,000円 \times 10\% = 20,000円$

当期の減価償却費:$\dfrac{(200,000円 - 90,000円) - 20,000円}{2年} = 45,000円$

トレーニングⅡ　Ch5　問題4へ

3 会計方針の変更を会計上の見積りの変更と区別することが困難な場合

▸ 会計方針の変更を会計上の見積りの変更と区別することが困難な場合[09]、会計上の見 積りの変更と同様に取り扱い、遡及適用は行いません。

> 09) 減価償却方法は会計方針の一つですが、減価償却方法の変更(定率法→定額法)などがこれに該当します。

(1) 定額法から定率法への変更

▸ 定額法から定率法へ変更した場合、減価償却費は、変更年度の期首時点での簿価に、残存耐用年数に対応する定率法償却率を掛けて算定します。

> 減価償却費 = 変更年度の期首簿価 × 残存耐用年数に対応する定率法償却率

Q | 1-4 | 減価償却・定額法から定率法への変更 |

次の減価償却に関する決算整理仕訳を示しなさい。

前々期の期首に備品(取得原価240,000円、耐用年数8年、残存価額は取得原価の10%)を取得し、定額法により償却を行っていたが、当期より定率法(6年の償却率31.9%)に変更することにした。なお、記帳方法は間接法によること。

A | 1-4 | 解答・解説 |

| (借)減 価 償 却 費 | 59,334 | (貸)備 品 減 価 償 却 累 計 額 | 59,334 |

変更年度の期首簿価(定額法):$240,000円 - 240,000円 \times 0.9 \times \dfrac{2年}{8年} = 186,000円$

当期の減価償却費:$186,000円 \times 0.319 = 59,334円$

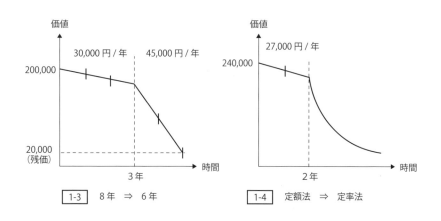

⑵ 定率法から定額法への変更

▶▶ 定率法から定額法へ変更した場合、減価償却費は、変更年度の期首時点での要償却額を、残存耐用年数で割ることで算定します。

$$減価償却費＝（変更年度の期首簿価－当初の残存価額）÷残存耐用年数$$
要償却額

Q | 1-5 | 減価償却・定率法から定額法への変更 |

次の減価償却に関する決算整理仕訳を示しなさい。

前々期の期首に備品（取得原価240,000円、耐用年数8年、残存価額は取得原価の10％）を取得し、定率法（償却率25％）により償却を行っていたが、当期より定額法に変更することにした。なお、記帳方法は間接法によること。

A | 1-5 | 解答・解説 |

（借）減 価 償 却 費	18,500	（貸）備品減価償却累計額	18,500

変更年度の期首簿価（定率法）：$240,000円 × (1 - 0.25)^2 = 135,000円$

当期の減価償却費：$\underbrace{(135,000円 - 240,000円 × 0.1)}_{要償却額} ÷ \underbrace{(8年 - 2年)}_{残存耐用年数} = 18,500円$

トレーニングⅡ　Ch5　問題5へ

参考 **貸倒引当金戻入・償却債権取立益の処理と表示**

1 貸倒引当金戻入

▶▶ 差額補充法において、当期末の貸倒引当金設定額が前期末の貸倒引当金残高よりも少ない場合に、過年度における設定額が過剰であり、それが、会計上の見積りの変更に該当する場合[01]には貸倒引当金戻入[02]として処理します。

01) 見積時点で合理的なものでなかった場合は、誤謬に該当します。くわしくは後ほど学習します。

02) 貸倒引当金戻入は、損益計算書の表示上、売上債権に係るものであれば販売費及び一般管理費の貸倒引当金繰入のマイナス、営業外債権に係るものであれば営業外費用の貸倒引当金繰入のマイナスとするか、または営業債権と営業外債権ともに営業外収益の区分に表示します。

2 償却債権取立益

▶▶ 前期以前において、貸倒処理していた債権を回収した場合、それが会計上の見積りの変更に該当する場合[03)]には、償却債権取立益[04)]として処理します。

03) 見積時点で合理的なものでなかった場合は、誤謬に該当します。くわしくは後ほど学習します。
04) 原則として営業外収益の区分に表示します。

▶▶ なお、「貸倒引当金戻入」と「償却債権取立益」については、具体的な会計処理や財務諸表における表示箇所などは問題文に指示が与えられると考えられますので、その指示に従って解答してください。

4　表示方法の変更

1 表示方法とは

▶▶ 表示方法とは、財務諸表の作成にあたって採用した表示の方法[01)]をいい、財務諸表の科目分類、科目配列および報告様式が含まれます。

01) 注記による開示も含みます。

2 表示方法の変更の取扱い

▶▶ 財務諸表の表示方法を変更した場合は、原則として表示する過去の財務諸表について、新たな表示方法に従い、財務諸表の組替え[02)]を行います。

02) 新たな表示方法を過去の財務諸表でも適用していたかのように、表示を変更することです。

5 | 過去の誤謬の訂正

1 誤謬とは

▶ 誤謬とは、原因となる行為が意図的であるか否かにかかわらず、財務諸表作成時に入手可能な情報を使用しなかったことによる、または、これを誤用したことによる誤り[01]をいいます。

> 01) データの収集または処理上の誤り、会計上の見積りの誤り、会計方針の適用の誤りまたは表示方法の誤りをいいます。

2 過去の誤謬の取扱い

▶ 過去の財務諸表で誤謬が発見された場合は、修正再表示を行います。

修正再表示とは、過去の財務諸表における誤謬の訂正を、財務諸表に反映することをいいます。

(1) 貸倒引当金の計上不足

▶ 過年度に設定した引当金に過不足が生じた場合で、それが計上時の見積り誤りに起因する場合には、過去の誤謬に該当するため、修正再表示します。

また、当期の仕訳として、前期以前の利益の修正額を繰越利益剰余金勘定で処理します。

Q | 1-6 | **過去の誤謬の訂正1** |

前期発生した売掛金2,000円が当期首に貸し倒れた。前期末の貸倒引当金残高は1,700円である。なお、この貸倒れにともなう引当不足額については、全額計上時の見積り誤りによるものである。このときの仕訳を示しなさい。

A | 1-6 | **解答** |

(借)貸 倒 引 当 金	1,700	(貸)売 掛 金	2,000
繰 越 利 益 剰 余 金[02]	300		
前期の利益の修正			

> 02) 問題文より過去の誤謬の訂正に該当するため、引当不足額は過年度の修正として処理します。

過去の過ちは訂正しないと…でも、ちょっと恥ずかしい

⑵ 有形固定資産の耐用年数の短縮

▶▶ 耐用年数の短縮が、耐用年数の見積り誤りに起因する場合には、過去の誤謬の訂正に該当するため、修正再表示を行います。

また、当期の仕訳として、前期以前の利益の修正額を繰越利益剰余金勘定で処理します。

Q | 1-7 | **過去の誤謬の訂正 2** |

次の減価償却に関する決算整理仕訳を示しなさい。

×1期（前期）の期首に取得した備品（取得原価200,000円、耐用年数8年、残存価額は取得原価の10％）について定額法により償却したが、×2期（当期）において備品に係る耐用年数は6年であることが判明した。

これは取得時における耐用年数の見積り誤りに起因する。なお、記帳方法は間接法によること。

A | 1-7 | **解答・解説** |

（借）繰 越 利 益 剰 余 金	7,500	（貸）備 品 減 価 償 却 累 計 額	37,500
前期の利益の修正			
減 価 償 却 費	30,000		

当期首減価償却累計額：$200,000円 \times 0.9 \times \dfrac{1年}{8年} = 22,500円$

修正後当期首減価償却累計額：$200,000円 \times 0.9 \times \dfrac{1年}{6年} = 30,000円$

過年度減価償却費の遡及修正額：$30,000円 - 22,500円 = 7,500円$

当期の減価償却費：$200,000円 \times 0.9 \times \dfrac{1年}{6年} = 30,000円$

トレーニングⅡ　Ch5　問題3へ

参考　**誤謬の訂正による利益への影響額**

▶▶ 誤謬の訂正による繰越利益剰余金への影響額について、株主資本等変動計算書における表示は次のようになります。

株主資本等変動計算書

	繰越利益剰余金
当期首残高	×××
過去の誤謬の訂正による累積的影響額	×××
遡及処理後当期首残高	××
当期変動額	
当期純利益	×
当期変動額合計	×
当期末残高	×××

次の文章の空欄に適切な語句を記入しなさい。

⑴ 「会計上の変更」とは、（　ア　）の変更、表示方法の変更および会計上の見積りの変更をいう。過去の財務諸表における誤謬の訂正は、会計上の変更には該当しない。

⑵ 「会計方針の変更」とは、従来採用していた一般に（　イ　）と認められた会計方針から他の一般に（　イ　）と認められた会計方針に変更することをいう。

　　「表示方法の変更」とは、従来採用していた一般に（　イ　）と認められた表示方法から他の一般に（　イ　）と認められた表示方法に変更することをいう。

　　「会計上の見積りの変更」とは、新たに入手可能となった情報にもとづいて、過去に財務諸表を作成するさいに行った会計上の見積りを変更することをいう。

⑶ 会計方針は、（　ウ　）により変更を行う場合を除き、毎期継続して適用する。（　ウ　）により変更を行う場合は、次のいずれかに分類される。

① 会計基準等の改正にともなう会計方針の変更

② ①以外の（　ウ　）による会計方針の変更

⑷ 会計方針の変更に関する原則的な取扱いは、次のとおりとする。

① 会計基準等の改正にともなう会計方針の変更の場合

　　会計基準等に特定の経過的な取扱いが定められていない場合には、新たな会計方針を過去の期間のすべてに（　エ　）する。

　　会計基準等に特定の経過的な取扱いが定められている場合には、その経過的な取扱いに従う。

② ①以外の正当な理由による会計方針の変更の場合

　　新たな会計方針を過去の期間のすべてに（　エ　）する。

⑸ 財務諸表の表示方法を変更した場合には、原則として表示する過去の財務諸表について、新たな表示方法に従い（　オ　）を行う。

⑹ 会計上の見積りの変更は、当該変更が変更期間のみに影響する場合には、当該変更期間に会計処理を行い、当該変更が将来の期間にも影響する場合には、（　カ　）にわたり会計処理を行う。

⑺ 過去の財務諸表における誤謬が発見された場合には、（　キ　）する。

A | TRY IT! | **解答** |

ア	イ	ウ	エ	オ
会計方針	公正妥当	正当な理由	遡及適用	財務諸表の組替え
⑩	⑩	⑳	⑳	⑳

カ	キ
将来	修正再表示
⑩	⑩

合計 **100** 点

Chapter

6

研究開発費
（ソフトウェア）

Point
このChapterは、ソフトウェア制作費の分類と、制作目的別に分類したソフトウェアの計算を主に学習していきます。市場販売目的のソフトウェアと自社利用のソフトウェアについては計算問題でよく出題されていますのでしっかりと理解しておきましょう。

用語集

研究開発費
　新技術に関する研究、新製品を計画し、または現製品を著しく改良し、それを製品化するための費用

ソフトウェア
　コンピュータを動かすためのプログラムのこと

Section 1 研究開発費（ソフトウェア）

重要度

　携帯電話やパソコンなどは新製品が目白押しで、そのもとになっている新技術は日々発達しています。もちろんベースとなっているのは、技術者や開発者による研究開発です。企業が研究開発にどれほどの金額をかけているかというのも、成長性をはかる指標になります。研究開発費は費用となりますが、研究開発の成果物となることの多いソフトウェアについては目的によって会計処理が異なります。

1 研究開発費とは

▶▶　研究開発費とは、①新技術に関する研究、②新製品を計画し、または現製品を著しく改良し、それを製品化するための費用をいいます[01]。

研究　　　　　　　　新製品の開発　　　　　　著しい改良

01)　研究開発費には、人件費、減価償却費から他目的に転用できない有形固定資産の取得原価まで研究開発のためのあらゆる費用が含まれます。

2 研究開発費の会計処理

▶▶　企業における研究開発は日常的に行われていますが、研究開発費の発生時には将来の収益獲得が不確実であるため、研究開発費はすべて発生時に費用として処理します[01]。

01)　研究開発費は、一般管理費または当期製造費用として処理します。

３ | ソフトウェア制作費の会計処理

▶▶ ソフトウェアとは、コンピュータを動かすためのプログラムなどのことをいいます。

ソフトウェア制作費は、制作目的によって収益との対応関係が異なるので、制作目的別に処理が定められています。

1 研究開発目的のソフトウェア

▶▶ 研究開発を目的として制作されたソフトウェアの制作費は、研究開発費として発生時に費用処理します。

2 受注制作のソフトウェア

▶▶ 顧客から制作を頼まれた受注制作のソフトウェアについては、工事契約の会計処理[01] に準じて処理します。

01) 工事契約の会計処理については、Chapter9で学習します。

3 市場販売目的のソフトウェア

▶▶ 市場販売目的のソフトウェアについては、研究開発により製品マスター[02] を制作し、製品マスターを複写(コピー)することにより製品を制作し、販売されます。制作費は次のように区分し、処理します。

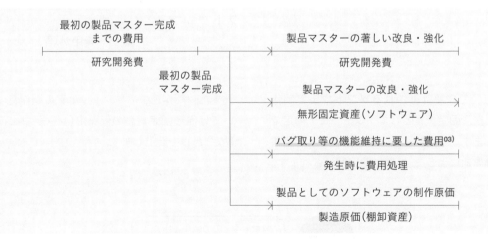

02) 製品マスターとは、開発したソフトウェアの原版をいいます。

03) バグとは、プログラムの間違いをいい、バグ取りとは、プログラムの間違いを修正することをいいます。

4 自社利用のソフトウェア

▶ ソフトウェアの利用により、~~将来の収益獲~~ ~~得が確実な場合、または費用削減が確実な場合~~ には、ソフトウェアの制作費、取得費用を~~資産~~ ~~（無形固定資産）として計上します~~[04]。

> 04) 具体的には、ソフトウェアを用いて業務処理を受託する場合、社内利用のソフトウェアの完成品を購入した場合です。

▶ ソフトウェア制作費に係る内容をまとめると、次のようになります。

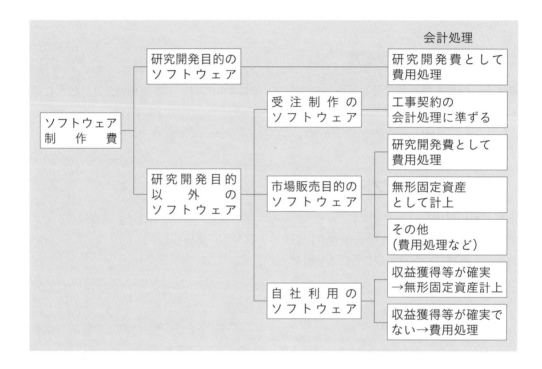

▶ 上図で資産計上されるソフトウェア制作費は、無形固定資産としてソフトウェア勘定で処理します。「ソフトウェア」に計上された金額は減価償却によって、各期に費用配分されます。

また、制作途中のソフトウェアの制作費については無形固定資産の仮勘定（ソフトウェア仮勘定）として計上します。

ソフトウェアの制作会社で、資産が計上しづらいようにこんなルールになっています

Q | 1-1 | ソフトウェアの会計処理 |

　当社では市場販売目的のソフトウェアを企画、制作、販売している。次の資料にもとづいて、研究開発費として計上される金額と、無形固定資産として計上される金額をそれぞれ求めなさい。

■資　料■

	制作原価
給　　　料	80,000 円
機械減価償却費	20,000 円
その他経費	30,000 円

　上記費用のうち、給料の80％、機械減価償却費の30％、その他経費の60％は研究開発にかかるものと考えられ、それ以外は資産計上する。

A | 1-1 | 解答・解説 |

研究開発費：80,000円×80％＋20,000円×30％＋30,000円×60％＝88,000円

無形固定資産：42,000円

トレーニングⅡ　Ch6　問題1・2へ

4 ソフトウェアの減価償却方法

1 市場販売目的のソフトウェア

▶▶　無形固定資産に計上されたソフトウェアの取得原価は、そのソフトウェアの性格に応じて償却します。具体的には見込販売数量または見込販売収益にもとづく方法があります。

　ただし、毎期の償却額は、残存有効期間にもとづく均等配分額を下回ってはならない[01]、とされています。償却期間は原則3年以内です。

(1) 見込販売数量または見込販売収益にもとづく償却額

$$償却額 ＝ 当期首未償却残高 \times \frac{当期の実績販売数量（実績販売収益）}{当期首の見込販売数量（見込販売収益）}^{[02]}$$

(2) 均等配分額にもとづく償却額

$$償却額 ＝ 当期首未償却残高 \div 残存有効期間$$

→(1)、(2)のそれぞれのうち、いずれか大きい金額を当期の償却額とします。

01) この点が他の償却性資産と大きく異なります。

02) 初年度は販売開始時の見込販売数量（見込販売収益）になります。

研究開発費（ソフトウェア）｜Section 1 　6-5

Q | 1-2 | **ソフトウェアの減価償却** |

次に示す資料にもとづいて、当期のソフトウェアの償却に関する仕訳を(1)見込販売数量にもとづく場合、(2)見込販売収益にもとづく場合について、それぞれ示しなさい。なお、当該ソフトウェアは当期首に取得している。

■資　料■

無形固定資産として計上したソフトウェア制作費156,000円

当期実績販売数量6,000個　　　　当期実績販売単価800円

当期首総見込販売数量15,000個　　当期首総見込販売収益15,600,000円

ソフトウェアの見込有効期間3年

A | 1-2 | **解答・解説** |

(1)　見込販売数量にもとづく場合

均等配分額にもとづく償却額：156,000円÷3年＝52,000円　…①

見込販売数量にもとづく償却額156,000円×$\dfrac{6,000個}{15,000個}$＝62,400円　…②

①＜②より、償却額62,400円

(借) ソ フ ト ウ ェ ア 償 却	62,400	(貸) ソ フ ト ウ ェ ア	62,400

(2)　見込販売収益にもとづく場合

見込販売収益にもとづく償却額：156,000円×$\dfrac{6,000個 \times 800円}{15,600,000円}$＝48,000円　…③

①＞③より、償却額52,000円

(借) ソ フ ト ウ ェ ア 償 却	52,000	(貸) ソ フ ト ウ ェ ア	52,000

トレーニングⅡ　Ch6　問題3へ

2 自社利用のソフトウェア

無形固定資産として計上したソフトウェアのうち、自社利用のソフトウェアについて、一般的には定額法による償却が合理的であると考えられます。また、その場合の償却期間は、原則5年以内とされています。

$$償却額 = 当期首未償却残高 \times \frac{当事業年度の期間}{当期首における残存耐用年数}$$

Q 1-3 | 自社利用のソフトウェアの減価償却

次に示す資料にもとづいて、×2期のソフトウェアの償却に関する仕訳を示しなさい。

■資 料■

1. ×1期期首に無形固定資産として計上した自社利用のソフトウェア制作費は280,000円である。

2. 当該ソフトウェアは、定額法により5年間で償却する。

A 1-3 | 解答・解説

(借) ソフトウェア償却	56,000[03]	(貸) ソ フ ト ウ ェ ア	56,000

03) $280,000円 \times \dfrac{1年}{5年} = 56,000円$

> ソフトウェアと研究開発費は
> 密接な関係があることから
> 1つの会計基準に示されています

5 ソフトウェアの見込販売数量(収益)を変更した場合

▶ ソフトウェアの見込販売数量(または見込販売収益)の見積りは、様々な要因により影響を受けます。時の経過による新たな要因の発生により変動することがあります。

過年度に見積もった見込販売数量(見込販売収益)がその時点で合理的なものだった場合には、会計上の見積りの変更として扱い[01]、合理的なものでなかった(見積りが誤っていた)場合には、過去の誤謬の訂正として扱います[01]。

01) 両者とも変更後は合理的な見積りにもとづいている場合です。

1 会計上の見積りの変更

▶ 見込販売数量(見込販売収益)の見積りを当期末に変更した場合、当該変更は将来の期間に影響するため、将来にわたって会計処理を行います。

当期末に見込販売数量(見込販売収益)を変更した場合の計算式は、次のようになります[02]。

・当期末に見込販売数量(見込販売収益)を変更した場合の計算式

$$当期の償却額 = 当期首未償却残高 \times \frac{当期の実績販売数量(実績販売収益)}{当期首における変更前の見込販売数量(見込販売収益)}$$

$$翌期の償却額 = 翌期首未償却残高 \times \frac{翌期の実績販売数量(実績販売収益)}{翌期首における変更後の見込販売数量(見込販売収益)}$$

02) 当期首に見込販売数量(見込販売収益)を変更する場合もありますが、ここでは当期末変更のみ確認していきます。

2 過去の誤謬の訂正

▶ 過去の誤謬の訂正に該当する場合、遡及処理(修正再表示)をします[03]。

03) ソフトウェアの誤謬の訂正は重要性が低いと思われるため、本テキストでは割愛しています。

Q | 1-4 | 会計上の見積りの変更（市場販売目的のソフトウェア） |

次に示す資料にもとづいて、(1)×1期のソフトウェアの償却に関する仕訳、(2)×2期のソフトウェアの償却に関する仕訳を見込販売数量にもとづく場合について示しなさい。なお、計算過程で端数が生じた場合には円未満を四捨五入すること。

■資　料■

1. ×1期期首に無形固定資産として計上したソフトウェア制作費は330,000円であった。

2. 販売開始時の総見込販売数量および各期の期首の見込販売数量は以下のとおりである。

　　×1期　5,000個　　×2期　3,000個　　×3期　1,100個

3. ×1期末において見込販売数量が2,800個に変更となった。

4. 各期の実績販売数量は以下のとおりである。

　　×1期　2,000個　　×2期　1,800個

5. 過年度に見積もった見込販売数量はその時点で合理的な見積りにもとづいている。

6. ソフトウェアの見込有効期間は3年である。

A | 1-4 | 解答・解説 |

(1)　×1期のソフトウェアの償却

当期末に変更しているため、変更前の見込販売数量を使います。

均等配分額にもとづく償却額：330,000円÷3年＝110,000円　…①

見込販売数量にもとづく償却額：$330,000円 \times \dfrac{2,000個}{5,000個} = 132,000円$　…②

①＜②より、償却額132,000円

（借）ソフトウェア償却　132,000	（貸）ソ フ ト ウ ェ ア　132,000

(2)　×2期のソフトウェアの償却

翌期は、変更後の見込販売数量を使います。

均等配分額にもとづく償却額：（330,000円－132,000円）÷2年＝99,000円…①

見込販売数量にもとづく償却額：$（330,000円 － 132,000円） \times \dfrac{1,800個}{2,800個} ≒ 127,286円$…②

①＜②より、償却額127,286円

（借）ソフトウェア償却　127,286	（貸）ソ フ ト ウ ェ ア　127,286

トレーニングⅡ　Ch6　問題4へ

参考 | 自社利用ソフトウェアの耐用年数を変更した場合

▶ 新たに入手可能となった情報にもとづいて耐用年数を変更した場合、過去に定めた耐用年数がその時点で合理的なものだった場合には、会計上の見積りの変更に該当します[01]。

たとえば、当期末に耐用年数を変更した場合[02]、当期の償却額は変更前の残存耐用年数で計算し、翌期の償却額は変更後の残存耐用年数で計算します。

- 当期末に耐用年数を変更した場合の計算式

$$当期の償却額 = 当期首未償却残高 \times \frac{当事業年度の期間}{当期首における変更前の残存耐用年数}$$

$$翌期の償却額 = 翌期首未償却残高 \times \frac{翌事業年度の期間}{翌期首における変更後の残存耐用年数}$$

01) 過去に定めた耐用年数がその時点で合理的な見積りでなく、これを合理的な見積りに変更する場合には、過去の誤謬の訂正になります。

02) 本テキストでは、年度末に耐用年数の変更が行われたものとしていますが、会計上の見積りの変更は適宜行われる可能性があります。

Q | 会計上の見積りの変更（自社利用のソフトウェア）|

次に示す資料にもとづいて、(1)×1期のソフトウェアの償却に関する仕訳と(2)×3期のソフトウェアの償却に関する仕訳を示しなさい。

■資　料■

1. ×1期期首に計上した自社利用のソフトウェア制作費は350,000円である。
2. 計上時における見込利用可能期間は5年であり、合理的な見積りにもとづくものである。
3. ×2期期末において、×3期以降の残存利用可能期間が2年であることが判明した。
4. 償却方法は、定額法による。

A | 解答・解説 |

(1)　×1期のソフトウェアの償却

償却額：$350,000円 \times \dfrac{1年}{5年} = 70,000円$

（借）ソフトウェア償却	70,000	（貸）ソフトウェア	70,000

(2)　×3期のソフトウェアの償却

×3期期首の未償却残高：$350,000円 - 70,000円 \times 2年 = 210,000円$

償却額：$210,000円 \times \dfrac{1年}{2年} = 105,000円$

（借）ソフトウェア償却	105,000	（貸）ソフトウェア	105,000

6 - 10　　商業簿記・会計学1級 | テキストⅡ | 応用編

参考 市場販売目的のソフトウェアの減損処理

▶ 市場販売目的のソフトウェアの当期の償却後の未償却残高が翌期以降の見込販売収益を

上回る場合には、当該超過額を費用または損失として処理します。

Q | 減損処理 |

次に示す資料にもとづいて、×2期に計上されるソフトウェアの損失の金額を見込販売数量にもとづく場合について求めなさい。

■資　料■

1. ×1期期首に無形固定資産として計上したソフトウェア制作費は660,000円である。

2. ×1期の総見込販売数量（総見込販売収益）および各期の期首の見込販売数量（見込販売収益）は以下のとおりである。

	見込販売数量	見込販売収益
×1期	3,000 個	825,000 円
×2期	1,600 個	363,000 円
×3期	900 個	153,000 円

3. 各期の実績販売数量は以下のとおりである。また、見込有効期間に変更はなかった。

×1期　1,400個　×2期　700個　×3期　900個

4. 各期の未償却残高が翌期以降の見込販売収益の額を上回ることが予想される場合、当該超過額を損失として処理する。

5. ソフトウェアの見込有効期間は3年である。

A | 解答・解説 |

💡 ⑴　**×1期の償却額**

① 均等配分額にもとづく償却額：660,000円÷3年＝220,000円

② 見込販売数量にもとづく償却額：$660,000円 \times \dfrac{1,400個}{3,000個} = 308,000円$

①＜②より、償却額308,000円

未償却残高352,000円（＝660,000円－308,000円）が×2期の見込販売収益363,000円を上回っていないので、未償却残高は352,000円のままとなります。

⑵　**×2期の損失の金額**

① 均等配分額にもとづく償却額：352,000円÷2年＝176,000円

② 見込販売数量にもとづく償却額：$352,000円 \times \dfrac{700個}{1,600個} = 154,000円$

①＞②より、償却額176,000円

未償却残高176,000円（＝352,000円－176,000円）が×3期の見込販売収益153,000円を上回っているので、ソフトウェアの損失を計上します。

×2期に計上されるソフトウェアの損失の金額：176,000円－153,000円＝23,000円

Chapter 6 研究開発費（ソフトウェア）

Q | TRY IT! | 理論問題 | **研究開発費（ソフトウェア）** |

次の文章の空欄に適切な語句を記入しなさい。

⑴ 研究とは、新しい知識の発見を目的とした計画的な調査および探究をいう。開発とは、新しい製品・サービス・生産方法（製品等という。）についての計画もしくは設計または既存の製品等を著しく改良するための計画もしくは設計として、研究の成果その他の知識を（　ア　）することをいう。

⑵ 研究開発費は、すべて発生時に（　イ　）として処理しなければならない。なお、ソフトウェア制作費のうち、研究開発に該当する部分も（　ウ　）として費用処理する。

　費用として処理する方法には（　エ　）として処理する方法と（　オ　）として処理する方法がある。

⑶ 特定の研究開発目的にのみ使用され、他の目的に使用できない機械装置や特許権等を取得した場合の原価は、取得時の（　カ　）とする。

⑷ 市場販売目的のソフトウェアについては、最初に製品化された製品マスターの完成までの費用および製品マスターまたは購入したソフトウェアに対する著しい改良に要した費用が、（　キ　）に該当する。

⑸ 市場販売目的のソフトウェアである製品マスターの制作費は、研究開発費に該当する部分を除き、（　ク　）として計上しなければならない。ただし、製品マスターの（　ケ　）に要した費用は、資産として計上してはならない。

　自社利用のソフトウェアのうち、社内利用のソフトウェアについては、完成品を購入した場合のように、その利用により将来の収益獲得または（　コ　）が確実であると認められる場合には、そのソフトウェアの取得に要した費用を資産として計上しなければならない。

⑹ 市場販売目的のソフトウェアおよび自社利用のソフトウェアを資産として計上する場合には、（　サ　）の区分に計上しなければならない。

⑺ 制作途中のソフトウェアの制作費については、無形固定資産の（　シ　）として計上することとする。

⑻ 無形固定資産として計上したソフトウェアの取得原価は、そのソフトウェアの性格に応じて、（　ス　）にもとづく償却方法その他合理的な方法により償却しなければならない。

　ただし、毎期の償却額は、残存有効期間にもとづく均等配分額を下回ってはならない。

A TRY IT! | 解答 |

ア	イ	ウ	エ	オ	
具体化	費用	研究開発費	一般管理費	当期製造費用	各**7**点

カ	キ	ク	ケ	コ	
研究開発費	研究開発費	資産	機能維持	費用削減	各**7**点

サ	シ	ス	
無形固定資産	仮勘定	見込販売数量	各**10**点

合計 **100**点

商品売買の期中処理

ここでのメインは商品売買の勘定連絡と総記法の処理です。ここは
テキストを読んで身に付くものではなく、実際に電卓とペンを使って
問題を解いてマスターしましょう。

用語集

総記法
　商品を仕入れたときは商品勘定の借
　方に原価で記入し、これを販売したと
　きは商品勘定の貸方に売価で記入す
　る方法

商品売買の期中処理

Section 1

2級で学習してきた三分法を前提として、期中の商品売買の流れを確認していきましょう。その上で、見本で商品を使った場合なども考えていきます。
また、商品売買には三分法以外にも会計処理があります。新たに三分法以外の記帳方法として、総記法の処理も学習していきましょう。

1 商品売買の勘定連絡

▶ 商品売買に関する勘定連絡は、以下のとおりです[01]。

仕 入		
現金仕入 A	返品・割戻等[02]	
掛 仕 入 B		
手形仕入 C		
総仕入高		

買 掛 金		
現金支払 D	期首残高	
手形支払 E	掛 仕 入 B	
期末残高		

支 払 手 形		
現金決済 F	期首残高	
	手形仕入 C	
期末残高	買掛支払 E	

現 金 預 金		
期首残高	現金仕入 A	
現金売上 ア	買掛支払 D	
売掛回収 エ	手形決済 F	
手形決済 カ	期末残高	

売 上		
	現金売上 ア	
	掛 売 上 イ	
	手形売上 ウ	
	総売上高	

売 掛 金		
期首残高	現金回収 エ	
掛売上 イ	手形回収 オ	
	期末残高	

受 取 手 形		
期首残高	現金決済 カ	
手形売上 ウ		
掛 回 収 オ	期末残高	

01) 日商1級でも期中取引を中心とした問題が出題されるようになっています。そのさいに必要な知識です。A〜F（仕入取引）、ア〜カ（売上取引）が、それぞれ対応しています。

02) 通常、買掛金や売掛金の減少をともないます。

▶ 商品売買に関して現金預金以外の勘定に記入されるのは、上記の科目が中心となります[03]。

03) このほかに電子記録債権・電子記録債務や、手形の割引・裏書きもありますが、あまり気にしなくてもいいでしょう。

7-2　商業簿記・会計学1級 | テキストⅡ | 応用編

Q | 1-1 | **仕入高の推定** |

以下の資料にもとづいて、総仕入高を推定しなさい。

📄 資料1

前期末・貸借対照表		（単位：円）
支 払 手 形		26,500
買 掛 金		38,740

📄 資料2

1. 買掛金の約束手形振出しによる支払高27,500円
2. 支払手形期末残高29,000円、買掛金期末残高39,600円
3. 現金預金の減少

　(1) 現金仕入高 46,320円　(2) 支払手形決済高 90,000円　(3) 買掛金支払高 153,270円

4. 掛仕入高　？　円、手形仕入高　？　円

A | 1-1 | **解答・解説** |

💡 総仕入高　**292,950円**

仕　　入	
現金仕入 46,320円	
掛仕入 181,630円	
手形仕入 65,000円	
総仕入高 292,950円	

買　掛　金	
手形支払高 27,500円	期首残高 38,740円
現金預金支払高 153,270円	掛仕入高 ？＝181,630円
期末残高 39,600円	
220,370円　→　220,370円	

支　払　手　形	
現金預金決済高 90,000円	期首残高 26,500円
	買掛金支払高 27,500円
期末残高 29,000円	手形仕入高 ？＝65,000円
119,000円　→　119,000円	

トレーニングⅡ　Ch7　問題1へ

2 | 見本品の処理

➡ 購入した商品を見本品として、得意先に引き渡すことがあります。

このような場合には、費用（見本品費勘定[01]）の発生とともに仕入勘定を減少させる処理を行います。

01) P/L・販売費及び一般管理費の区分に記載します。

Q | 1-2 | **見本品の処理** |

期中に購入した商品100,000円のうち3,000円を見本品として得意先に引き渡した。必要な仕訳を示しなさい。

A | 1-2 | **解答・解説** |

💡

（借）見　本　品　費　3,000	（貸）仕　　　　　入　3,000

取得時の仕訳と合わせてみると、見本品費が仕入勘定を通過しているにすぎないことがわかります。

商品取得時:	(借)仕 入	100,000	(貸)現 金 等	100,000	
見本品提供時:	(借)見 本 品 費	3,000	(貸)仕 入	3,000	

仕入勘定を相殺してみると

(借)仕 入	97,000[02]	(貸)現 金 等	97,000
(借)見 本 品 費	3,000	(貸)現 金 等	3,000

02) 結果的に当初から97,000円を仕入れ、3,000円の見本品費を支払ったのと同じことになります。

なお、損益計算書には以下のように記載されます。

Ⅱ 売 上 原 価
1 期首商品棚卸高 ×××
2 当期商品仕入高 100,000
合 計 ×××
3 他勘定振替高[03] 3,000
4 期末商品棚卸高 ××× ×××
売 上 総 利 益 ×××
Ⅲ 販売費及び一般管理費
1 見 本 品 費 3,000

03) 期末商品棚卸高と同様に合計額から差し引きます。なお、具体的に「見本品(費)振替高」とすることもあります。

3 総記法の処理

▶ これまでは商品売買の記帳方法として三分法を前提としてきましたが、それとは別に総記法という記帳方法があります。

1 総記法とは

▶ 総記法とは、商品を仕入れたときは商品勘定の借方に原価で記入し、これを販売したときは商品勘定の貸方に売価で記入する方法をいいます(仕入れても売っても、商品売買に関する取引は、すべて商品勘定で処理します)[01]。

そのため、決算整理前残高試算表(前 T / B)の商品勘定は、借方残高にも貸方残高にもなることがあります。

01) 3級で学習した分記法では、商品販売時に原価と利益を商品勘定と商品売買益勘定とに分けて記入しました。総記法では、商品販売時に原価と利益を区別せずにまとめて商品勘定に記入します。

2 総記法の処理

▸ 以下の資料を用いて総記法の処理をみていきます。

■資料■

⑴ 期首商品　200円
⑵ 掛仕入　　600円
⑶ 掛売上　　900円（売価）
⑷ 期末商品　80円

<期中仕訳>

① 仕入時

（借）商　　　　　品	600	（貸）買　　掛　　金	600

② 販売時

（借）売　　掛　　金	900	（貸）商　　　　　品	900

商品ボックス

期首	200円	売上	900円
仕入	600円		（売価）
前T/B	100円 }		

決算整理前残高試算表（単位：円）

商　　　品	100

▸ ここで、商品勘定の貸方に期末商品を原価で付け足したボックス図を書いてみます。

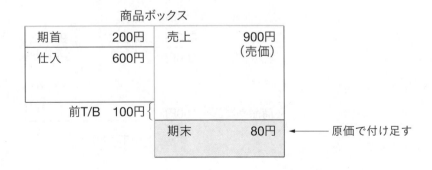

Chapter 7
商品売買の期中処理

▶ このとき、貸方の飛び出た部分が商品売買益の金額になります。

なぜなら、もし、商品ボックス図の売上が原価で記入されていれば、当然ボックス図の貸借は一致するはずです。つまり、「貸方が飛び出ているのは売上と売上原価の差（商品売買益）」となります。これはボックス図の貸方の上下を入れ替えてみると、よくわかります。

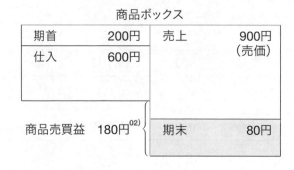

02) 100円＋80円＝180円

▶ 以上のように考えて商品売買益を算定し、貸方を商品売買益勘定、借方を商品勘定として決算整理仕訳を行います。

なお、上記のボックス図の貸方に実際には期末商品原価が入っておらず、決算整理仕訳の結果、商品勘定の残高が期末商品原価を表すことになります。

＜決算整理仕訳＞

（借）商 品	180	（貸）商 品 売 買 益[03]	180

03) 商品販売益勘定とすることもあります。本試験では問題文の指示に従ってください。

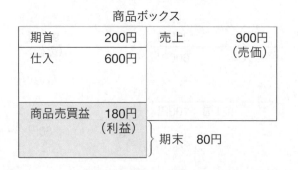

決算整理後残高試算表（単位：円）

商 品	80	商品売買益	180

▸ 　なお、決算整理前残高試算表の商品が借方
残高の場合も考え方は同じで、商品ボックス図
の貸方に期末商品を入れた場合の貸借差額が商
品売買益となります。

■資料■
(1)　期首商品　200円
(2)　掛仕入　　600円
(3)　掛売上　　500円(売価)
(4)　期末商品　400円

＜期中仕訳＞
①　仕入時

(借)商	品	600	(貸)買	掛	金	600

②　販売時

(借)売	掛	金	500	(貸)商	品	500

商品ボックス

期首	200円	売上	500円(売価)
仕入	600円		
		}前T/B　300円	

商品ボックス

期首	200円	売上	500円(売価)
仕入	600円		
商品売買益 100円[04]{		期末	400円

↑
原価で付け足す

＜決算整理仕訳＞

(借)商	品	100	(貸)商　品　売　買　益	100

04)　前T/B商品の残高が借方に300円あるので、期末商品400円を貸方に足した後の貸
　　借差額の100円が商品売買益となります。　400円－300円＝100円。

よって、商品売買益は次のように計算することができます。

総記法の商品売買益の計算
　商品ボックス図の貸方に期末商品原価を入れると、貸借差額が商品売買益となり、
その金額で、「(借)商品×× 　(貸)商品売買益××」の決算整理仕訳を行います。

(1)　前T/B商品が借方残高
　　商品売買益＝期末商品棚卸高－商品(前T/B)

(2)　前T/B商品が貸方残高
　　商品売買益＝期末商品棚卸高＋商品(前T/B)

　難しく考えずに、「商品勘定の残高を期末商品棚卸高になるように調整」しているだけと考えましょ
う。なお、総記法と三分法のいずれを用いても、財務諸表の表示は同じとなります。

参考 | 売上原価対立法
うりあげげん か たいりつほう

▸▸ 売上原価対立法とは、商品勘定、売上勘定と売上原価勘定を使って記入する方法をいいます。

▸▸ 売上原価対立法では、仕入時に商品勘定の借方に記入し、販売時に売上を計上するとともに、売り上げた商品の原価を商品勘定から売上原価勘定に振り替えます[01]。

01) 「対立」には「異なるものが並び立つ」という意味もあり、「売上」と「原価」を合わせて計上するのが特徴です。

Q | 売上原価対立法

次の取引の仕訳を売上原価対立法により行いなさい。

(1) 期首商品棚卸高：200円(原価)

(2) 期中取引

①商品600円(原価)を掛けで仕入れた。

②商品720円(原価)を900円で掛けで売り上げた。

(3) 期末商品棚卸高：80円

A | 解答

①	(借)商	品	600		(貸)買	掛	金	600

②	(借)売	掛 金	900		(貸)売		上	900
	(借)売 上 原 価		720		(貸)商		品	720

💡 | 解説

決算整理前残高試算表　　　　（単位：円）

期末商品…商 品	80	売 上	900	…売 上 高
売上原価…売 上 原 価	720			

決算整理仕訳：商品勘定は期末商品となっており、売上、売上原価も正しく計上されているため、売上原価算定の「決算整理は仕訳なし」[02]となります。

02) 棚卸減耗や商品の収益性の低下が生じた場合には、商品勘定を減らします。

財務諸表の作成：損益計算書の表示は、記帳方法にかかわらず同じとなります。

損 益 計 算 書

Ⅰ 売 上 高		900
Ⅱ 売 上 原 価		
1. 期首商品棚卸高	200	
2. 当期商品仕入高	600	
合 計	800	
3. 期末商品棚卸高	80	720
売上総利益		180

Chapter

8

収益認識

> Point
> 収益認識については最初から細かい点まで完璧に理解しようとする
> のではなく、収益認識の5つのステップや変動対価などの基本的な
> 部分をまずはおおまかにおさえてから、2回、3回と読み直して理解を深
> めるようにしましょう。

「収益認識に関する会計基準」にもとづく出題

「収益認識に関する会計基準」の実務での適用開始は 2021 年 4 月 1 日からとなり
ますが、日商簿記 1 級では学習期間を確保するため、**2022 年 6 月からの出題**とな
りますのでご注意ください。

用語集

取引価格
　商品やサービスの顧客への移転と交換に、企業が権利を得ると見込む対価の額
履行義務
　商品やサービスを顧客に提供する義務
変動対価
　顧客と約束した対価のうち変動する可能性のある部分

契約資産
　企業が顧客に移転した商品またはサービスと交換に受け取る対価に対する企業の権利のうち、法的な請求権が発生していないもの
債権
　企業が顧客に移転した商品またはサービスと交換に受け取る対価に対する企業の権利のうち、法的な請求権が発生したもの

契約負債
　商品またはサービスを顧客に移転する前に、顧客から対価を受け取ったもの
返金負債
　顧客から対価を受け取っているものの、その対価の一部または全部を顧客に返金する義務

Section 1 収益認識の基本的処理

　収益の認識基準については、これまで企業会計原則における実現主義以外に、統一されたルールがありませんでした。そのため、実現主義をそのまま適用できない複雑な取引については各社の判断によって収益計上を行ってきました。

　そこで、企業間の財務諸表の比較可能性を向上させるために、「収益認識に関する会計基準」が設けられました。主なポイントは、履行義務の充足により収益を認識する点、変動対価という考え方の導入、契約資産、契約負債、返金負債という新たな科目の登場です。

1 収益認識の基本

1 収益認識の基本原則

▶▶　収益認識の基本原則は、商品[01]またはサービスの顧客[02]への移転と交換に、企業が権利を得ると見込む対価の額で収益を認識することです。

つまり、相手先から得る対価の額をもとに収益を認識する点がポイントとなります。

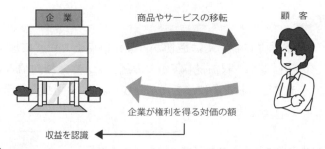

収益認識のイメージ

	企業が得る対価の額		収益を認識	
（借）売　　掛　　金	9,000	（貸）売　　　　　上[03]	9,000

01) 「収益認識に関する会計基準」では、「財またはサービス」としています。財の例としては、商品や製品などがありますが、本書では商品を前提として説明していきます。
　　なお、「収益認識に関する会計基準」は、証券取引所に上場している企業や、上場していなくても公認会計士の監査を受けている大規模な企業に適用されます。中小企業については強制適用ではないため、これまでの伝統的な実現主義の原則により収益を認識することができます。

02) 顧客とは企業と契約した当事者のことで、個人のお客様だけでなく法人も含まれます。

03) 「収益認識に関する会計基準」は、企業の営業活動から生じる収益が対象となります。そのため、事業で使用している固定資産の売却に係る収益については、同基準の対象外となります。

2 収益認識の5つのステップ

▶▶ 　企業が権利を得ると見込む対価の額で収益を認識するために、「収益認識に関する会計基準」(以下、基準)では、収益を認識するまでの過程を5つのステップに分解し、このステップに従って収益を認識します。

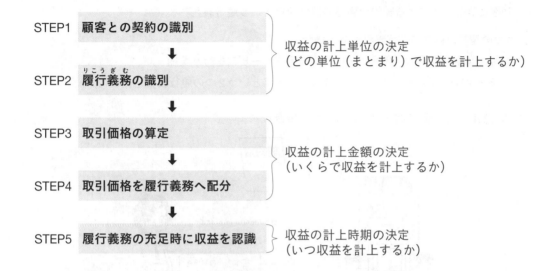

STEP1　顧客との契約の識別

STEP2　履行義務の識別

　→ 収益の計上単位の決定
（どの単位（まとまり）で収益を計上するか）

STEP3　取引価格の算定

STEP4　取引価格を履行義務へ配分

　→ 収益の計上金額の決定
（いくらで収益を計上するか）

STEP5　履行義務の充足時に収益を認識

　→ 収益の計上時期の決定
（いつ収益を計上するか）

STEP 1　顧客との契約の識別

　収益を計上するにあたっては顧客に商品やサービスを提供することが必要ですが、そのためには商品やサービスを提供する約束(契約)があることが前提となります。

　契約の識別とは契約として認められるかどうかを判断し、その範囲を明確にすることであり、契約として認められるためには一定の要件[04]を満たす必要があります。

> **04)** 契約として認められるための要件は、契約の当事者双方が契約を承諾していること、引き渡す商品やサービスが決まっていること、支払条件が決まっていること、取引の実態があること、代金を回収できる可能性が高いことです。
> また、必ずしも契約書のような書面はなくても双方の合意があれば、契約となります。

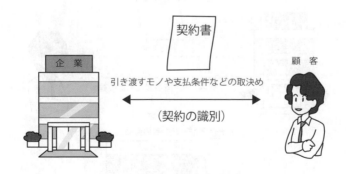

STEP 2　履行義務の識別

　履行義務とは、商品やサービスを顧客に提供する義務をいいます。**履行義務の識別とは、顧客に提供する商品やサービスを具体的に特定すること**をいいます。

　なお、契約に対して履行義務を識別する場合として、次のものがあります。

① 　1つの契約に1つの履行義務がある場合

　　　顧客に商品を販売する契約⇒商品の提供義務という履行義務

② 　1つの契約に複数の履行義務がある場合

　　　顧客に商品を販売し、商品に一定期間の保守サービスを行う契約

　　　⇒商品の提供義務と、保守サービスの提供義務という2つの履行義務

販売する商品に一定期間の保守サービスを行う場合

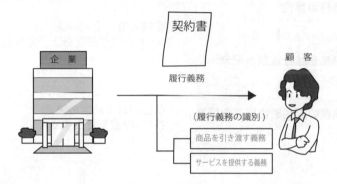

STEP3　取引価格の算定

　取引価格とは、商品またはサービスの顧客への移転と交換に**企業が権利を得ると見込む対価の額**をいいます。取引価格の算定とは、商品やサービスを顧客に移転したときに顧客からもらえる金額を計算することであり、これをもとに収益として計上する金額を決定します。

　なお、取引価格の算定にあたっては、「変動対価」、「重要な金利部分」、「企業から顧客に支払われる対価」の影響などを考慮する必要があります[05]。

　また、取引価格には仮受けする消費税など「第三者のために回収する額」は含まれません。

05) 「2　取引価格算定上の考慮事項」で、のちほど学習します。

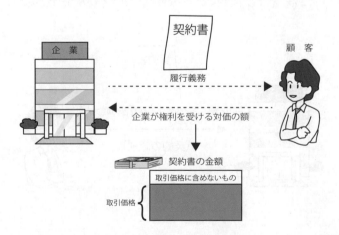

STEP 4　取引価格を履行義務へ配分

　履行義務とは商品やサービスの提供義務であり、取引価格とはいわば収益として計上する金額です。履行義務への配分とは、商品やサービスの提供義務に対し、収益計上する金額を配分することをいいます。

　1つの契約に複数の履行義務がある場合には、取引価格を各履行義務に配分する必要があります。配分するにあたっては、**それぞれの履行義務を単独で提供した場合の価格(独立販売価格)**にもとづいて配分します。

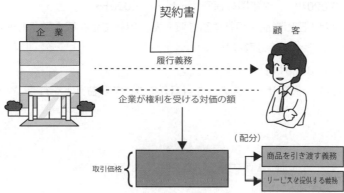

STEP 5　履行義務の充足

　履行義務の充足とは商品やサービスの提供義務を果たすことであり、履行義務を充足したときに収益を認識します。履行義務を充足するパターンとしては、次の2つがあります。

> **履行義務の充足**
>
> 　**一時点で充足される履行義務：商品の販売など**
> 　　⇒履行義務を充足した時点(一時点)で収益を認識
>
> 　**一定期間にわたり充足される履行義務[06]：サービスの提供など**
> 　　⇒履行義務を充足するにつれて(一定期間)収益を認識

　　06)　建設業における工事契約も多くが一定期間にわたり充足される履行義務に該当します。くわしくはChapter 9で学習します。

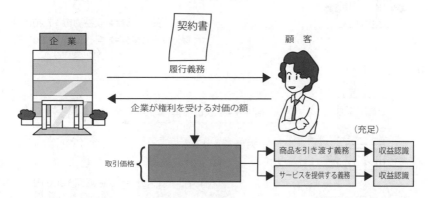

　なお、履行義務を充足する前に対価を受取った場合には、契約負債として処理します。

Q | **1-1** | 収益認識の5つのステップ |

次の取引の仕訳を示しなさい。当期は×1年4月1日から×2年3月31日までの1年である。

1. 取引時（×1年4月1日）

   (1) 当社は、甲社と商品の販売および保守サービスの提供と、代金を現金で受け取る契約を締結した。

   (2) 商品の販売と2年間の保守サービスの提供の対価：9,000円

   (3) 独立販売価格

   　　商品：8,000円　　2年間の保守サービス：2,000円

   (4) ×1年4月1日に商品を甲社に引き渡した。甲社では検収を完了し使用可能となり、代金9,000円を現金で受け取った。

2. 決算時（×2年3月31日）

   当期末において、保守サービスのうち当期分について収益計上を行う。

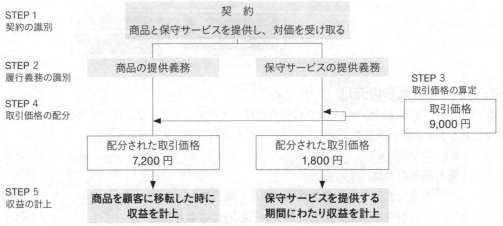

(1) 商品の販売

(2) 保守サービスの提供

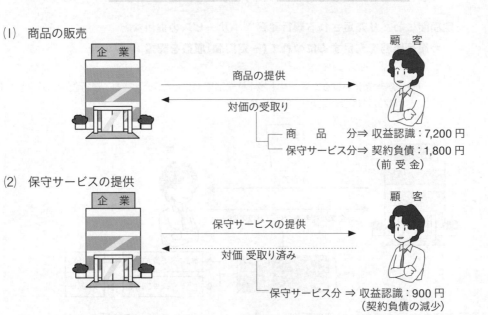

(1) 取引価格の配分

取引価格を、独立販売価格にもとづいて履行義務に配分します。

商品の販売：$9,000 円 \times \dfrac{8,000 円}{8,000 円 + 2,000 円} = 7,200 円$

<small>取引価格</small>

サービスの提供：$9,000 円 \times \dfrac{2,000 円}{8,000 円 + 2,000 円} = 1,800 円$

<small>取引価格</small>

(2) 履行義務の充足

① 商品の販売

商品を引渡し顧客の検収が完了した時点（一時点）で収益を計上します。

② サービスの提供

保守サービス[※]を提供する期間（一定期間）にわたり収益を計上します。当期に1年分900円[01]を計上します。

01) $1,800 円 \times \dfrac{12 \text{カ月}}{24 \text{カ月}} = 900 円$

※ 保守サービスとは、商品の故障や不具合が発生したときに、修理担当者にきてもらい対応してもらうサービスをいい、コピー機などの保守があります。保守サービスと似たものに保証サービスがあります。保証サービスのうち、電化製品などについて1年間のメーカー保証など正しく機能することを保証する品質保証は商品と一体のものであり、履行義務を認識しません。一方、保証期間の延長や顧客の責任による故障にも対応する有料の保証は別個の履行義務と考えられるため、取引価格を配分します。

(3) 仕訳

① 取引時（×1 年4月1日）

顧客から受け取った対価のうち、いまだ果たしていない履行義務（サービスの提供義務）は契約負債[02]として処理します。

（借）現 金	9,000	（貸）売 上	7,200
		契 約 負 債	1,800
		または（前 受 金）	

02) 前受金とすることもあります。

② 決算時（×2 年3月31 日）

（借）契 約 負 債	900	（貸）売 上 [03]	900

03) 金額的に重要な場合には「役務収益」として処理することも考えられます。

トレーニングⅡ　Ch8　問題2へ

仕訳の科目について

本書は、「収益認識に関する会計基準の適用指針」の設例の科目にもとづいて説明しています。しかし、実際に企業が仕訳をするにあたっては、より詳細な勘定科目を用いることが考えられます。

例えば、この後「契約負債」という科目がよく出てきますが、企業が仕訳をするにあたってすべて「契約負債」で処理してしまうと、企業内で詳細な残高の把握と管理が難しくなります。

簿記の試験では、用いる勘定科目について問題文や答案用紙に指示が入ると思いますので、それに従って解答するようにしてください。

参考 | 商品やサービスの提供（移転）の時期

(1) 「支配」の考え方

▶ 商品やサービスを顧客に提供（移転）した ときに履行義務を充足したと考えて収益を計上 しますが、移転とは、顧客が商品やサービスに 対する**支配**[01]**を獲得した時点**となります。

顧客が商品に対する支配を獲得する時点と は、**商品を受け取り検収が終わった時点**となり ます。

そのため、企業は基本的には検収基準で収益 認識を行います。

01) 支配とは、要するに顧客が使用できることをいいます。

(2) 一時点で充足する履行義務の代替的取扱い

▶ 基準では、企業の事務負担を考慮し、原則 的な処理に加えて、認められる処理として代替 的な取扱いを設けています。

商品の移転では、国内の販売において、商品

の出荷から支配の移転までの期間が「通常の期 間」[02]である場合、商品の出荷時または引渡し 時に収益を認識できます。

02) 「通常の期間」について会計基準では明記されていませんが、出荷から検収までの期 間がおよそ2日〜5日以内であると考えられます。

2 | 取引価格算定上の考慮事項

STEP3からSTEP5において、算定した取引価格のうち履行義務に配分した額について収益を認識することをみてきました。

取引価格の算定にあたっては、変動対価、重要な金融要素の影響などを考慮し、第三者のために回収する額を除きます。

> **取引価格の算定にあたり考慮すべきもの**[01)
> (1) 変動対価
> (2) 重要な金融要素[02)
> **取引価格から除くもの**
> (1) 第三者のために回収する額

取引価格の算定のイメージ

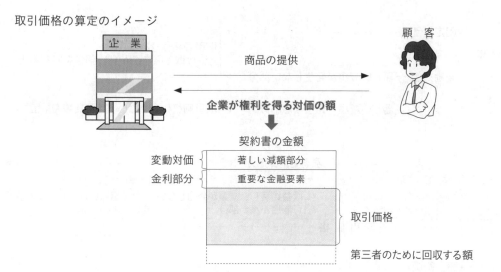

01) 他に「現金以外の対価を受け取った場合」、「顧客に支払われる対価」がありますが、本試験の重要性から本書では説明を割愛しています。
02) 金融要素とは金利部分のことです。

1 変動対価

▶▶ 変動対価とは、**顧客と約束した対価のうち変動する可能性のある部分**をいいます。

契約において約束された対価に変動性のある金額を含んでいる場合には、その金額を見積もる必要があります。

変動対価のうち、収益の著しい減額が発生する可能性が高い部分については、ステップ3の取引価格に含めず[01]、**返金負債**などとして計上します。

変動対価の例としては、売上割戻、返品権付き販売などがあります。

01) 取引価格から除いて収益計上を行うのは、収益の過大計上を防止するためです。
基準においては、「変動対価の額に関する不確実性が事後的に解消される際に、解消される時点までに計上された収益の著しい減額が発生しない可能性が高い部分に限り、取引価格に含める」と遠回しの規定の仕方をしています。
なお、「著しい減額」の判断基準は試験で問われることはないと考えられるため、割愛しています。

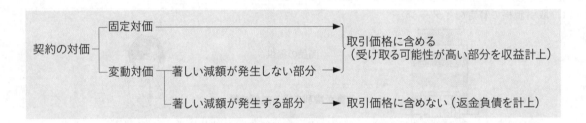

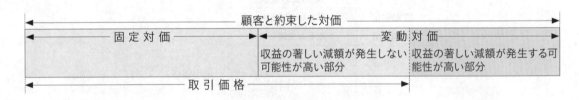

(1) リベート（売上割戻）

▶▶ リベートとは、一定期間に多額または多量の販売をした顧客に対して行う商品代金の免除や金銭の払戻し[02]をいいます。

リベート（売上割戻）のうち収益の著しい減額が発生する可能性が高い部分については、売上計上せずに**返金負債**として計上します[03]。

02) 販売価格を減額する場合と、顧客に現金で支払う場合があります。ここでは、「収益認識に関する会計基準の適用指針」の設例にしたがって顧客に現金で支払う場合についてみていきます。

03) 売上割戻については、「基準」の適用前は売上割戻を行ったときに売上から減額し（または実務上、販売促進費として費用処理）、期末に売上割戻引当金を計上しました。「基準」の適用により、著しい減額が発生すると見込まれる収益についてはその期の売上高とすることはできません。

Q | 1-2 | **リベート(売上割戻)** |

次の取引の仕訳を示しなさい。

当社は、得意先甲社に商品を10,000円で掛け販売した。甲社に対する過去の販売実績より、販売金額のうち甲社に返金する可能性が高いリベートを500円と見積もった。

この500円について、取引価格に含めないものとする。

(1) 商品の販売

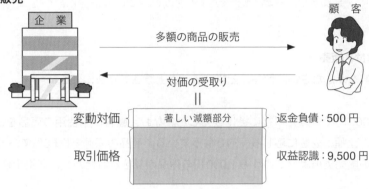

(2) リベートの支払い

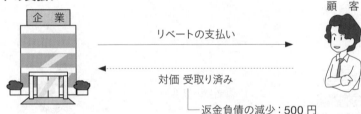

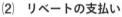 **A** | 1-2 | **解答・解説** |

返金負債とは、顧客に返金する義務を負債として計上したものです。

(借)売	掛	金	10,000	(貸)売			上	9,500
				返	金	負	債	500

なお、実際には商品販売時に販売金額で売上計上し、期末などリベート見積り時に返金負債を計上する処理も考えられます。

(1) 販売時

(借)売	掛	金	10,000	(貸)売		上	10,000

(2) リベート見積り時

(借)売		上	500	(貸)返	金	負	債	500

また、リベート支払時に返金負債を減らします。

(借)返	金	負	債	500	(貸)現		金[※]	500

※ 売上割戻について売掛金と相殺する場合には、(借)返金負債 500 (貸)売 掛 金 500となります。

トレーニングⅡ Ch8 問題3へ

(2) 返品権付き販売

▷ 返品権付き販売とは、顧客に、商品を返品し支払った代金の返金を受ける権利が付与されている販売契約をいいます[※]。

返品権付き販売をしたときは、返品による返金が見込まれる分について売上計上せず、返金負債として認識します。

また、顧客から商品を回収する権利を返品資産として認識します。

> ※ 返品権付き販売を行っているのは、化粧品や医薬品の製造業や卸売業、音楽ソフトの卸売業や、一定の条件で返品を認めている通信販売業などです。

Q | 1-3 | 返品権付き販売

次の取引の仕訳を示しなさい。商品の記帳方法は売上原価対立法による。

1. 商品を5,000円で得意先甲社に掛け販売した。なお、顧客が未使用の商品を30日以内に返品する場合、全額、返金に応じる契約となっている。商品の原価率は60％である。

   これまでの販売実績よりこのうち1,000円の返品が見込まれたため、取引価格に含めないものとする。

2. 甲社より1,000円(売価)の返品があり、代金は現金で支払った。

(1) 商品の販売

(2) 商品の返品

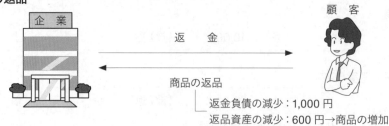

A | ⅼ-Ʒ | 解答・解説 |

1．商品の販売

① 収益計上

(借) 売 掛 金	5,000	(貸) 売 上	4,000
		返 金 負 債	1,000

② 売上原価計上

(借) 売 上 原 価	2,400 [01]	(貸) 商 品	3,000
返 品 資 産	600 [02]		

01) (5,000円−1,000円)×60％＝2,400円
02) 1,000円×60％＝600円

2．商品の返品

① 返金

(借) 返 金 負 債	1,000	(貸) 現 金	1,000

② 商品の返品

(借) 商 品	600	(貸) 返 品 資 産	600

なお、返品権付き販売について、収益認識の 5 つのステップにあてはめると次のようになります。

STEP1 **契約の識別** → 返品権が付いた商品の販売

STEP2 **履行義務の識別** → 商品の引渡し (返品権は提供義務でないため、履行義務にならない)

STEP3 **取引価格の算定** → 企業が権利を得ることとなる対価の額：4,000 円

STEP4 **履行義務へ配分** → 単一の履行義務のため全額を配分

STEP5 **履行義務の充足** → 商品の引渡し時に収益計上 (4,000 円)

参考 | 変動対価の見積り方法

▶ 契約において約束された対価に変動性のある金額を含んでいる場合には、企業は期待値法または最頻値法のうち、企業が権利を得ることとなる**対価の額をより適切に予測できる方法**を用いて見積もります。

(1) 期待値法

▶ 発生しうると考えられる対価の額を、確率で加重平均した金額の合計額とする方法です。

(2) 最頻値法

▶ 発生しうると考えられる対価のうち、もっとも可能性の高い金額とする方法です。

Q | 変動対価の見積り方法 |

次の取引について、期待値法と最頻値法により変動対価を見積もった場合の仕訳をそれぞれ示しなさい。

(1) 当社は×1年6月1日に商品Aを1個あたり100円で300個販売する契約を甲社と締結した。

(2) ×1年度中の甲社への販売量に応じて当社は甲社に以下のリベートを支払う。このリベートについては売上の著しい減額として取引価格に含めない。

年間販売量	リベート率	発生確率
1,500 個〜	3%	30%
1,000 個〜1,499 個	2%	60%
1 個〜999 個	0%	10%

　　例えば、年間の販売量が1,000個であった場合、2%のリベートを甲社に支払う。

(3) ×1年6月1日に甲社に300個を引渡し売上計上を行うとともに、リベートの見積り分について返金負債を計上した。

A | 解答・解説 |

(1) 期待値法による場合

加重平均したリベート率：3%×30%＋2%×60%＋0%×10%＝2.1%

(借)売　　掛　　金	30,000 [01)]	(貸)売　　　　　上	29,370 [03)]
		返　金　負　債	630 [02)]

01) @100円×300個=30,000円
02) 30,000円×2.1%=630円
03) 30,000円−630円=29,370円

(2) 最頻値法による場合

発生確率のもっとも高いリベート率2%を用いてリベート支払額を計算します。

(借)売　　掛　　金	30,000	(貸)売　　　　　上	29,400 [05)]
		返　金　負　債	600 [04)]

04) 30,000円×2%=600円
05) 30,000円−600円=29,400円

2 重要な金融要素

▶ 顧客との契約に重要な金融要素(金利部分)が含まれる場合、取引価格の算定にあたっては、約束した対価の額に含まれる金利相当分の影響を調整します[01]。

具体的には、収益を現金販売価格で計上し、金利部分については受取利息として決済期日まで配分します[02]。

なお、処理については『テキストI』Chapter 5で確認した手形に係る金利区分法と同じです。

01) 商品またはサービスを移転してから顧客が支払いを行うまでの期間が1年以内である場合には、金利相当分の影響を調整しない(金利相当分も含めて売上計上)ことができます。

02) 割賦販売に係る金利部分の処理についてはChapter12で学習します。

Q 1-4 │ **重要な金融要素**

次の取引の仕訳を示しなさい。会計期間は4月1日から3月31日までの1年である。

1. 取引日(×1年4月1日)

当社は乙社に商品を販売し、代金を2年後の決済とした。乙社への販売価格は、現金販売価格2,000,000円に金利(年5%)を含んだ2,205,000円である。当社では取引価格に重要な金利部分が含まれていると判断し、利息法により利息を配分することとした。

2. 期末(×2年3月31日)

金利部分のうち当期分について利息を計上する。

3. 期末(×3年3月31日)

金利部分のうち当期分について利息を計上するとともに、売掛金2,205,000円を現金で回収した。

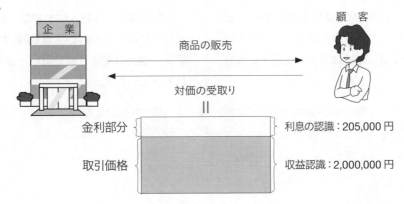

(1) ×1年4月1日

(借)売　　　掛　　　金	2,000,000	(貸)売　　　　　　　上	2,000,000

(2) ×2年3月31日

(借)売　　　掛　　　金	100,000 [03]	(貸)受　取　利　息	100,000

[03]　2,000,000円×5%＝100,000円

(3) ×3年3月31日

(借)売　　　掛　　　金	105,000 [04]	(貸)受　取　利　息	105,000

[04]　(2,000,000円+100,000円)×5%＝105,000円

(借)現　　　　　　　金	2,205,000	(貸)売　　　掛　　　金	2,205,000

トレーニングⅡ　Ch8　問題5へ

3　第三者のために回収する額

ここは重要!!

▶▶　取引価格は、商品やサービスの顧客への移転と交換に、企業が権利を得ると見込む対価の額となります。

　しかし、**代理人取引**に該当する場合の代金回収や消費税の受取りは、当社のために回収する額ではなく、第三者のために回収する額であるため、取引価格には含めません。

(1)　代理人取引

▶▶　他社[05]が顧客に対して行う商品やサービスの提供を、当社が他社から請け負っているにすぎない場合には、当社は取引の代理人に該当します。

　当社が取引の代理人にすぎないときは、他社から受け取る手数料の金額(顧客から受け取る額から他社に支払う額を引いた金額)を収益として計上します。

[05]　厳密には会社からだけでなく個人から請け負うこともありますが、便宜上、他社としています。

Q | 1-5 | 代理人取引 |

次の取引の仕訳を示しなさい。

1 商品販売時

(1) 当社は、乙社から商品Bの販売を請け負っており、当社の店舗で販売を行っている。

　商品Bが当社に納品されたときに当社は商品の検収を行っておらず、商品の所有権および保管責任は乙社が有している。そのため、商品B納品時に、当社では仕入計上を行っていない。

(2) 当社は、顧客に商品Bを10,000円で販売し、代金は現金で受け取った。販売した商品の当社の仕入値は7,000円であり、乙社に後日支払う。

2 代金支払時

　乙社に、買掛金7,000円を現金で支払った。

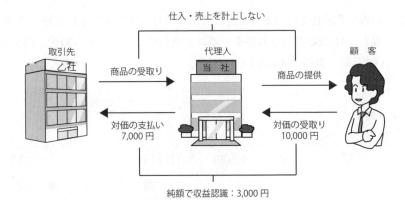

2 代金支払時

　乙社に、買掛金7,000円を現金で支払った。

A | 1-5 | 解答・解説 |

1 商品販売時

　当社が取引の代理人にすぎない場合、商品の仕入・販売を行っても、売上と売上原価を計上せずに、純額の手数料部分を収益に計上します。

(借) 現	金	10,000	(貸) 手 数 料 収 入 または(受 取 手 数 料)	3,000 [06]
			買 掛 金	7,000

[06]　10,000円－7,000円＝3,000円

2 代金支払時

(借) 買 掛 金	7,000	(貸) 現	金	7,000

トレーニングⅡ　Ch8　問題6へ

⑵ 消費税

▶ 消費税は、顧客が国や地方公共団体に支払うものを当社が代わりに回収しているにすぎないため、取引価格には含めません[07]。そのため、「収益認識に関する会計基準」を適用する場合、税抜方式で処理します。

> **07)** なお、「収益認識に関する会計基準」を適用しなくてもよい中小企業では、従来どおり税抜方式と税込方式が認められます。

Q | 1-6 | 消費税 |

次の各取引の仕訳を示しなさい。消費税率は10%とする。

1. 当社は、顧客に商品Aを5,500円（税込）で掛け販売した。

2. 当社は、顧客に商品Bを掛け販売した。販売金額は、税抜きで10,000円、税込みで11,000円である。なお、10,000円のうち将来、顧客に支払うリベートを500円と見積もった。この500円については取引価格に含めない。

A | 1-6 | 解答・解説 |

1. 商品販売

（借）売　　掛　　金	5,500	（貸）売　　　　　上	5,000
		仮　受　消　費　税	500

2. 変動対価がある場合

消費税法上、変動対価という考え方はないため、販売金額10,000円に対して1,000円の仮受消費税を計上します。

（借）売　　掛　　金	11,000	（貸）売　　　　　上	9,500
		返　金　負　債	500
		仮　受　消　費　税	1,000

Section 2 収益認識に係る個別論点

Section1では収益認識について、STEP1からSTEP5までの基本的な処理と変動対価についてみてきました。ここでは、収益認識基準の適用によって会計処理に影響をおよぼす個別論点についてみていきます。

契約資産、契約負債、返金負債について、それぞれの違いを意識するようにしましょう。

1 収益認識に係る個別論点

▶ 本書では、本試験での重要性を考慮し、商品券の発行、ポイント制度、契約資産が計上される場合についてみていきます。

1 商品券

▶ 企業が商品券を発行し商品券の代金を受け取り、後日、顧客が商品購入時に商品券を提示し代金の支払いに充てることがあります。

商品またはサービスを提供する履行義務を充足する前に顧客から支払いを受けたときは、契約負債を計上します。

そして、履行義務を充足したときに契約負債を減少させ、収益を計上します。

Q 2-1 | 商品券 |

次の取引の仕訳を示しなさい。

1. 当社は商品券11,000円を発行し、顧客より現金を受け取った。

2. 7,000円の商品券の提示を受け、同額の商品を引き渡した。

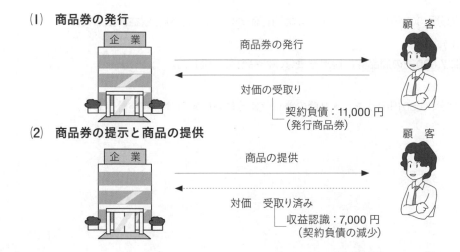

(1) **商品券の発行**

企業 ──── 商品券の発行 ────▶ 顧客

◀──── 対価の受取り ────

└ 契約負債：11,000円
（発行商品券）

(2) **商品券の提示と商品の提供**

企業 ──── 商品の提供 ────▶ 顧客

◀----- 対価 受取り済み -----

└ 収益認識：7,000円
（契約負債の減少）

A | 2-1 | 解答・解説 |

① 商品券発行時

(借)現	金	11,000	(貸)契 約 負 債	11,000
			または(発 行 商 品 券)	

② 商品の提供

(借)契 約 負 債	7,000	(貸)売	上	7,000
または(発 行 商 品 券)				

参考 **非行使部分がある場合の商品券の処理**

▶▶ 商品券の中には有効期限が設定されていて、その有効期限を過ぎたら失効するものがあります。

また、有効期限が設定されていなくても、発行した商品券がいつまでたっても使用されないこともあります。

対価を受け取った商品券のうち使用されないと見込まれる部分(権利非行使部分)について過去の実績から企業が権利を得ると見込む場合は、一括して収益計上をせずに、権利行使のパターンと比例的に収益を計上します。

Q | 非行使部分がある場合の商品券 |
次の取引の仕訳を示しなさい。

(1) 当社は、×1期に商品券11,000円を発行し、顧客より現金を受け取った。
なお、商品券の過去の使用実績から、商品券発行額のうち1,000円を非行使部分と見積もった。

(2) ×1期に3,000円の商品券の提示を受け、商品を引き渡した。

(3) 非行使部分1,000円のうち、×1期の権利行使分に対応する分を収益計上した。

(4) ×2期に7,000円の商品券の提示を受け、商品を引き渡した。

(5) 非行使部分1,000円のうち、×2期の権利行使分に対応する分を収益計上した。

A 解答・解説

(1) 商品券の発行

(借)現	金	11,000	(貸)契 約 負 債	11,000

(2) 商品の提供 (×1期)

商品提供分について契約負債から収益に振り替えます。

(借)契 約 負 債	3,000	(貸)売 上	3,000

(3) 非行使部分の収益計上

権利非行使部分の金額に権利行使割合を掛けた金額を収益として認識します。

$$収益認識額=権利非行使部分\times\frac{権利行使額}{権利行使見込み総額}$$

(借)契 約 負 債	300 [01]	(貸)雑 収 入	300

[01] $1,000円\times\dfrac{3,000円}{10,000円}=300円$

(4) 商品の提供 (×2期)

(借)契 約 負 債	7,000	(貸)売 上	7,000

(5) 非行使部分の収益計上

(借)契 約 負 債	700 [02]	(貸)雑 収 入	700

[02] $1,000円\times\dfrac{7,000円}{10,000円}=700円$

イメージ図を示すと次のようになります。

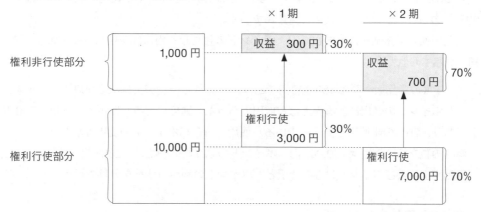

トレーニングⅡ Ch8 問題7へ

2 ポイント制度（カスタマー・ロイヤルティ・プログラム[※1]）

▶ 小売業やサービス業において、販売促進などを目的として、顧客にポイントを付与し、顧客はポイントと交換に商品を受け取ったり、次回、商品を購入するときの購入代金にあてることがあります。これをポイント制度といいます。ポイント制度は、運営を自社が行うか他社が行うかにより自社ポイントと他社ポイントに分かれます。

自社ポイントにおいて、顧客に付与したポイントが重要な権利の提供と判断される場合には、ポイントによる顧客の権利を企業の履行義務として認識します。

具体的には、ポイント付与時にポイント使用見込み分について、商品等の引渡し義務を契約負債として計上します。

※1 顧客（カスタマー）がブランドや商品に対する信頼（ロイヤルティ）を高めるための施策（プログラム）をいい、具体的にはコンビニ、家電量販店、航空会社、携帯電話会社などにおけるポイント制度もその1つです。

> **ポイント制度** 　**自社ポイント：自社でポイント制度を運営し、自社のポイントを付与する場合**
> 　　　　　　　 **他社ポイント：他社が運営するポイント制度に加盟し、他社のポイントを付与する場合**[※2]
> ※2 他社ポイントについては、8−30ページをご覧ください。

Q 2-2 **ポイント制度**

次の取引の仕訳を示しなさい。なお、円未満の端数が生じたときは四捨五入する。

当社はポイント制度を採用しており、販売価格100円につき1ポイント付与し、顧客は次回以降に、1ポイント1円で商品と交換できる。

(1) ×1年度に商品を125,000円で現金販売し、顧客に1,250ポイントを付与した。

1,250ポイントのうち過去の実績より80％分の1,000ポイントは使用を見込んでおり、残り20％分の250ポイントは未使用と見込んでいる。

商品の独立販売価格は125,000円、ポイントの独立販売価格は使用見込みを考慮して1,000円と見積もられた。

(2) ×2年度の商品販売額は150,800円であり、そのうち現金売上は150,000円、×1年度に付与したポイントの使用による売上は800円であった。顧客に付与したポイントは1,500ポイントであり、20％の未使用を見込んでいる。使用見込み総ポイントの変更はなかった。

商品の独立販売価格は150,000円、ポイントの独立販売価格は1,200円と見積もられた。

商品売上およびポイント付与の仕訳と、ポイントの利用の仕訳を分けて行う。

(1) 商品の販売とポイントの発行

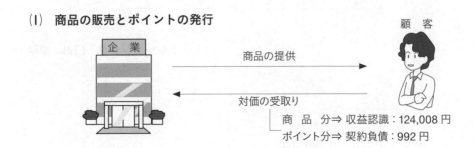

商 品 分⇒ 収益認識：124,008 円
ポイント分⇒ 契約負債：992 円

(2) ポイントの行使

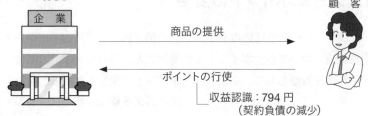

収益認識：794 円
（契約負債の減少）

A 2-2 │ 解答・解説 │

(1) 商品の引渡し（×1年度）

　顧客から得た対価125,000円を、独立販売価格の比率で商品販売分とポイント使用見込み分に配分します[01]。商品販売分を収益計上し、ポイント使用見込み分を契約負債として計上します。

（借）現 金	125,000	（貸）売 上	124,008[02]
		契 約 負 債	992[03]

01) 取引価格125,000円は商品の価値とポイント（使用見込み分）の価値を合わせた価格と考え、収益認識にあたっては分けて把握します。要するに、取引価格のうちポイント相当分について、ポイント使用時（または失効時）まで繰り延べる処理を行います。

02) 商品への配分額：$125,000円 \times \dfrac{125,000円}{125,000円 + 1,000円} = 124,007.93 \cdots \rightarrow 124,008円$

03) ポイントへの配分額：$125,000円 \times \dfrac{1,000円}{125,000円 + 1,000円} = 992.06 \cdots \rightarrow 992円$

(2) 商品の引渡し（×2年度）

（借）現 金	150,000	（貸）売 上	148,810[04]
		契 約 負 債	1,190[05]

04) 商品への配分額：$150,000円 \times \dfrac{150,000円}{150,000円 + 1,200円} = 148,809.52 \cdots \rightarrow 148,810円$

05) ポイントへの配分額：$150,000円 \times \dfrac{1,200円}{150,000円 + 1,200円} = 1,190.47 \cdots \rightarrow 1,190円$

(3) ポイントの使用

　ポイントが使用されるに応じてポイントに係る契約負債を収益に振り替えます。

$$収益認識額 = ポイントへの配分額 \times \dfrac{使用ポイント}{使用見込み総ポイント}$$

（借）契 約 負 債	794[06]	（貸）売 上	794

06) $992円 \times \dfrac{800ポイント}{1,000ポイント} = 793.6 \rightarrow 794円$

トレーニングⅡ　Ch8　問題8へ

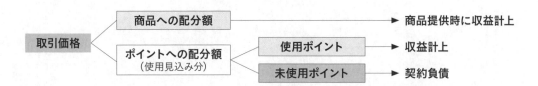

| 参考 | 使用見込み総ポイントの変更 |

⟫ ポイント付与時にポイント使用見込み分について計上した契約負債については、ポイントを使用した期に契約負債を取崩しして、売上に振り替えます。

使用されると見込むポイントの総数は、会計期間ごとに見直します。ここで、使用見込み総ポイントを変更した場合、契約負債から売上に振り替える額は、次の式で計算します。

収益認識額

$$= ポイントへの配分額 \times \frac{使用ポイント累計額}{変更後使用見込み総ポイント} - 前期以前収益計上額$$

Q │ 使用見込み総ポイントの変更 │

次の取引について、×1年度と×2年度において契約負債から売上に振り替える仕訳を示しなさい。なお、円未満の端数が生じたときは四捨五入する。

⑴ ×1年度に顧客に1,250ポイントを付与した。1,250ポイントのうち1,000ポイントは使用を見込んでいる。この1,000ポイントについて992円の契約負債を計上している。

⑵ ×1年度に上記ポイントのうち500ポイントが使用された。

⑶ ×2年度に上記ポイントのうち300ポイントが使用された。×2年度において使用見込み総ポイントを1,200ポイントに変更した。これらを表にまとめると次のとおりである。

	×1年度	×2年度
使用ポイント	500	300
使用ポイント累計	500	800
使用見込み総ポイント	1,000	1,200

A | 解答・解説 |

(1) ×1年度

$$992\,円 \times \frac{500\,ポイント}{1,000\,ポイント} = 496\,円$$

(借)契　約　負　債	496	(貸)売　　　　上	496

(2) ×2年度

$$992\,円 \times \frac{500\,ポイント + 300\,ポイント}{1,200\,ポイント} - 496\,円 = 165.333 \rightarrow 165\,円$$

(借)契　約　負　債	165	(貸)売　　　　上	165

イメージ図を示すと次のようになります。

×1年度

×2年度

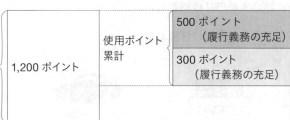

Chapter 8　収益認識

2 | 契約資産が計上される場合

▶▶ 1つの契約の中に1つの履行義務がある場合、企業が顧客に対して履行義務を充足したときに、顧客の支払義務と、企業の顧客に対する法的な債権が発生し、売掛金を計上します。

　一方、1つの契約の中に2つの履行義務があり、2つの履行義務を充足してはじめて顧客に支払義務が発生する契約を締結する場合があります。その場合、最初の履行義務を充足したときは、顧客の支払義務および法的な債権が発生していません。このように履行義務を充足しても法的な債権として発生していないときは、契約資産を計上します[01]。

> **01)** 顧客に支払義務が発生していなくても、履行した義務と交換に企業が受け取る対価に対する権利は生じるため、契約資産として計上します。

Q | 2-3 | 契約資産が計上される場合 |

次の取引の仕訳を示しなさい。当社の決算日は3月31日である。

(1)　当社は、甲社と商品Aおよび商品Bを合わせて10,000円で販売する契約を締結した。
10,000円の対価は、当社が商品Aと商品Bの両方を甲社に移転した後にはじめて支払われる契約となっている。

(2)　商品Aの独立販売価格は4,400円、商品Bの独立販売価格は6,600円である。

(3)　×1年3月1日に商品Aを甲社に移転した。

(4)　×1年5月1日に商品Bを甲社に移転した。

(1)　**商品Aの引渡し**

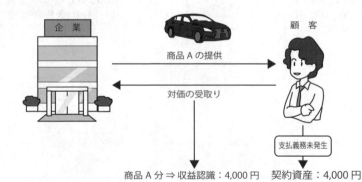

(2)　**商品Bの引渡し**

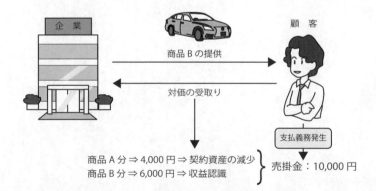

A 2-3 |解答・解説|

(1) 商品Aの引渡し時（×1年3月1日）

（借）契　　約　　資　　産	4,000 [02]	（貸）売　　　　　　上	4,000

02) $10,000円 \times \dfrac{4,400円}{4,400円 + 6,600円} = 4,000円$

(2) 商品Bの引渡し時（×1年5月1日）

商品Aと商品Bの両方の引渡しにより顧客に支払義務が発生するため、商品Aについて契約資産から売掛金に振り替えます。

また、商品Bについて収益と売掛金の計上を行います。

（借）売　　　　掛　　　　金	10,000	（貸）契　　約　　資　　産	4,000
		売　　　　　　　　上	6,000 [03]

03) $10,000円 \times \dfrac{6,600円}{4,400円 + 6,600円} = 6,000円$

トレーニングⅡ　Ch8　問題9へ

3 契約資産、債権、契約負債、返金負債の違い

▶▶ 「収益認識に関する会計基準」の理解では、以下の科目の区別ができるかがポイントです。

特に債権と契約資産については、相手に支払義務が発生しているかどうかで科目が変わってくる点に注意します。

種　　類	内　　　容	
債　　権 （売掛金など）	企業が顧客に移転した商品またはサービスと交換に受け取る対価に対する企業の権利のうち、	相手に支払義務が発生し、 法的な請求権があるもの。
契約資産		相手にいまだ支払義務が発生せず、 法的な請求権がないもの。
契約負債	商品またはサービスを顧客に移転する前に、企業が顧客から対価を受け取ったもの。	
返金負債	顧客から対価を受け取っているものの、その対価の一部または全部を顧客に返金する義務。	

トレーニングⅡ　Ch8　問題1へ

4 工事契約と特殊商品売買

▶▶ 「収益認識に関する会計基準」では、建設業における工事契約に係る収益の認識や、特殊商品売買における収益認識についても規定しています。

工事契約に係る収益の認識については、Chapter9で学習します。

特殊商品売買に係る収益の認識については、Chapter10 〜 12で学習します。

「収益認識に関する会計基準」にもとづく次の各文章の空欄に適切な語句を記入しなさい。同じ語句を何度使ってもよい。

1 基本原則

(1) 本会計基準の基本となる原則は、約束した財又はサービスの顧客への移転を当該財又はサービスと交換に企業が権利を得ると見込む（ ア ）の額で描写するように、収益を認識することである。この基本原則に従って収益を認識するために、次の①から⑤のステップを適用する。

① 顧客との契約を識別する。

② 契約における履行義務を識別する。

③ （ イ ）を算定する。

④ 契約における履行義務に（ イ ）を配分する。

⑤ 履行義務を充足した時に又は充足するにつれて収益を認識する。

(2) 企業は約束した財又はサービス（以下「資産」と記載。）を顧客に移転することにより履行義務を充足した時に又は充足するにつれて、収益を認識する。資産が移転するのは、顧客が当該資産に対する（ ウ ）を獲得した時又は獲得するにつれてである。

2 収益の額の算定

(1) 履行義務を充足した時に又は充足するにつれて、取引価格のうち、当該履行義務に配分した額について収益を認識する。

(2) 取引価格とは、資産の顧客への移転と交換に企業が権利を得ると見込む（ エ ）の額（ただし、第三者のために回収する額を除く。）をいう。

(3) 取引価格を算定する際には、次の①から④のすべての影響を考慮する。

① （ オ ）

② 契約における重要な金融要素

③ 現金以外の対価

④ 顧客に支払われる対価

3 変動対価

(1) 顧客と約束した対価のうち変動する可能性のある部分を「変動対価」という。契約において、顧客と約束した対価に変動対価が含まれる場合、資産の顧客への移転と交換に企業が権利を得ることとなる対価の額を見積る。

(2) 顧客から受け取った又は受け取る対価の一部あるいは全部を顧客に返金すると見込む場合、受け取った又は受け取る対価の額のうち、企業が権利を得ると見込まない額について、（　カ　）を認識する。（　カ　）の額は、各決算日に見直す。

(3) 見積られた変動対価の額については、変動対価の額に関する不確実性が事後的に解消される際に、解消される時点までに計上された収益の著しい減額が発生しない可能性が高い部分に限り、取引価格に含める。見積った取引価格は、各決算日に見直す。

4 契約資産、契約負債及び顧客との契約から生じた債権

(1) 顧客から対価を受け取る前又は対価を受け取る期限が到来する前に、財又はサービスを顧客に移転した場合は、収益を認識し、（　キ　）又は顧客との契約から生じた債権を貸借対照表に計上する。

(2) 財又はサービスを顧客に移転する前に顧客から対価を受け取る場合、顧客から対価を受け取った時又は対価を受け取る期限が到来した時のいずれか早い時点で、顧客から受け取る対価について（　ク　）を貸借対照表に計上する。

A | TRY IT! | 解答 |

ア	イ	ウ	エ	オ
対　価	取引価格	支　配	対　価	変動対価
⑩	⑩	⑩	⑩	⑩

カ	キ	ク	
返金負債	契約資産	契約負債	合計 **100** 点
⑩	⑳	⑳	

対価の受取り	履行義務の充足	履行義務の充足	法的な債権の発生
契約負債 →	収益認識	契約資産 収益認識 →	債　権

「収益認識に関する会計基準」の出題について

　日本商工会議所より「収益認識に関する会計基準」は、2022年6月より出題範囲に入ることが公表されています。なお、本書の刊行後に、日本商工会議所より「収益認識に関する会計基準」の出題について新たな情報が発信された場合には、弊社ネットスクールのホームページにおいてその内容をアップする予定です。

ネットスクールホームページ　https://www.net-school.co.jp/
⇨「読者の方へ」⇨「日商簿記1級」⇨「とおる簿記シリーズ」

Column 他社ポイントの会計処理

　自社の商品の販売にともない、顧客に他社のポイント[01]を付与し、企業はポイント付与分について他社に代金を支払うことがあります。なお、本試験での重要性は高くないと考えられるため、コラムとして掲載します。

　　01）　共通ポイントと呼ぶこともあります。

　他社がポイント制度の運営に関する責任を負っている場合、商品の販売代金のうち他社ポイント相当分については、ポイント制度を運営する他社（第三者）のために回収する額と考え、収益に含めず他社に対する未払金として計上します。

例題

(1)　小売業を営む当社は、乙社が運営する共通ポイント制度に加盟している。当社で商品を購入した顧客に対し100円につき乙社のポイントが1ポイント付与される。ポイント付与後に当社は乙社に連絡し、1ポイントにつき1円を乙社に支払う。このポイントは当社に履行義務が生じる重要な権利ではないものとする。顧客に商品を現金で10,000円で販売し、乙社のポイント100ポイントを付与した。

(2)　当社は乙社に100ポイント相当額の100円を現金で支払った。

(1)　ポイント付与時

（借）現	金	10,000	（貸）売	上	9,900[02]
			未 払 金		100

　　02）10,000円−100円=9,900円

(2)　ポイント支払時

（借）未 払 金	100	（貸）現	金	100

Chapter 9

建設業会計（工事契約）

Point
建設業会計では、独特の勘定科目を用います。ただし、これまでの本試験では仕訳を問うというよりも、各金額を問う問題が出題されているため、計算の流れをおさえるようにしましょう。

「進捗度にもとづき収益を認識する方法」の出題

「収益認識に関する会計基準」にもとづく出題は 2022 年 6 月からとなりますが、本 Chapter における進捗度にもとづき収益を認識する方法は従来から採用されてきた方法です。そのため、「収益認識に関する会計基準」の出題開始時期以前にも出題される可能性があるため、ご注意ください。

用語集

建設業会計
土木建築を行う企業における会計処理

原価比例法
発生した工事原価が工事原価総額に占める割合をもって決算日における工事進捗度とする方法

原価回収基準
履行義務を充足する際に発生する費用のうち、回収することが見込まれる費用の金額で収益を認識する方法

Section 1 工事契約の収益の認識

> 建設業会計では、顧客との契約にもとづいて工事を受注する請負工事が前提となります。受注してすぐ建てて、すぐ引き渡すことができる建物ならいいのですが、完成までに数年という長期間が必要な建物もあります。
> 完成に長期間かかるような請負工事についても、仕入から販売までが短期間の商品販売と同じように一時点で収益を認識するのでしょうか？

1 建設業会計と工事契約

1 建設業会計とは

▶ 建設業会計とは、土木建築等を行う企業における会計処理や財務諸表の作成などをいいます。

建設業では、発注者から工事を請け負い、建築材料を仕入れ、あらかじめ準備した建設用機械設備などを用い、現場作業員を雇用して工事を行います。

そして、完成した建築物を発注者に引き渡すことで、収益をあげます。

2 工事契約とは

▶ 工事契約[01]とは、仕事の完成に対して対価が支払われる請負契約のうち、土木、建築、造船や一定の機械装置の製造等、基本的な仕様や作業内容を顧客の指図にもとづいて行うものをいいます。

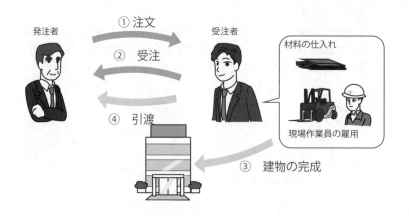

---

01) 工事契約における認識の単位は、実質的な取引の単位とされています。労働サービスの提供のみを目的とするような契約や交渉中のものは含まれません。

2 | 工事契約に係る収益の認識

⏩ 工事収益についても「収益認識に関する会計基準」が適用されます。工事契約については基本的に一定期間にわたり履行義務を充足し、収益を認識します。一定期間にわたり充足される履行義務については、履行義務の充足[01]に係る進捗度を見積もり、その進捗度にもとづき収益を認識します。

01) 履行義務とは、工事を完成させ相手方に引き渡すことです。

1 収益認識の要件

⏩ 工事契約については、履行義務の充足に係る進捗度を合理的に見積もることができる場合にのみ一定の期間にわたり収益を認識します。

一方、進捗度を合理的に見積もることができないが、履行義務を充足するさいに発生する費用を回収することが見込まれる場合には、進捗度を合理的に見積もることができるまで原価回収基準により処理します。

工事の進捗度
- 合理的に見積もることができる ⟶ **進捗度にもとづき収益を認識**[02]
- 合理的に見積もることができないが[03] 発生する費用を回収できる ⟶ **原価回収基準により収益を認識**

02) 工事の開始時から引渡し時までの期間がごく短い場合(1年以内など)には、一定の期間にわたり収益を認識せず、引き渡した時点で収益を認識することができます。

03) 工事開始当初は工事原価総額を見積もれないことがあるからです。

⏩ 工事の開始段階では工事の進捗度を合理的に見積もることができずに原価回収基準を適用した場合でも、その後、工事の進捗度を合理的に見積もることができるようになった場合には、その期から一定期間にわたり収益を認識する方法に変更します。

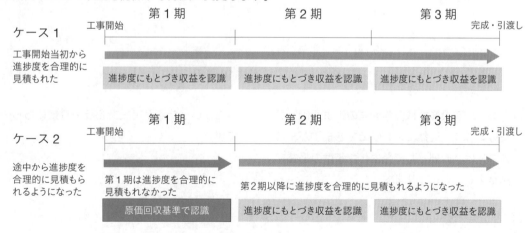

ケース1
工事開始当初から進捗度を合理的に見積もれた

第1期	第2期	第3期
進捗度にもとづき収益を認識	進捗度にもとづき収益を認識	進捗度にもとづき収益を認識

ケース2
途中から進捗度を合理的に見積もれるようになった

第1期は進捗度を合理的に見積もれなかった / 第2期以降に進捗度を合理的に見積もれるようになった

第1期	第2期	第3期
原価回収基準で認識	進捗度にもとづき収益を認識	進捗度にもとづき収益を認識

上記の他に、工事開始当初に進捗度を合理的に見積もることができないときに、工事の初期段階では収益認識をせずに、進捗度を合理的に見積もることができるようになった時点から収益を認識する方法もあります[04]。

04) 本試験での重要性が低いと考えられるため、本書では割愛します。

Point | **学習ワンポイント**

建設業会計の特徴

たとえば、皆さんの会社が4年がかりでつくる「NSスカイタワー」の建設を請け負うとしましょう。

まず、かかる原価を見積もると360億円でした。それに利益40億円をのせて発注者に400億円で提示し、請負契約を結ぶことになります。

つまり受注時点で、請負金額（売価）も、原価も利益も決まっているのです。しかも、売れ残ることもありません。

「NSスカイタワー」全体

費用 360 億円

利益 40 億円

収益 400 億円

この状況ならば、たとえば1年目に90億円の原価をかけたとすると、その段階で100億円の収益を認識し、10億円の利益を計上しても、何の問題もありません。

むしろ、それだけのコストをかけて履行義務の充足を進めているわけですから、それに見合った収益を計上した方が望ましいと考えられます。

1年目

費用 90 億円

利益 10 億円

収益 100 億円

また、建設業では何年も先の工事原価を見積もるので、当然にズレがでてきますが、このズレは、原則として発生した年度の損益で調整することになります。

こういった点が建設業会計の背景にあるのです。

3 進捗度にもとづき収益を認識する方法

進捗度にもとづき収益を認識する場合には、工事期間の決算日ごとに、工事収益総額、工事原価総額および工事進捗度を合理的に見積り、工事収益総額のうち工事進捗度に応じて工事収益を認識します。

ここでは、工事進捗度の見積方法として、原価比例法[01]を適用した場合についてみていきます。

01) 合理的に工事進捗度を見積もることができれば他の方法も認められますが、本試験では原価比例法が問われる可能性が高いです。

1 原価比例法による工事収益の計算

原価比例法とは、決算日における工事進捗度を見積もる方法のうち、決算日までに実施した工事に関して発生した工事原価[02]が工事原価総額に占める割合をもって決算日における工事進捗度とする方法をいいます。

原価比例法による工事収益は、次の算式により求めます。

02) つまり、当期末までに発生した実際工事原価の累計(当期実際発生原価+前期末までの実際発生原価)です。

工事収益 = 工事収益総額 × $\dfrac{\text{当期末までの実際発生原価累計額}}{\text{見積工事原価総額}}$ − 過年度工事収益累計額

↓
工事進捗度

当期末までの工事収益累計額

※最終年度は工事進捗度が100%となるので、実際には
「工事収益 = 工事収益総額 − 過年度工事収益累計額」で計算されます。

なお、決算日における当期実際発生原価は、通常、全額が各期の完成工事原価(売上原価)となるので、未成工事支出金[03]勘定(仕掛品)として、次期に繰り越されることはありません。

03) 本Chapter のSection 2 で学習します。

Chapter 9

建設業会計（工事契約）

＜各期の工事収益と工事進捗度の関係のイメージ＞

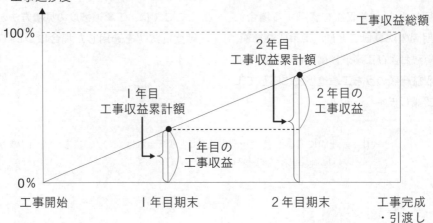

Q | 1-1 | 見積変更なし |

次の資料にもとづき、各期の(1)工事収益、(2)工事原価および(3)工事利益の金額を答えなさい。

■資料■

1. 工事収益総額 18,000円

2. 請負時の見積工事原価総額 12,000円

　　この工事について、一定期間にわたり充足される履行義務と判断し、進捗度を合理的に見積ることができるため、一定期間にわたり収益を認識する。進捗度の見積方法は原価比例法による。

3. 工事原価実際発生額　第1期 3,500円　第2期 5,500円　第3期 3,000円

なお、工事の完成・引渡しは第3期末に行われた。

A | 1-1 | 解答 |

	第1期	第2期	第3期
(1)工事収益	5,250 円	8,250 円	4,500 円
(2)工事原価	3,500 円	5,500 円	3,000 円
(3)工事利益	1,750 円	2,750 円	1,500 円

各期の工事利益は、工事収益と各期の実際発生原価の差額で求めます。

第1期

工事収益：$18,000\text{円} \times \dfrac{3,500\text{円}}{12,000\text{円}} = 5,250\text{円}$

工事利益：$5,250\text{円} - 3,500\text{円} = 1,750\text{円}$

第2期

工事収益：$18,000\text{円} \times \dfrac{3,500\text{円} + 5,500\text{円}}{12,000\text{円}} - 5,250\text{円} = 8,250\text{円}$

工事利益：$8,250\text{円} - 5,500\text{円} = 2,750\text{円}$

第3期

工事収益：$18,000\text{円} - (5,250\text{円} + 8,250\text{円}) = 4,500\text{円}$

工事利益：$4,500\text{円} - 3,000\text{円} = 1,500\text{円}$

2 工事収益総額や見積工事原価を修正した場合

▶▶ 一定期間にわたり収益を認識する場合において、工事収益総額、工事原価総額または決算日における工事進捗度の見積りが変更されたとき[04]には、その見積りの変更が行われた期に影響額を損益として処理をします[05]。

この場合、その修正を収益計算にも適切に反映する必要があるため、修正後の各金額を使用して工事収益を計算します。

04) 請負工事の中には、工事の長期化や材料価格の変動などにより、工事収益総額と見積工事原価総額が修正されるものがあります。

05) これは、見積りの変更は事前の見積りと実績とを対比した結果として求められることが多く、こうした場合には修正の原因は当期に起因することが多いと考えられることや、実務上の事務負担を考慮しています。

工事収益 ＝ 修正後工事収益総額 × $\dfrac{\text{当期末までの実際発生原価累計額}}{\text{修正後見積工事原価総額}}$ － 過年度工事収益累計額

↓

工事進捗度

当期末までの工事収益累計額

Q | 1-2 | **見積変更あり** |

次の資料にもとづき、各期の(1)工事収益、(2)工事原価および(3)工事利益の金額を答えなさい。

■資料■

1. 工事収益総額 18,000円

2. 請負時の見積工事原価総額 12,000円

　　この工事について、一定期間にわたり充足される履行義務と判断し、進捗度を合理的に見積もることができるため、一定期間にわたり収益を認識する。進捗度の見積方法は原価比例法による。

3. 工事原価実際発生額　第1期 2,000円　第2期 7,000円　第3期 3,500円

4. 第2期末に契約の内容を変更し、工事収益総額を19,000円に、見積工事原価総額を12,500円に修正した。なお、工事の完成・引渡しは第3期末に行われた。

A | 1-2 | **解答** |

	第1期	第2期	第3期
(1)工事収益	3,000 円	10,680 円	5,320 円
(2)工事原価	2,000 円	7,000 円	3,500 円
(3)工事利益	1,000 円	3,680 円	1,820 円

💡 | 1-2 | **解説** |

第1期

工事収益：$18,000 円 \times \dfrac{2,000 円}{12,000 円} = 3,000 円$

工事利益：$3,000 円 - 2,000 円 = 1,000 円$

第2期

工事収益：$19,000 円^{06)} \times \dfrac{2,000 円 + 7,000 円}{12,500 円^{06)}} - 3,000 円 = 10,680 円$

06)　修正後の金額です。

工事利益：$10,680 円 - 7,000 円 = 3,680 円$

第3期

工事収益：$19,000 円^{06)} - (3,000 円 + 10,680 円) = 5,320 円$

工事利益：$5,320 円 - 3,500 円 = 1,820 円$

4 原価回収基準

原価回収基準とは、履行義務を充足する際に発生する費用のうち、回収することが見込まれる費用の金額で収益を認識する方法をいいます[01]。

> **01)** 工事の進捗度を合理的に見積ることができない場合でも、顧客の都合で工事契約がキャンセルされたときは、顧客に対して発生したコスト分の金額を損害賠償で請求できると考えられます。このことから発生した原価と同額の収益を認識するのが原価回収基準です。

1 完成時まで工事の進捗度を合理的に見積もることができなかった場合

完成時まで原価回収基準を適用します。

Q | 1-3 | 原価回収基準1 |

次の資料にもとづき、各期の工事収益、工事原価および工事利益の金額を答えなさい。

■資料■

1. 工事収益総額 18,000円

2. この工事について、一定期間にわたり充足される履行義務と判断したが、進捗度を合理的に見積もることができないため、原価回収基準により収益を認識する。

3. 工事原価実際発生額　第1期 2,000円　第2期 7,000円　第3期 3,000円
   工事は第3期に完成し、顧客に引き渡した。

A | 1-3 | 解答 |

	第1期	第2期	第3期
工事収益	2,000円	7,000円	9,000円
工事原価	2,000円	7,000円	3,000円
工事利益	0円	0円	6,000円

| 1-3 | 解説 |

第1期・第2期

　工事原価と同額の工事収益が計上されます。

第3期

　工事を完成・引渡した期に残りの工事収益を計上します。

　工事収益：18,000円 − (2,000円 + 7,000円) = 9,000円

　工事収益の金額は各期に配分されますが、工事利益は工事を完成・引渡した期に全額計上されます。

トレーニングⅡ　Ch9　問題1へ

Chapter 9 建設業会計（工事契約）

2 工事の途中で、進捗度を合理的に見積もることができるようになった場合

▶▶ 進捗度を合理的に見積ることができなかった期までは原価回収基準を適用しますが、進捗度を合理的に見積ることができるようになった期から、一定期間にわたり収益を認識する方法を適用します。

Q | 1-4 | 原価回収基準2 |

次の資料にもとづき、各期の工事収益、工事原価および工事利益の金額を答えなさい。

■資料■

1. 工事収益総額 18,000円

2. この工事について、一定期間にわたり充足される履行義務と判断したが、第1期については工事の進捗度を合理的に見積もることができなかったため、原価回収基準を適用する。

　第2期より見積工事原価総額 12,000円が判明し、進捗度を合理的に見積ることができるようになったため、原価比例法により収益を認識する。

3. 工事原価実際発生額　第1期 2,000円　第2期 7,000円　第3期 3,000円

A | 1-4 | 解答 |

	第1期	第2期	第3期
工事収益	2,000円	11,500円	4,500円
工事原価	2,000円	7,000円	3,000円
工事利益	0円	4,500円	1,500円

| 1-4 | 解説 |

第1期

工事原価と同額の工事収益を計上します。

第2期

原価比例法を用いて工事収益を計上します。

$$18,000円 \times \frac{2,000円 + 7,000円}{12,000円} - 2,000円 = 11,500円$$

第3期

残りの工事収益を計上します。

工事収益：18,000円 − (2,000円 + 11,500円) = 4,500円

トレーニングⅡ　Ch9　問題2へ

2 建設業会計の処理

これまで学習してきた簿記は、卸売業や小売業などの商業を前提とした簿記でした。これに対して建設業会計では、商品売買とは異なる勘定科目を使う場合があります。
このSection では、建設業会計の会計処理について学習します。建設業特有の勘定科目はしっかり覚えましょう。

1 使用する勘定科目

ここは重要!!

▶▶ 建設業会計では、次の勘定科目を使って会計処理を行います。

ただし、勘定科目名が異なるだけで、意味や使い方は通常の製造業と同じです。

通常の製造業	建　設　業	内　　容
売　　　　上	完 成 工 事 高（収益）	完成した工事の収益
売　上　原　価	完 成 工 事 原 価（費用）	完成した工事の原価
仕　　掛　　品	未 成 工 事 支 出 金（資産）	まだ完成していない工事の原価
売　　掛　　金	完成工事未収入金（資産）	完成した工事の未収入金
買　　掛　　金	工 事 未 払 金（負債）	工事にかかる未払金
前　　受　　金	契　約　負　債（負債） （未成工事受入金）	まだ完成していない工事の受入金

▶▶ 上記の他に、工事の進捗に応じて生じた対価に対する権利のうち、相手に支払義務がいまだ発生せず法的な請求権となっていないものは、契約資産として計上します。

2 会計処理

ここは重要!!

▶▶ 各期に発生した材料費などの費用を、期末にいったん未成工事支出金勘定(仕掛品)に計上しますが、その全額を完成工事原価勘定(売上原価)に振り替えます[01]。

また、発生した売上原価に対応する工事収益を計算し、それを完成工事高勘定として計上します。そして、完成工事高と完成工事原価の差額が工事利益となります。

＜各期末における会計処理＞

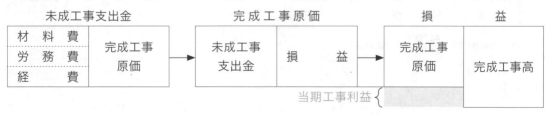

[01] 原価回収基準を適用する場合にも、処理の流れは同じとなります。

Q 2-1 | 前受金の処理 |

次の取引の仕訳を示しなさい。

ＮＳ建設株式会社は、×1年6月1日にビルの建設を100,000円で請け負い、契約時に手付金として50,000円が当座預金口座に振り込まれた。工事の完成予定は×2年8月31日である。なお、この工事について、一定期間にわたり充足される履行義務と判断し、進捗度を合理的に見積もることができるため、進捗度にもとづき収益を認識する。進捗度の見積り方法は原価比例法による。また、ビルの引渡しにより発注者に支払義務が発生する契約である。

（※【Q 2-1】から【Q 2-4】は一連の取引である）

A 2-1 | 解答 |

履行義務を充足する前に対価を受け取った場合には、契約負債として処理します。

（借）当 座 預 金	50,000	（貸）契 約 負 債	50,000
		または（未成工事受入金）	

Q 2-2 | 決算時の処理 |

次の取引の仕訳を示しなさい。

ＮＳ建設(株)は、×2年3月31日決算をむかえた。当期中に発生した費用は材料費30,000円、労務費10,000円、経費5,000円、見積総工事原価は80,000円である。

A 2-2 | 解答・解説 |

(1) 各費用の未成工事支出金への振替え

（借）未 成 工 事 支 出 金	45,000	（貸）材 料 費	30,000
		労 務 費	10,000
		経 費	5,000

(2) 未成工事支出金の完成工事原価への振替え

（借）完 成 工 事 原 価	45,000	（貸）未 成 工 事 支 出 金	45,000

(3) 完成工事高の計上

契約負債のうち履行義務を充足したものについては、契約負債を減少させます。また、発注者に対する法的な債権は発生していませんが、工事の実施により企業の対価に対する権利は発生しているため契約資産として計上します。

（借）契 約 負 債	50,000	（貸）完 成 工 事 高	56,250[01]
契 約 資 産	6,250		

01) $100,000円 \times \dfrac{45,000円}{80,000円} = 56,250円$

Q 2-3 **完成・引渡し時の処理**

次の取引の仕訳を示しなさい。

ＮＳ建設株式会社は、×2年8月10日にビルの完成・引渡しが完了した。なお、この工事にかかった当期の費用は、材料費20,000円、労務費10,000円、経費5,000円であった。

A 2-3 **解答・解説**

(1) 各費用の未成工事支出金への振替え

(借) 未 成 工 事 支 出 金	35,000	(貸) 材 料 費	20,000
		労 務 費	10,000
		経 費	5,000

(2) 未成工事支出金の完成工事原価への振替え

(借) 完 成 工 事 原 価	35,000	(貸) 未 成 工 事 支 出 金	35,000

(3) 完成工事高の計上

ビルの引渡しにより発注者に支払義務(法的な債権)が発生するため、契約資産を減少させるとともに、工事代金の未回収額を完成工事未収入金として計上します。

(借) 完 成 工 事 未 収 入 金	50,000 03)	(貸) 完 成 工 事 高	43,750 02)
		契 約 資 産	6,250

02) 100,000円 − 56,250円 = 43,750円
03) 100,000円(請負価額)−50,000円(前受金)=50,000円

Q 2-4 **代金回収時の処理**

次の取引の仕訳を示しなさい。

工事代金の残高50,000円についてNS建設(株)の当座預金口座に振り込まれた。

A 2-4 **解答・解説**

(借) 当 座 預 金	50,000	(貸) 完 成 工 事 未 収 入 金	50,000

トレーニングⅡ　Ch9　問題3へ

Section 3 工事損失引当金の処理

　長期にわたる請負工事では、資材の高騰などにより当初の見積原価を超えて、さらには請負金額(＝収益額)を超えて工事原価が発生し、結果的に工事損失となってしまうことがあります。このような場合に工事損失引当金を計上します。

　工事損失引当金は工事損失が明らかになった期に、将来(完成まで)を見据えて計上する点がポイントです。

1 工事損失引当金とは

▶　工事損失引当金とは、工事契約について工事原価総額等[01]が工事収益総額を超過する可能性が高く、かつその金額を合理的に見積もることができる場合に、その工事契約に関する将来の損失見込額を当期の損失として処理したときに計上される引当金です。

　01)　工事原価総額のほか、販売直接経費の見積額も含みます。

2 工事損失引当金の会計処理

▶　工事損失引当金の計上は、進捗度にもとづき収益を認識する方法または原価回収基準のいずれを適用していても行います。本書では、本試験での重要性から進捗度にもとづき収益を認識する方法についてみていきます。

▶　工事損失引当金繰入額は、見積総工事損失額[01]から当期末までに計上された工事損失を差し引いて算定します。

　01)　「 見積工事原価総額−工事収益総額 」で計算します。

> **工事損失引当金繰入額 = 見積総工事損失額 − 当期末までに計上された工事損失※**
>
> (※当期末までに計上された工事損失 = 当期計上損失 − 過年度計上利益)

Q | 3-1 | **工事損失引当金**

　次の資料にもとづいて、各年度で必要な仕訳を示しなさい。なお、工事の進捗度を合理的に見積ることができるため、進捗度にもとづき収益を認識する。また、進捗度の見積り方法は原価比例法による。各期にかかった費用の勘定科目は「諸費用」を用いること。

■資料■

1. 工事期間3年（×1年度期首〜×3年度期末）

2. 工事収益総額200,000円（×3年度末現在、全額が未回収である）
　　工事物件の引渡しにより発注者に支払義務が発生する契約である。

3. 工事原価総額の見積額
　　　×1年度期末192,000円
　　　×2年度期末210,000円

4. 工事原価実際発生額
　　　×1年度48,000円　×2年度109,500円　×3年度52,500円

A | 3-1 | **解答・解説**

1. ×1年度

　(1) 工事原価の計上

| （借）未成工事支出金 | 48,000 | （貸）諸　　　費　　　用[02] | 48,000 |
| （借）完成工事原価 | 48,000 | （貸）未成工事支出金 | 48,000 |

02)　問題文の指示より。一般的には、材料費・労務費・経費が該当します。

　(2) 完成工事高の計上

| （借）契　約　資　産 | 50,000 | （貸）完成工事高 | 50,000[03] |

03)　$200,000円 \times \dfrac{48,000円}{192,000円} = 50,000円$

2. ×2年度

　(1) 工事原価の計上

| （借）未成工事支出金 | 109,500 | （貸）諸　　　費　　　用 | 109,500 |
| （借）完成工事原価 | 109,500 | （貸）未成工事支出金 | 109,500 |

　(2) 完成工事高の計上

| （借）契　約　資　産 | 100,000 | （貸）完成工事高 | 100,000[04] |

04)　$200,000円 \times \dfrac{48,000円 + 109,500円}{210,000円} - 50,000円 = 100,000円$

(3) 工事損失引当金の計上

　　工事損失引当金の繰入額は完成工事原価に含めて処理し、工事損失引当金は、流動負債に表示します。

| (借)完 成 工 事 原 価 | 2,500[05] | (貸)工 事 損 失 引 当 金 | 2,500 |

05)　以下の解説を参照。

×2年度の工事損失引当金の計算

　　工事全体の損失からこれまで(当期末まで)に計上した損失を引くことで、将来(次期以降)の損失を計算します。この将来の損失を当期末(×2年度)に工事損失引当金として計上します。

(1)　見積総工事損失

　　$200,000円 - 210,000円 = \triangle 10,000円$
　　工事収益総額　工事原価総額

(2)　当期末までに計上された損失

　①　×1年度工事損益：$50,000円 - 48,000円 = 2,000円(工事利益)$
　　　　　　　　　　　工事収益総額　工事原価総額

　②　×2年度工事損益：$100,000円 - 109,500円 = \triangle 9,500円(工事損失)$
　　　　　　　　　　　工事収益総額　工事原価総額

　③　当期末までに計上された損失：$2,000円 + \triangle 9,500円 = \triangle 7,500円$

(3)　工事損失引当金

　　$10,000円 - 7,500円 = 2,500円$

＜参考図＞

3. ×3年度

(1) 工事原価の計上

(借) 未 成 工 事 支 出 金	52,500	(貸) 諸 費 用	52,500
(借) 完 成 工 事 原 価	52,500	(貸) 未 成 工 事 支 出 金	52,500

(2) 完成工事高の計上

(借) 完 成 工 事 未 収 入 金	200,000	(貸) 完 成 工 事 高	50,000[06]
		契 約 資 産	150,000

06)　200,000円 − (50,000円 + 100,000円) = 50,000円

(3) 工事損失引当金の取崩し

工事損失引当金戻入額も完成工事原価に含めて処理します。

(借) 工 事 損 失 引 当 金	2,500	(貸) 完 成 工 事 原 価	2,500

・×3年度の工事損益の計算(参考)

50,000円 − (52,500円 − 2,500円) = 0円
完成工事高　完成工事原価　工事損失引当金取崩分

(×2年度に引当金として将来の損失2,500円を計上済みなので、×3年度に損失は計上されません)。

	×1年度	×2年度	×3年度
工事収益	50,000円	100,000円	50,000円
工事原価	48,000円	112,000円[07]	50,000円
工事利益	2,000円	△12,000円	0円

07)　109,500円+2,500円=112,000円

トレーニングⅡ　Ch9　問題4へ

Chapter 9

建設業会計 (工事契約)

Column　建設業における収益認識の変更点

　建設業における収益認識について、従来は「工事契約に関する会計基準」が適用されていました。そして、「収益認識に関する会計基準」が適用されると、「工事契約に関する会計基準」は廃止されます。変更前と変更後でどう変わったかについて、参考としてみておきます。

1. 収益認識の方法

	変　更　前	変　更　後
会計基準	「工事契約に関する会計基準」	「収益認識に関する会計基準」
収益認識の方法	工事進行基準 ⇨	一定期間にわたり収益を認識する方法
	工事完成基準 ⇨	－
	－ ⇨	原価回収基準

　変更前の工事進行基準では、原価比例法などにより工事の進捗に応じて工事収益を計上していました。変更後の一定期間にわたり収益を認識する方法でも、原価比例法により工事の進捗に応じて工事収益を計上する方法が認められています。「収益認識に関する会計基準」では「工事進行基準」という用語はありませんが、大きく変わるところはありません。

　一方、「工事契約に関する会計基準」にあった、工事が完成し目的物の引渡しを行った時点で工事収益を認識する「工事完成基準」は、「収益認識に関する会計基準」では期間が短い場合を除き、認められていません。

　また、「工事契約に関する会計基準」では無かった「原価回収基準」が「収益認識に関する会計基準」では認められることになりました。進捗度を合理的に把握できなくても、履行義務の充足において進捗しているという事実を反映するために少なくとも何らかの金額の収益を認識すべきであり、そうした場合、発生したコストの範囲でのみ収益を認識すべきであるという考え方から認められました。

2. 科目

	変　更　前	変　更　後
完成・引渡し前の未収額	完成工事未収入金	契　約　資　産
完成・引渡し後の未収額		完成工事未収入金

　「工事契約に関する会計基準」では、工事が完成し引き渡したときの未収額だけでなく、「工事進行基準」で工事収益を計上したときの未収額も完成工事未収入金として計上していました。

　一方、「収益認識に関する会計基準」では、完成・引渡し時に法的な債権が発生する契約の場合、完成・引渡し前（法的債権発生前）に計上する「契約資産」と、完成・引渡し後（法的債権発生後）に計上する「完成工事未収入金」を区別するようになりました。

試用販売

Point 本Chapterでは特殊商品売買の全体像とその一つである試用販売について学習していきます。試用販売では手許区分法(その都度法、期末一括法など)の処理があります。それぞれの方法における勘定の流れと、残高試算表における各金額の意味をおさえるようにしましょう。

「試用販売の収益認識」の出題

「収益認識に関する会計基準」にもとづく出題は2022年6月からとなりますが、試用販売における収益認識は従来から採用されてきた方法と大きく変わりません。そのため、「収益認識に関する会計基準」の出題開始時期以前にも出題される可能性があるため、ご注意ください。

用語集

試用販売
得意先に商品を発送し、一定の期間試用してもらい、後日に買取りの意思表示を受ける販売形態

手許商品区分法
試送した商品の原価を仕入勘定から試用品勘定に振替記入しておく方法

期末一括法
期末に一括して売上原価を算定する方法

その都度法
販売のつど、売上原価を算定する方法

1 特殊商品売買の全体像

"商品を販売する"ということの要件が①商品の引渡しと②対価の受取りの2つだということはすでに学習したとおりです。通常の商品販売は、この2つの要件が同時に満たされる取引であり、一般商品売買といわれています。
これに対し特殊商品売買とは、どのような取引なのでしょうか?

1 特殊商品売買とは

▶▶ 「一般商品売買」は、①商品の引渡しと同時に②対価を受け取ります。

「特殊商品売買」は①商品の引渡しと②対価の受取りとの間に時間的なズレが生じているという特殊性[01]をもっています。

そして、こうした特殊性に応じた会計処理が必要になります。

01) 決して武器やウランなど特殊な商品を売買するという意味ではありません。

2 特殊商品売買の種類

1 試用販売

▶▶ 試用販売とは、まず得意先に商品を発送し、一定の期間試用してもらい、後日、買取りの意思表示を受ける販売形態をいいます[01]。

01) 商品の引渡しが先行し、対価の受取りがあとになる典型的な特殊商品売買の販売形態です。

2 委託販売[02]

商品販売を行うにあたり、他社に販売を代行してもらうことがあります。販売の代行をしてもらう側の販売形態を委託販売といいます[03]。

> [02] 書店で売られている書籍もこの形態を採っています(もちろんこの本も!)。
> [03] 販売の代行をする側の販売形態を受託販売といいます。

3 割賦販売

割賦販売とは、商品の販売代金を一度に受け取らず、分割して受け取る販売形態をいいます。

∃ 収益の認識基準

特殊商品売買については、「企業会計原則」における収益認識の規定にもとづいて処理を行ってきました。

その後、「収益認識に関する会計基準」の設定に伴い、同基準にもとづいて処理を行うことになります。

しかし、割賦販売を除いては「収益認識に関する会計基準」の適用により、実質的に大きく変わることはありません。

1 試用販売

「企業会計原則」の考え方

試用販売については得意先が買取りの意思を表示することによって売上が実現すると考え、買取りの意思表示があったときに収益を認識する。

「収益認識に関する会計基準」の考え方

商品又は製品を顧客に試用目的で引き渡し、試用期間が終了するまで顧客が対価の支払を約束していない場合、顧客が商品又は製品を検収するまであるいは試用期間が終了するまで、当該商品又は製品に対する支配は顧客に移転しない。

顧客が商品又は製品を検収し買取りの意思表示をした場合、また試用期間が終了してキャンセルがなかった場合には顧客の支払義務が確定し、顧客が買い取ったものと考えられます。

そのため、収益を認識する基準は実質的には変わらないと考えられます。

2 委託販売

「企業会計原則」の考え方

> 委託販売については、受託者が委託品を販売した日をもって売上収益の実現の日とするが、仕切精算書が販売の都度送付されている場合には、当該仕切精算書が到達した日をもって売上収益の実現の日とみなすことができる。

「収益認識に関する会計基準」の考え方

> 委託販売契約について、販売業者（受託者）等の他の当事者への商品又は製品の引渡時に収益を認識せず、販売業者等による最終顧客への販売時に収益を認識する。

　受託者が委託品を販売した日と、販売業者等による最終顧客への販売時は同じです。そのため、収益を認識する基準は実質的には変わらないと考えられます。ただし、仕切精算書の到達日に収益を認識することはできません。

3 割賦販売

「企業会計原則」の考え方

> 割賦販売については、商品等を引渡した日をもって売上収益の実現の日とするが、収益の認識を慎重に行うため、割賦金の回収期限到来日または回収日を売上収益の実現の日とすることができる。

「収益認識に関する会計基準」の考え方

> 　顧客に支配が移転した時をもって企業の履行義務が充足されると考え、原則として、支配が移転し履行義務が充足される時に収益を計上する。
> 　また、顧客との契約に重要な金融要素が含まれる場合、取引価格の算定にあたっては、対価の額に含まれる金利相当分の影響を調整する。

　商品等を引き渡した日をもって収益認識をする点はほぼ同じです。ただし、回収期限到来日または回収日に収益を認識することはできません。
　また、金利部分が含まれているときは収益を現金販売価格で計上し、金利部分を決済期日まで配分します。

Section 2 手許商品区分法の処理

たとえば、ＮＳ社が「試しにお使いください」といって、あなたの会社にリソグラフ（簡易印刷機）を置いていきました。確かにリソグラフは使ってみると、印刷の速度は速いし単価も安いので、あなたも"このまま使おう"という気持ちになりました。すると「この商品を買い取らせてもらいます」という買取りの意思表示をすることになります。

この意思表示を受けて、ＮＳ社は売上を計上するのです。

1 試用販売の形態と収益の認識

▶▶ 試用販売とは、得意先に商品を発送し[01]、一定の期間試用してもらい、後日、買取りの意思表示[02]（または返品）を受ける販売形態[03]をいいます。

顧客が商品を買取りの意思表示をしたときに売上収益を計上します。

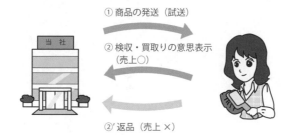

① 商品の発送（試送）

② 検収・買取りの意思表示
（売上〇）

②' 返品（売上 ×）

01) 商品を試用品として発送することを「試送」といいます。

02) 買取りの意思表示とは、試用品を購入すると決めた得意先が、電話などでそれを伝えることをいいます。意志ではないので注意してください。

03) 試用販売と返品権付き販売の違いとしては、一部例外もありますが、試用販売は顧客が使用する商品の引渡しであるのに対し、返品権付き販売は顧客がさらに消費者などに販売する商品の引渡しであることが挙げられます。

2 | 試用販売の処理方法

試用販売における会計処理方法として、手許に保有している商品(手許商品)原価と試送している商品(試用品)原価を区分する手許商品区分法があります。

さらに手許商品区分法では、買取りの意思表示を受けたときの処理方法に「期末一括法」と「その都度法」とがあります[01]。

	①商品の発送時	②買取りの意思表示を受けたとき
会計処理方法[02]	手許商品区分法[03]	期末一括法
		その都度法

01) 手許商品区分法には期末一括法、その都度法のほかに、分記法、総記法がありますが、出題される可能性が低いので本書では扱いません。

02) 簿記の学習は、会計処理方法の学習です。試用販売、委託販売と販売の形態は異なっても、会計処理の方法が同じであれば、簿記を学習するうえでは同じことになります。

03) 手許商品区分法の他に対照勘定法がありますが、出題される可能性が低いので本書では扱いません。

3 | 手許商品区分法⁰¹⁾の処理

手許商品区分法は試用販売のために得意先に商品を発送した時点で、手許にある商品と試送中の商品を区別するために、試送した商品の原価を仕入勘定から試用品勘定に振替記入⁰²⁾しておく方法です。

手許商品区分法には、期末に一括して売上原価を算定する期末一括法と、販売のつど売上原価を計算し仕入勘定に振り替えるその都度法の2つがあります。

---

01) 手許商品区分法の特徴
① 商品の発送時に試用品勘定へ振り替えることにより、試用品原価は手許商品と区分されます。
② 原価に注目した処理法です。
02) 試用品勘定の代わりに試送品勘定を用いることもあります。

Q | 2-1 | 手許商品区分法・期首試用品なし |

当社は、一般販売とともに試用販売を行っている。次の資料をもとに、各取引の仕訳を示し、損益計算書および貸借対照表を作成しなさい。なお、取引はすべて掛けで行っている。

■資料1■

Ⅰ期の取引

① 仕　　　　入 —— 商品12,000円を仕入れた。
② 試　　　　送 —— 商品7,000円(原価)を試送した。
③ 販　　　　売 —— 商品を6,000円で売り上げた(一般販売)。
④ 買取意思表示 —— 試用品6,000円(売価)について顧客が買い取るための検収が終了したため収益を認識する。
⑤ 返　　　　品 —— 試用品1,000円(売価)が返品された。
⑥ 決　　　　算 —— 決算をむかえた。期首手許商品残高　500円　期首試用品残高　なし
　　　　　　　　　　期末手許商品残高　1,400円

■資料2■

(1) 一般販売は、原価に25%の利益を付加して行われる。
(2) 試用販売は、原価率70%で行っている。

Ⅰ 期	期 末 一 括 法	その都度法
①仕 入	（仕　入）12,000　（買掛金）12,000	（仕　入）12,000　（買掛金）12,000
②試 送	（試用品）7,000　（仕　入）7,000	（試用品）7,000　（仕　入）7,000

試送した商品の原価を仕入勘定から試用品勘定へ振り替えます。この処理によって試用品原価は試用品勘定で、また手許商品原価は仕入勘定で区別して管理することになります。

③販　売（一般）	（売掛金）6,000　（売　上）6,000	（売掛金）6,000　（売　上）6,000
④販　売（試用）	（売掛金）6,000　（試用品売上）6,000	（売掛金）6,000　（試用品売上）6,000 （仕　入）4,200＊（試用品）4,200

	売上原価は期末に一括して算定するため、試用品売上を計上する処理のみを行います。	試用品売上を計上する都度、その売上原価を仕入勘定に戻す処理も同時に行います。

＊6,000円×70%＝4,200円

⑤返　品	（仕　入）700　（試用品）700	（仕　入）700＊　（試用品）700

試送の逆の行為なので、②の貸借逆の仕訳を行います。また、この処理は試用品が返品されて手許商品になったことを意味します。

＊1,000円×70%＝700円

決算整理前T/B

Ⅰ期の取引①〜⑤の仕訳を勘定に記入すると、次のようになります。

試用品売上についての売上原価の振替

したがって、決算整理前残高試算表は次のようになります。

決算整理前残高試算表

繰越商品 500	売　　上 6,000
期首手許商品原価	
試　用　品 6,300	試用品売上 6,000
期首試用品原価＋当期純試送高	買取りの意思表示のあった試用品売価
仕　　入 5,700	
手許商品仕入原価	

決算整理前残高試算表

繰越商品 500	売　　上 6,000
期首手許商品原価	
試　用　品 2,100	試用品売上 6,000
期末試用品原価	買取りの意思表示のあった試用品売価
仕　　入 9,900	
手許商品仕入原価＋試用品売上原価	

⑥決 算	決算をむかえた。期首手許商品残高　500円　　期首試用品残高　なし
	期末手許商品残高　1,400円

（仕　　入）	500	（繰越商品）	500	（仕　　入）	500	（繰越商品）	500
（繰越商品）	1,400	（仕　　入）	1,400	（繰越商品）	1,400	（仕　　入）	1,400
（仕　　入）	6,300	（試 用 品）	6,300	（仕　　入）	2,100	（試 用 品）	2,100
（試 用 品）	2,100	（仕　　入）	2,100	（試 用 品）	2,100	（仕　　入）	2,100

※その都度法は「仕訳なし」でも可。

決算整理仕訳は、期末一括法もその都度法も金額は異なりますが、決算整理前残高試算表の金額を仕入勘定に振り替え、期末試用品原価を試用品勘定に振り替えるという、共通の手続きとなります。

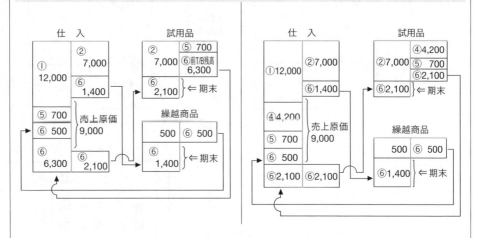

決算整理後T/B	したがって、決算整理後残高試算表は次のようになります。

決算整理後残高試算表

期末手許商品原価→	繰 越 商 品	1,400	売　　　　上	6,000
期末試用品原価→	試 用 品	2,100	試用品売上	6,000
売 上 原 価→	仕　　入	9,000		

期末一括法もその都度法も決算整理後残高試算表は同じになります。

Chapter 10　試用販売

決算整理前残高試算表(前T/B)の金額をもとに、ボックスで数値分析をすると次のようになります。

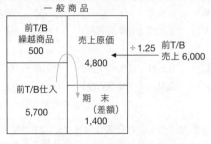

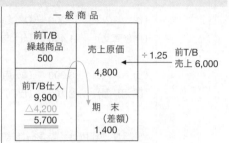

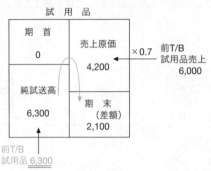

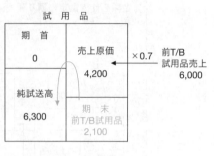

財務諸表

損益計算書		
I　売　上　高		
1．一般売上高	6,000	
2．試用品売上高	6,000	12,000
II　売　上　原　価		
1．期首商品棚卸高	500	
2．当期商品仕入高	12,000	
合　　　計	12,500	
3．期末商品棚卸高	3,500	9,000
売上総利益		3,000

貸借対照表	
商　　　品	1,400
試　用　品	2,100

財務諸表は同じになります。

Q 2-2 **手許商品区分法・期首試用品あり**

当社は、一般販売とともに試用販売を行っている。【Q 2-1】のⅠ期の取引を前提にⅡ期の各取引の仕訳を示し、損益計算書および貸借対照表を作成しなさい。なお、取引はすべて掛けで行っている。

■資料1■

Ⅱ期の取引

① 仕　　　　入 —— 商品7,000円を仕入れた。

② 試　　　　送 —— 商品4,000円（原価）を試送した。

③ 販　　　　売 —— 商品を5,000円で売り上げた（一般販売）。

④ 買取意思表示 —— 試用品8,000円（売価）について顧客が買い取るための検収が終了したため収益を認識する。

⑤ 決　　　　算 —— 決算をむかえた。期末手許商品残高　400円

■資料2■

(1) 一般販売は、原価に25％の利益を付加して行われる。

(2) 試用販売は、原価率70％で行っている。

(3) 期首手許商品残高　1,400円　　期首試用品残高　2,100円

A 2-2 **解答・解説**

Ⅱ　期	期　末　一　括　法	その都度法
①仕　入	（仕　入）7,000　（買掛金）7,000	（仕　入）7,000　（買掛金）7,000
②試　送	（試用品）4,000　（仕　入）4,000	（試用品）4,000　（仕　入）4,000
③販　売（一般）	（売掛金）5,000　（売　上）5,000	（売掛金）5,000　（売　上）5,000
④買取意思表示	（売掛金）8,000　（試用品売上）8,000	（売掛金）8,000　（試用品売上）8,000 （仕　入）5,600*　（試用品）5,600 ＊8,000円×70％＝5,600円

決算整理前T/B	決算整理前残高試算表	決算整理前残高試算表

期末一括法

決算整理前残高試算表

繰越商品 1,400　　売　　上 5,000
期首手許商品原価

試 用 品 6,100　　試用品売上 8,000
期首試用品原価＋当期純試送高　買取りの意思表示のあった試用品売価

仕　　入 3,000
手許商品仕入原価

その都度法

決算整理前残高試算表

繰越商品 1,400　　売　　上 5,000
期首手許商品原価

試 用 品 500　　試用品売上 8,000
期末試用品原価　　買取りの意思表示のあった試用品売価

仕　　入 8,600
手許商品仕入原価＋試用品売上原価

期末試用品
2,100円＋4,000円－5,600円＝500円

Chapter 10

試用販売

⑤決 算	決算をむかえた。期末手許商品残高　400円

（仕　　入）	1,400	（繰越商品）	1,400	（仕　　入）	1,400	（繰越商品）	1,400
（繰越商品）	400	（仕　　入）	400	（繰越商品）	400	（仕　　入）	400
（仕　　入）	6,100	（試用品）	6,100	（仕　　入）	500	（試用品）	500
（試用品）	500	（仕　　入）	500	（試用品）	500	（仕　　入）	500

ボックス図

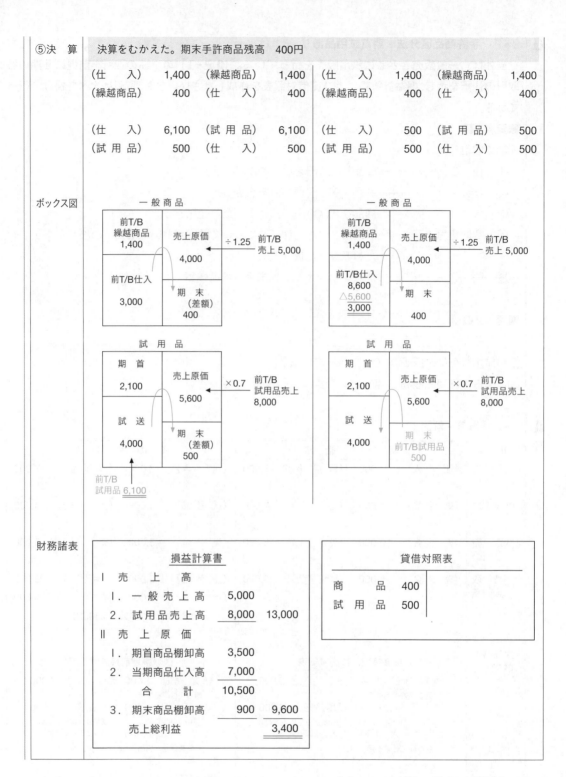

財務諸表

損益計算書

I　売　上　高
　1．一般売上高　　　5,000
　2．試用品売上高　　8,000　　13,000
II　売上原価
　1．期首商品棚卸高　3,500
　2．当期商品仕入高　7,000
　　　合　　計　　　10,500
　3．期末商品棚卸高　　900　　9,600
　　売上総利益　　　　　　　　3,400

貸借対照表

商　　品　　400
試 用 品　　500

トレーニングII　Ch10　問題1〜3へ

Chapter

11

委託販売

> **Point**
> 委託販売は一般に手許区分法で処理され、基本的な会計処理方
> 法はChapter10で学習した試用販売と変わりません。ここでは収益
> の認識基準と、積送諸掛の処理がポイントであり、本試験でたまに出題
> されます。

「委託販売の収益認識」の出題

「収益認識に関する会計基準」にもとづく出題は 2022 年 6 月からとなりますが、
委託販売における収益認識は従来から採用されてきた方法と大きく変わりません。
そのため、「収益認識に関する会計基準」の出題開始時期以前にも出題される可能
性があるため、ご注意ください。

用語集

委託販売
　商品を販売代行者に預け、その会社
に販売を代行してもらう販売形態

積送諸掛
　商品の委託販売にともなって付随的に
発生する費用

1 委託販売

　この本、実は委託販売で販売されています。つまり、書店に委託して本を置いてもらい、皆さんに買って頂くと、その代金は1カ月ごとに集計され、書店の手数料を差し引いた残額がネットスクールに振り込まれるというシステムになっているのです。では、委託販売の処理について見ていきましょう。

1 委託販売の形態と収益の認識

▶▶　委託販売とは、当社の商品を販売代行会社に預け、その会社に販売を代行してもらう販売形態をいいます。販売の代行を依頼する側を委託者といい、代行する側を受託者といいます。

　委託者は、受託者が商品を販売してはじめて売上収益を計上します。

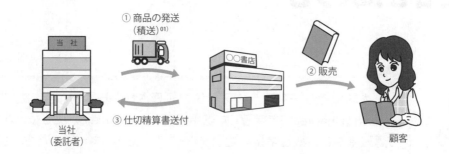

01)　商品を受託者に発送することを「積送」といい、積送した商品を「積送品」といいます。

2 委託販売の処理方法

▶ 委託販売は、手許商品区分法で処理されます[01]。

手許商品区分法には、販売時の処理方法の違いにより、その都度法と期末一括法とがあります。

	①商品を積送した時	②受託者販売日または③仕切精算書到達日
会計処理方法	手許商品区分法	その都度法
		期末一括法

01) 対照勘定法も考えられますが、重要度を考慮して割愛します。

3 委託販売の勘定科目

▶ 委託販売における会計処理方法は、試用販売と同じです。

ただし、仕訳を行うさいに用いる勘定科目は異なります。

	委 託 販 売	試 用 販 売
①発送した商品	積 送 品	試 用 品
②取引者に対する債権	積送未収金(積送売掛金) または 売 掛 金	売 掛 金

4 積送諸掛の処理

せきそうしょがかり

▶ 積送諸掛とは、商品の委託販売にともなって付随的に発生する諸費用をいいます。

積送諸掛は、その発生形態によって以下の2つに分けられます。

```
積送諸掛 ─┬─ (1) 積送時に発生する諸掛(発送諸掛) ─┬─ 積送品原価に含める方法
          │                                      └─ 積送諸掛勘定で処理する方法
          │
          └─ (2) 販売時に発生する諸掛(販売諸掛) ─┬─ 積送諸掛を計上する方法
                                                 │   (受託者売上高を売上として計上する方法)
                                                 └─ 積送諸掛を計上しない方法
                                                     (委託者手取額を売上として計上する方法)
```

1 積送時に発生する諸掛（発送諸掛）

▶▶ 委託者の支払った発送運賃、荷造費など積送時<small>にづくりひ</small>に発生する諸掛については①積送品原価に含めて処理する方法と、②積送諸掛勘定で処理する方法があります[01]。

なお、②積送諸掛勘定で処理する場合には、期末に未販売の積送品に対する諸掛を繰延積送諸掛[02]として次期に繰り延べます。

01) 委託販売に特有の処理です。問題文の指示に従って処理をします。
02) 一種の前払費用です。B/S・流動資産に表示します。

「発生した費用のうち、当期の収益に対応したものだけが損益計算書上の費用になる」という『費用収益対応の原則』を思い出してください。

Q | 1-1 | 積送時に発生する諸掛の処理 |

(1) 委託販売のため、商品200,000円を積送し、発送運賃10,000円を現金で支払った。

(2) 決算。期末積送品の仕入原価は50,000円、これに対応する諸掛は2,500円であった。

発送運賃を①積送品原価に含めて処理する方法と、②積送諸掛勘定で処理する方法とで、それぞれ仕訳（期末一括法による）を示しなさい。

A | 1-1 | 解答 |

(1) 積送時

①
（借）積 送 品	210,000	（貸）仕 入	200,000
		現 金	10,000

②
（借）積 送 品	200,000	（貸）仕 入	200,000
（借）積 送 諸 掛[03]	10,000	（貸）現 金	10,000

03) P/L・販売費及び一般管理費に表示します。

(2) 決算時

①
（借）仕 入	210,000	（貸）積 送 品	210,000
（借）積 送 品	52,500	（貸）仕 入	52,500

②
（借）仕 入	200,000	（貸）積 送 品	200,000
（借）積 送 品	50,000	（貸）仕 入	50,000
（借）繰 延 積 送 諸 掛	2,500	（貸）積 送 諸 掛	2,500

2 販売時に発生する諸掛（販売諸掛）

▶ 受託者が立て替えた引取運賃、保管料や受託者が受け取る販売手数料については、2つの処理方法があります。

①積送諸掛を計上する方法[04]（受託者売上高を売上として計上する方法）と②積送諸掛を計上しない方法（委託者手取額を売上として計上する方法）です。

04) 販売費として処理する方法ともいいます。

Q 1-2 **販売時に発生する諸掛の処理**

受託者が当社の積送品を300,000円で販売し、当社は販売手数料などの販売諸掛30,000円を差し引かれたあと、残額は現金で受け取った。①積送諸掛を計上する方法と、②積送諸掛を計上しない方法とで、それぞれ仕訳を示しなさい。

A 1-2 **解答**

①
（借）現 金	270,000	（貸）積 送 品 売 上	300,000
積 送 諸 掛	30,000		

②
（借）現 金[05]	270,000	（貸）積 送 品 売 上	270,000

05) 積送諸掛は計上されません。

Q 1-3 積送諸掛の処理

　次に示す取引にもとづいて、発送運賃を(1)積送品原価に含める方法と、(2)積送諸掛勘定で処理する方法により、a 期末積送品原価、b 繰延積送諸掛、c 損益計算書上の積送諸掛のそれぞれの金額を計算しなさい。販売諸掛については積送諸掛を計上する方法により、期末一括法による。

① 委託販売のため、商品200個(原価 @100円、売価 @180円)を積送し、発送運賃1,000円を現金で支払った。

② 受託者が商品150個を販売した。当社は次の仕切精算書と現金24,750円を受け取った。

仕切精算書		(単位：円)
売上高		27,000
諸　掛 ： 保管料(150個分)	750	
手数料(150個分)	1,500	2,250
差　引 ： 手取額		24,750

③ 決算日をむかえた。期末積送品の仕入原価は5,000円で、これに対応する発送諸掛は250円である。

A 1-3 解答・解説

	(1) 積送品原価に含める方法	(2) 積送諸掛勘定で処理する方法
a. 期末積送品原価	5,250円	5,000円
b. 繰延積送諸掛	——	250円
c. P/L上の積送諸掛	2,250円	3,000円

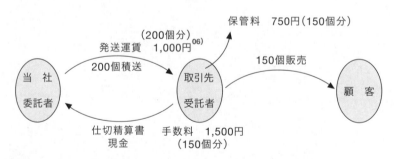

06) この発送運賃1,000円の処理が異なります。

(1) 積送品原価に含める方法

①積送日

(借)積　　送　　品	21,000	(貸)仕　　　　　　入	20,000
		現　　　　　　金	1,000

②受託者販売日

（借）現　　　　　　　金	24,750	（貸）積　送　品　売　上	27,000
積　送　諸　掛	2,250		
販売諸掛			

③決算日

（借）仕　　　　　　　入	21,000	（貸）積　　　送　　　品	21,000
（借）積　　　送　　　品	5,250	（貸）仕　　　　　　　入	5,250

a.　期末積送品原価：5,000円 + 250円 = 5,250円

　　　発送諸掛250円を積送品原価に含めます。

b.　繰延積送諸掛：未販売分に対応する発送諸掛250円は積送品原価となります。

c.　損益計算書上の積送諸掛：販売時の諸掛2,250円が、積送諸掛となります。

⑵　積送諸掛勘定で処理する方法

①積送日

（借）積　　　送　　　品	20,000	（貸）仕　　　　　　　入	20,000
（借）積　送　諸　掛	1,000	（貸）現　　　　　　　金	1,000
発送諸掛			

②受託者販売日

（借）現　　　　　　　金	24,750	（貸）積　送　品　売　上	27,000
積　送　諸　掛	2,250		
販売諸掛			

③決算日

（借）仕　　　　　　　入	20,000	（貸）積　　　送　　　品	20,000
（借）積　　　送　　　品	5,000	（貸）仕　　　　　　　入	5,000
（借）繰　延　積　送　諸　掛	250	（貸）積　送　諸　掛	250

a.　期末積送品原価：発送諸掛を除きます。

b.　繰延積送諸掛：未販売分の発送諸掛250円を繰延積送諸掛として次期に繰り延べます[07]。

c.　損益計算書上の積送諸掛：1,000円 + 2,250円 − 250円 = 3,000円

　　　販売時の諸掛と、発送諸掛のうち販売分に対応する諸掛の合計が積送諸掛となります。

07)　期末積送品にかかる積送諸掛は当該積送品が販売されてはじめて費用化されるべきものなので、経過的にB/Sの資産
　　の部に計上します。

トレーニングⅡ　Ch11　問題1〜4へ

参考 | 受託販売

1 受託販売の意義

▶ 受託販売とは、委託者から商品を預かり、その販売を代行する形態をいいます。

受託販売は代理人取引に該当するため、受託者は売上収益の計上は行わず、販売手数料を受取手数料として計上します[01]。

受託者にとって、委託者から預かった商品の保管や販売にともなって発生する、委託者に対する債権・債務の処理がポイントとなります。これらはすべて受託販売勘定[02]で処理します。

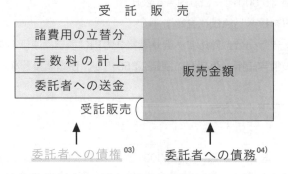

受託販売

諸費用の立替分	販売金額
手数料の計上	
委託者への送金	

受託販売

委託者への債権[03]　　　委託者への債務[04]

01) 売上勘定は、自社の所有する商品が他社のものとなったときに用いる科目です。
02) すべての取引に受託販売勘定が用いられます。
03) 受託販売勘定の借方残高は貸借対照表上「受託販売立替金」として流動資産の区分に表示されます。
04) 受託販売勘定の貸方残高は貸借対照表上「受託販売預り金」として流動負債の区分に表示されます。

2 受託販売の処理方法

(1) 商品引取時

▶ 受託販売を行うにあたり、委託者から商品100,000円（売価）を引き取り、引取費用2,000円を現金で支払った。

| （借）受　　託　　販　　売[05] | 2,000 | （貸）現　　　　　　　金 | 2,000 |

05) 委託者に対する債権の発生です。

(2) 商品販売時

▶ 受託者は、販売を委託された商品100,000円（指値売価[06]）をすべて販売し、代金は現金で受け取った。

| （借）現　　　　　　　金 | 100,000 | （貸）受　　託　　販　　売[07] | 100,000 |

06) 指値売価とは委託者が指定した売価をいいます。
07) 販売代金は委託者に支払うものであるため、委託者に対する債務が発生しています。

(3) 仕切精算書送付時

▶ 受託者は、次の仕切精算書を作成し、委託者に送付した。

<u>仕切精算書</u>　　　（単位：円）

売上高		100,000
諸　掛　：　引取費	2,000	
手数料	10,000	12,000
手取金[08]　：		88,000

（借）受　　託　　販　　売[09]　10,000　　（貸）受　取　手　数　料　10,000

08)　ここでいう「手取金」は、委託者の手取金です。

09)　厳密には債権の発生ではなく委託者に対する債務の減少を意味しています。

(4) 販売代金送金時

▶ 受託者は、販売代金から諸掛を差し引いた残額を委託者に支払うため、小切手88,000円を振り出した。

（借）受　託　販　売　88,000　　（貸）当　座　預　金　88,000

この取引をもって、一連の受託販売についての取引が完了します[10]。

	受　託　販　売				
(1) 引　取　費		2,000	(2) 販　売　代　金		100,000
(3) 手　数　料		10,000			
(4) 送　　金		88,000			
		100,000			100,000

10)　受託販売勘定の残高がゼロになります。

参考 | **未着品販売**

(1) 貨物代表証券受取時

▶ 仕入先より商品10,000円を仕入れるにあたり貨物引換証を受取り、代金は全額荷為替手形の引受け(丸為替)をした。

(借)未　　着　　品　　10,000	(貸)支　払　手　形　　10,000

⚠ 貨物代表証券を受け取ったときは、未着品勘定で処理します。荷為替手形の引受けは自己宛為替手形の引受として、支払手形勘定で処理します。

為替手形とは、手形の引受人に「手形代金を支払ってください」と依頼するための証券です。自己宛為替手形とは自分を引受人(支払人)とする手形です。

(2) 貨物代表証券転売時

▶ 貨物引換証のうち7,000円を得意先に9,000円で売却し、代金は掛けとした。なお、その都度法による。

(借)売　　掛　　金　　9,000	(貸)未　着　品　売　上　　9,000
(借)仕　　　　　入　　7,000	(貸)未　　着　　品　　7,000

⚠ 貨物代表証券を転売したときは、未着品売上勘定で処理します。

(3) 商品引取時

▶ 運送会社から、残額3,000円の貨物引換証と交換に商品を引き取った。

(借)仕　　　　　入　　3,000	(貸)未　　着　　品　　3,000

⚠ 貨物代表証券と交換に商品を引き取ったときは、未着品勘定から仕入勘定に振り替えます。

12

割賦販売

割賦販売の処理は、金利区分法と同じです。また、戻り商品の処理をおさえておきましょう。

「割賦販売の収益認識」の出題

「収益認識に関する会計基準」にもとづく出題は 2022 年 6 月からとなりますが、割賦販売に係る金利部分の区分処理と戻り商品の処理は、「収益認識に関する会計基準」適用前の日商簿記出題区分表に記載されています。そのため、「収益認識に関する会計基準」の出題開始時期以前にも出題される可能性があるため、ご注意ください。

用語集

割賦販売
　売上代金を年賦・月賦等、分割して
　定期的に回収する販売形態

1 割賦販売総論

　皆さんは分割払いで商品を買ったことがありますか？　分割払いで買うときには契約書を交わします。それと同時に商品も受け取ることができますね。これを逆に商品を売る立場になって考えると、商品の引渡しと対価の受入れはこのときに起こっているということになります。

　しかし、割賦販売の場合は、代金回収が長期にわたり、また、貸倒れの危険性も高いという特徴があります。

1 | 割賦販売の形態

▶▶　割賦販売とは、商品等を引き渡したあと、年賦・月賦等により売上代金を分割して定期的に回収する販売形態[01]をいいます。割賦販売については、顧客に商品を引き渡し、顧客に商品に対する支配が移転したときに収益を認識します。

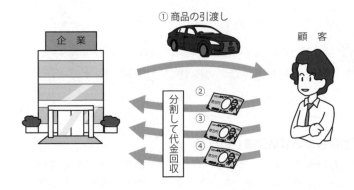

① 商品の引渡し

企　業

顧　客

分割して代金回収

②
③
④

01)　ローンで購入した場合をイメージしてください。

2 | 割賦販売の処理

▶ 割賦販売については、代金の回収が長期に わたるため、その販売価格に利息が含まれてい ることがあります。

この場合、収益を顧客が支払うと見込まれる 現金販売価格で計上し、金利部分については受 取利息として決済期日まで配分します。

Q | 1-1 | 割賦販売 |

次の一連の取引の仕訳を示しなさい。なお、割賦売価と現金正価(げんきんせいか)との差額は利息として計上し、 定額法により回収のつど処理している。

Ⅰ期の取引

① 販 売 —— 商品(原価 400円、割賦売価 500円、現金正価 450円、差額は利息分)を5 回の分割払いの契約で販売した。

② 回 収 —— 第1回の割賦金100円を現金で受け取った。

③ 回 収 —— 第2回の割賦金100円を現金で受け取った。

④ 決 算 —— Ⅰ期決算、期首および期末の棚卸商品なし、当期仕入400円

Ⅱ期の取引

⑤ 回 収 —— 第3回の割賦金100円を現金で受け取った。

⑥ 回 収 —— 第4回の割賦金100円を現金で受け取った。

⑦ 決 算 —— Ⅱ期決算、取引は上記のみ

A | 1-1 | 解答 |

①	(借)割 賦 売 掛 金	450	(貸)割 賦 売 上	450
②	(借)割 賦 売 掛 金 (借)現 金	10 100	(貸)受 取 利 息 (貸)割 賦 売 掛 金	10 100
③	(借)割 賦 売 掛 金 (借)現 金	10 100	(貸)受 取 利 息 (貸)割 賦 売 掛 金	10 100
④	仕 訳 な し			
⑤	(借)割 賦 売 掛 金 (借)現 金	10 100	(貸)受 取 利 息 (貸)割 賦 売 掛 金	10 100
⑥	(借)割 賦 売 掛 金 (借)現 金	10 100	(貸)受 取 利 息 (貸)割 賦 売 掛 金	10 100
⑦	仕 訳 な し			

💡 1-1 解説

Ⅰ期における損益計算書は次のようになります[02]。

02) Ⅱ期の損益計算書の収益は受取利息のみとなります。

損益計算書＜Ⅰ期＞

Ⅰ 売 上 高		
1. 割 賦 売 上 高		450
Ⅱ 売 上 原 価		
1. 期首商品棚卸高	0	
2. 当期商品仕入高	400	
合 計	400	
3. 期末商品棚卸高	0	400
売上総利益		50
⋮	⋮	⋮
Ⅳ 営 業 外 収 益		
受 取 利 息		20

なお、金利部分について利息調整勘定で処理し、割賦代金の回収時に利息調整勘定[03]から受取利息勘定に振替える方法もあります。

① （借）割 賦 売 掛 金 500 （貸）割 賦 売 上 450
　　　　　　　　　　　　　　　　　　　　利 息 調 整 勘 定 50

② （借）現 金 100 （貸）割 賦 売 掛 金 100
　　（借）利 息 調 整 勘 定 10 （貸）受 取 利 息 10

③ （借）現 金 100 （貸）割 賦 売 掛 金 100
　　（借）利 息 調 整 勘 定 10 （貸）受 取 利 息 10

④ 仕 訳 な し

⑤ （借）現 金 100 （貸）割 賦 売 掛 金 100
　　（借）利 息 調 整 勘 定 10 （貸）受 取 利 息 10

⑥ （借）現 金 100 （貸）割 賦 売 掛 金 100
　　（借）利 息 調 整 勘 定 10 （貸）受 取 利 息 10

⑦ 仕 訳 な し

03) 利息調整勘定の貸借対照表の表示については会計基準等に特に規定されていませんが、利息調整勘定で処理しない方法との整合性から、割賦売掛金から直接控除して表示することが考えられます。

トレーニングⅡ　Ch12　問題1・2へ

Section 2 戻り商品の処理

戻り商品の処理は、割賦売掛金の貸倒れと考えます。
そして、商品価値のある戻り商品を資産として計上し、差額を戻り商品損
失とします。戻り商品を改めて評価するので、その点にだけ注意してください。

1 割賦販売における戻り商品

▶▶ 割賦販売は、代金の回収が長期にわたるため、回収不能となる場合が多くあります。

割賦代金が回収不能となったときは、取戻権にもとづいて相手から商品を取り戻すことができます。

この商品を戻り商品といい、戻り商品に商品価値がある場合には評価額を見積もり、戻り商品勘定で処理します。

2 戻り商品の会計処理（前期引渡し・当期戻り）

▶▶ 回収不能となった割賦売掛金を消去します。そして、取り戻した商品の評価額を戻り商品勘定に計上し、前期末に割賦売掛金に貸倒引当金を設定していた場合には貸倒引当金を取り

崩します。貸借差額を戻り商品損失[01]とします。

決算にさいしては戻り商品勘定の残高を仕入勘定に振り替え、さらに未販売の場合には繰越商品勘定に振り替えて次期に繰り越します。

商品取戻時	（借）戻 り 商 品 × 貸 倒 引 当 金 × 戻 り 商 品 損 失 ×	（貸）割 賦 売 掛 金 ×××
決 算 時	（借）仕 入 ×× （借）繰 越 商 品 ××	（貸）戻 り 商 品 ×× （貸）仕 入 ××

01) 戻り商品損失勘定はP/L・販売費及び一般管理費に表示します。

※ 利息調整勘定を用いている場合では以下の仕訳になります。

まず回収不能となった利息調整勘定を消去します。そのあとで戻り商品や戻り商品損失を計上します。

商品取戻時	（借）利 息 調 整 勘 定 × 戻 り 商 品 ×× 貸 倒 引 当 金 × 戻 り 商 品 損 失 ×	（貸）割 賦 売 掛 金 ×××

Q | 2-1 | **戻り商品の処理（前期引渡し・当期戻り）** |

次の一連の取引について仕訳を示しなさい。

■資料■

Ⅰ期の取引

① 販　売 ── 当期に仕入れた商品（原価 400円、現金正価 450円、割賦売価 500円）を5回の分割払いの契約で販売した。金利部分については受取利息として定額法により決済期日まで配分する。

② 回　収 ── 第1回の割賦金100円を現金で受け取った。

③ 決　算 ── Ⅰ期決算、期首および期末の棚卸商品なし。割賦代金の未回収額に対し20円の貸倒引当金を設定する。

Ⅱ期の取引

④ 貸倒れ ── 前期に割賦販売した商品を購入者の支払不能につき4回分（400円）を未回収のまま取り戻した（決算日において当該商品は売れていない）。
　　　　　　 なお、この商品は110円と評価された。

⑤ 決　算 ── Ⅱ期決算、取引は上記のみ

A | 2-1 | **解答** |

Ⅰ期の仕訳　　　　　　　　　　　　　　　　　　　　　　　　　（単位：円）

①	（借）割 賦 売 掛 金	450	（貸）割 賦 売 上	450

②	（借）割 賦 売 掛 金	10	（貸）受 取 利 息	10
	（借）現　　　　　　金	100	（貸）割 賦 売 掛 金	100

③	（借）貸 倒 引 当 金 繰 入	20[02]	（貸）貸 倒 引 当 金	20

[02] 割賦代金の未回収分に対する引当金の設定にはいくつかの計算方法が考えられるので、問題の指示に従って解答してください。

Ⅱ期の仕訳

④	（借）戻 り 商 品	110	（貸）割 賦 売 掛 金	360
	貸 倒 引 当 金	20		
	戻 り 商 品 損 失	230		

⑤	（借）仕　　　　　　入	110	（貸）戻 り 商 品	110
	（借）繰 越 商 品	110	（貸）仕　　　　　　入	110

※　利息調整勘定を用いている場合の仕訳

（単位：円）

① | （借）割　賦　売　掛　金 | 500 | （貸）割　賦　売　上 | 450 |
| | | | 　　利　息　調　整　勘　定 | 50 |

② | （借）現　　　　　　　金 | 100 | （貸）割　賦　売　掛　金 | 100 |
| | （借）利　息　調　整　勘　定 | 10 | （貸）受　取　利　息 | 10 |

③ | （借）貸　倒　引　当　金　繰　入 | 20 | （貸）貸　倒　引　当　金 | 20 |

④ | （借）利　息　調　整　勘　定 | 40 | （貸）割　賦　売　掛　金 | 400 |
	戻　り　商　品	110		
	貸　倒　引　当　金	20		
	戻　り　商　品　損　失	230		

⑤ | （借）仕　　　　　　　入 | 110 | （貸）戻　り　商　品 | 110 |
| | （借）繰　越　商　品 | 110 | （貸）仕　　　　　　　入 | 110 |

∃ 戻り商品の会計処理（当期引渡し・当期戻り）

▶▶ 回収不能となった割賦売掛金を消去し、取り戻した商品の評価額を戻り商品勘定に、差額を評価損に相当する額として戻り商品損失勘定に計上します[01]。

なお、決算にさいしては戻り商品勘定の残高を仕入勘定に振り替え、さらに未販売の場合には繰越商品勘定に振り替えて次期に繰り越します。

商品取戻時	（借）戻 り 商 品 ×× （貸）割 賦 売 掛 金 ××× 戻 り 商 品 損 失[01] ×
決 算 時	（借）仕 入 ×× （貸）戻 り 商 品 ××× （借）繰 越 商 品 ×× （貸）仕 入 ××

01) 貸倒損失とすることもあります。

Q │ 2-2 │ 戻り商品の処理（当期引渡し・当期戻り）

次の一連の取引について仕訳を示しなさい。

① 販 売 ── 当期に仕入れた商品（原価400円、現金正価 450円、割賦売価500円）を5回の分割払いの契約で販売した。金利部分については受取利息として定額法により決済期日まで配分する。

② 回 収 ── 第1回の割賦金を現金で受け取った。

③ 貸倒れ ── 当期に割賦販売した商品を購入者の支払不能につき4回分（400円）を未回収のまま取り戻した（決算日において当該商品は売れていない）。なお、この商品の評価額は110円と評価された。

④ 決 算 ── 決算、取引は上記のみ、期首商品なし、期末商品は戻り商品のみである。

（単位：円）

①	（借）割 賦 売 掛 金	450	（貸）割 賦 売 上	450
②	（借）割 賦 売 掛 金	10	（貸）受 取 利 息	10
	（借）現 金	100	（貸）割 賦 売 掛 金	100
③	（借）戻 り 商 品	110	（貸）割 賦 売 掛 金	360
	戻 り 商 品 損 失	250		
④	（借）仕 入	110	（貸）戻 り 商 品	110
	（借）繰 越 商 品	110	（貸）仕 入	110

※ 利息調整勘定を用いている場合の仕訳

①	（借）割 賦 売 掛 金	500	（貸）割 賦 売 上	450
			利 息 調 整 勘 定	50
②	（借）現 金	100	（貸）割 賦 売 掛 金	100
	（借）利 息 調 整 勘 定	10	（貸）受 取 利 息	10
③	（借）利 息 調 整 勘 定	40	（貸）割 賦 売 掛 金	400
	戻 り 商 品	110		
	戻 り 商 品 損 失	250		
④	（借）仕 入	110	（貸）戻 り 商 品	110
	（借）繰 越 商 品	110	（貸）仕 入	110

トレーニングⅡ　Ch12　問題3へ

Chapter 12

割賦販売

Column 繰越欠損金の税効果

コラムというより[参考]になりますが、本試験で1回出題されているため、みておきましょう。

1. 欠損金とは

　税務上、損金の額が益金の額を超える場合のその金額を欠損金といい、一定の要件を満たす場合にはこの欠損金を繰り越し、翌期以降の課税所得と相殺することができます。

2. 会計処理

(1) 欠損金発生時

　　繰越欠損金は、将来の課税所得を減額する効果があります。この課税所得の減額効果を、将来減算一時差異に準ずるものと考え、繰延税金資産を計上します。

(2) 課税所得発生時

　　課税所得が発生し繰越欠損金と課税所得を相殺したときに、繰延税金資産を取り崩します。

例 題

(1) 当社は×1年度に、税務上10,000円の欠損金(税引前当期純損失も同額)が発生した。×2年度には十分な課税所得が見込まれ、税務上、発生した繰越欠損金を×2年度の課税所得から減額することが認められるため、税効果会計を適用する。法定実効税率は30%とする。

(2) ×2年度に50,000円の課税所得(税引前当期純利益も同額)が発生し、課税所得から繰越欠損金10,000円を減額した。

(1) 欠損金発生時

(借)繰 延 税 金 資 産	3,000 [01)]	(貸)法 人 税 等 調 整 額	3,000

01) 10,000円×30%=3,000円

(2) 課税所得発生時

(借)法 人 税 等 調 整 額	3,000	(貸)繰 延 税 金 資 産	3,000

×1年度　　　　損 益 計 算 書		
税 引 前 当 期 純 損 失		△ 10,000
法人税、住民税及び事業税	0	
法 人 税 等 調 整 額	△ 3,000	△ 3,000
当 期 純 損 失		△ 7,000

×2年度　　　　損 益 計 算 書		
税 引 前 当 期 純 利 益		50,000
法人税、住民税及び事業税	12,000	
法 人 税 等 調 整 額	3,000	15,000
当 期 純 利 益		35,000

13

リース会計（リースバック）

Point

このChapterでは、『テキストⅠ　基礎編』で扱わなかったリース会計の応用論点についてみていきます。特に、セール・アンド・リースバック取引については本試験での出題実績があるため、処理の流れをおさえておきましょう。

用語集

リース取引
　有形固定資産の貸し手が、借り手に対し一定期間使用する権利を与え、借り手は一定の使用料を貸し手に支払う取引

ファイナンス・リース取引
　リース契約期間中に、契約が解除できない取引で、かつリース物件に係るすべての費用を負担しなければならない取引

オペレーティング・リース取引
　ファイナンス・リース取引以外のリース取引

セール・アンド・リースバック取引
　有形固定資産の所有者が、その物件を売却するとともに、その売却先からその物件を借り入れる取引

Section 1 セール・アンド・リースバック

　資金調達や固定資産の管理事務をまかせるために、自社が持つ有形固定資産をリース会社に売却し、再度、リース会社からリースを受けることがあります。ここで、実質的には資産を使っていることは変わらないのに、売却時に売却損益を計上しても問題はないのでしょうか?
　このSectionではこのセール・アンド・リースバック取引のほかに貸し手の処理などについて学習していきます。

1 セール・アンド・リースバック取引

(1) セール・アンド・リースバック取引

　セール・アンド・リースバック取引とは、借り手が所有する物件を貸し手に売却(セール)し、貸し手から当該物件のリースを受ける(リースバック)取引をいいます。

(2) 取引の特徴

　セール・アンド・リースバック取引により、借り手は物件を所有したまま、売却による資金調達ができることから、その経済的実態は「固定資産を担保とした借入れ」といえます。

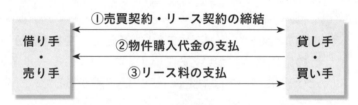

	①売買契約・リース契約の締結	
借り手 ・ 売り手	②物件購入代金の支払	貸し手 ・ 買い手
	③リース料の支払	

※　金銭の移動のみで、物件の移動をともなわない

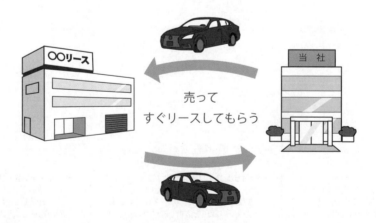

売って
すぐリースしてもらう

2 セール・アンド・リースバック取引の会計処理

1 物件売却時の仕訳

▷ セール・アンド・リースバック取引がファ
イナンス・リース取引に該当する場合、物件の
売却に係る固定資産売却損益はただちに損益

計上せず、長期前受収益または長期前払費用と
して、一時的に繰延処理します。

1 売却益が生じる場合

（借）減 価 償 却 累 計 額	××	（貸）建 物	××××
現 金 預 金	×××	長 期 前 受 収 益[01]	×

01) 前払費用のみ一年基準の適用を受けることをテキストⅠ Chapter 2 で学習しました。
　　しかし、この長期前受収益（長期前払費用）は純粋な経過勘定ではなく、一時的な仮の勘定と考えてください。

2 売却損が生じる場合

（借）減 価 償 却 累 計 額	×	（貸）建 物	××××
現 金 預 金	××		
長 期 前 払 費 用	×		

2 リースバック時の仕訳

（借）リ ー ス 資 産	××	（貸）リ ー ス 債 務	××

▷ なお、リース資産・リース債務の計上額は、以下のとおり決定します。

⑴ **所有権移転ファイナンス・リース取引の場合**
　　貸し手の購入価額（借り手の実際売却価額）
⑵ **所有権移転外ファイナンス・リース取引の場合**
　　貸し手の購入価額（借り手の実際売却価額）とリース料総額の割引現在価値を比較して、い
ずれか低い額

3 リース料支払時の仕訳

▷ 通常のファイナンス・リース取引と同様に、各期の支払リース料を利息相当額とリース債務の返
済額に区別して処理します。

（借）リ ー ス 債 務	××	（貸）現 金 預 金	×××
支 払 利 息	×		

4 決算時の仕訳

▶ 通常のファイナンス・リース取引と同様に、減価償却を行います[02]。ただし、リース物件の残存価額は、物件売却前の当初の取得価額にもとづいて計算します。

さらに、長期前受収益または長期前払費用は、毎期のリース資産に対する減価償却費の割合に応じて償却（配分）[03]し、減価償却費に加減します。

[02] 所有権移転であれば売却時の残存耐用年数、所有権移転外であればリース期間で減価償却を行います。

[03] 減価償却方法が定額法の場合、長期前受収益または長期前払費用を耐用年数に応じて償却（配分）し、定率法の場合、長期前受収益または長期前払費用を $\dfrac{\text{各年度の減価償却費}}{\text{リース資産の取得原価}}$ で償却（配分）します。

1 売却益が生じた場合

長期前受収益の配分額を減価償却費から減算します。

（借）減 価 償 却 費	×××	（貸）リース資産減価償却累計額	×××
（借）長 期 前 受 収 益	××	（貸）減 価 償 却 費	××
		長期前受収益償却	

2 売却損が生じた場合

長期前払費用の配分額を減価償却費に加算します。

（借）減 価 償 却 費	×××	（貸）リース資産減価償却累計額	×××
（借）減 価 償 却 費	××	（貸）長 期 前 払 費 用	××
長期前払費用償却			

Q │ 1-1 │ セール・アンド・リースバック │

次の資料にもとづいて、(1)×1年度と(2)×2年度における借り手側の仕訳を示しなさい。ただし、決算日は毎年3月31日とする。対価の受払いは現金勘定で処理する。なお、計算上生じる端数はそのつど四捨五入すること。

1. 売却物件（備品）に関する事項

   (1) 取得原価：200,000円（現金購入）、取得年月日：×1年4月1日

   (2) 減価償却方法：定額法、取得時の経済的耐用年数：5年、残存価額：取得原価の10%、

2. セール・アンド・リースバック取引（所有権移転ファイナンス・リース）に関する事項

   (1) 売却価額：180,000円（現金売却）、契約日：×2年4月1日

   (2) 年間リース料：50,000円（毎年3月31日に1年分後払い、現金支払）

   (3) 解約不能のリース期間：4年間、リースバック以降の経済的耐用年数：4年

   (4) 貸し手の計算利子率：4.352%

（1）×1年度

① 備品取得時（×1年4月1日）

（借）備 品	200,000	（貸）現 金	200,000

② 決算時（×2年3月31日）

（借）減 価 償 却 費	36,000[04]	（貸）備品減価償却累計額	36,000

04) $(200,000円 - 200,000円 × 0.1) × \dfrac{1年}{5年} = 36,000円$

（2）×2年度

① 備品売却時（×2年4月1日）

（借）備品減価償却累計額	36,000	（貸）備 品	200,000
現 金	180,000	長 期 前 受 収 益	16,000[05]

05) $180,000円 - (200,000円 - 36,000円) = 16,000円$

② リース・バック時（×2年4月1日）

（借）リ ー ス 資 産	180,000[06]	（貸）リ ー ス 債 務	180,000[06]

05) 所有権移転ファイナンス・リース取引であるため、貸し手の購入価額（借り手の実際売却価額）をリース資産・リース債務の計上価額とします。

③ リース料支払時（×3年3月31日）

（借）リ ー ス 債 務	42,166	（貸）現 金	50,000
支 払 利 息	7,834		

＜支払利息とリース債務の返済額＞

（単位：円）

支 払 日	期首リース債務	支払リース料	支 払 利 息	リース債務返済額	期末リース債務
×3.3.31	180,000	50,000	7,834[07]	42,166[08]	137,834
×4.3.31	137,834	50,000	5,999	44,001	93,833
×5.3.31	93,833	50,000	4,084	45,916	47,917
×6.3.31	47,917	50,000	2,083[09]	47,917	0
合 計	―	200,000	20,000	180,000	―

07) $180,000円 × 4.352\% = 7,833.6 → 7,834円$
　　期首リース債務　　貸手の計算利子率

08) $50,000円 - 7,834円 = 42,166円$

09) 最終年度はリース債務をゼロとするため、支払利息を調整しています。

④ 決算時（×3年3月31日）

（借）減 価 償 却 費	40,000[10]	（貸）リース資産減価償却累計額	40,000
（借）長 期 前 受 収 益	4,000[11]	（貸）減 価 償 却 費	4,000

10) $(180,000円 - 200,000円 × 0.1) × \dfrac{1年}{4年} = 40,000円$　　11) 長期前受収益の償却：$16,000円 × \dfrac{1年}{4年} = 4,000円$
　　残存価額は、当初の取得原価を用います。

トレーニングⅡ　Ch13　問題1へ

参考 | 中途解約の処理

(1) リース契約の中途解約

▶ ファイナンス・リース取引については、リース期間終了前に契約を解約することがあります。

この場合、借り手は貸し手であるリース会社に違約金（契約解除金）を支払うとともに、リース債務の残高を一括返済します。

(2) 中途解約の会計処理

▶ 違約金を支払う場合にはリース債務残高と違約金との差額を**リース債務解約損**（営業外費用または特別損失）として処理します。

また、リース資産の帳簿価額を**リース資産除却損**（特別損失）とします。

Q | 中途解約の会計処理 |

以下の備品に係る所有権移転ファイナンス・リース契約について当期末（×5年3月31日）をもって中途解約した。違約金600,000円は直ちに小切手を振り出して支払った。

(1)当期のリース料の支払と (2)備品の減価償却 (3)中途解約の仕訳を示しなさい。

リース契約の内容
- 契約日：×1年4月1日　　・リース期間：5年
- リース料：年額505,000円（19,603円は当期の利息部分、毎年3月31日当座預金より払い）
- リース資産の計上額：2,380,000円　　・リース債務の期首残高：980,173円
- リース資産の減価償却：経済的耐用年数5年、残存価額0円、定額法
- リース資産の減価償却累計額期首残高：1,428,000円

A | 解答・解説 |

(1) 当期のリース料の支払

（借）リース債務	485,397[01]	（貸）当座預金	505,000
支払利息	19,603		

01) 505,000円－19,603円＝485,397円

(2) 減価償却

（借）減価償却費	476,000[02]	（貸）リース資産減価償却累計額	476,000

02) $2,380,000円 \times \frac{1年}{5年} = 476,000円$

(3) 中途解約

（借）リース資産減価償却累計額	1,904,000[03]	（貸）リース資産	2,380,000
リース資産除却損	476,000[04]		
（借）リース債務	494,776[05]	（貸）当座預金	600,000
リース債務解約損	105,224[06]		

03) 1,428,000円＋476,000円＝1,904,000円
04) 2,380,000円－1,904,000円＝476,000円
05) 980,173円－485,397円＝494,776円
06) 600,000円－494,776円＝105,224円

トレーニングⅡ　Ch13　問題2へ

参考 | 貸し手側の会計処理

1 所有権移転外ファイナンス・リース取引[01]

▶▶ 所有権移転外ファイナンス・リース取引における貸し手側の処理には、以下の3つの方法があります。

(1) リース取引開始時に売上高と売上原価を計上する方法 ［第1法］

(2) リース料受取時に売上高と売上原価を計上する方法 ［第2法］

(3) 売上高を計上せずに利息相当額を各期へ配分する方法 ［第3法］

(1) リース取引開始時に売上高と売上原価を計上する方法 ［第1法］

▶▶ この方法では、リース取引開始日に**リース料総額で売上高を計上**し、同額の**リース投資資産**を計上します。それと同時に、**リース物件の購入原価を売上原価として計上**します。

この売上高と売上原価との差額は利息相当額として取り扱い、リース期間中の各決算日において、**次期以降に対応する利息相当額を繰延リース利益として繰り延べます**[02]。

---

01) 所有権移転ファイナンス・リース取引の場合、設例における仕訳の「リース投資資産」勘定を「リース債権」勘定に変えて処理すればよいため、くわしい説明は割愛します。

02) 過去の本試験では第1法が出題されています。

Q | **貸し手側の会計処理 1** |

リース会社であるB社はA社に対して、備品を以下の条件でリースした。

・リース期間は3年であり、リース期間終了時に所有権は移転しない。

・当該備品の購入価額は 27,751円(未払い)、年間リース料(年1回当座預金受取)は 10,000円である。

・リース第1年度に対応する利息相当額は 1,110円である。

①リース取引開始日、②第1回のリース料受取時、③第1回の決算日におけるB社の仕訳を、リース取引開始日に売上高と売上原価を計上する方法により示しなさい。

A | **解答・解説** |

① リース取引開始日

(借)リース投資資産	30,000[03]	(貸)売　上　高	30,000
(借)売　上　原　価	27,751	(貸)買　掛　金[04]	27,751

---

03) リース投資資産はリース料の総額であるため10,000円×3年＝30,000円となり、利息相当額は総額で30,000円－27,751円＝2,249円であることがわかります。

04) リース物件である備品の購入代金は未払いであると仮定しています。なお、この場合の負債は、通常「買掛金」勘定となります。

② 第1回のリース料受取時

(借)当 座 預 金	10,000	(貸)リ ー ス 投 資 資 産	10,000

③ 第1回の決算日

　　　繰延リース利益は、B／S上、リース投資資産と相殺して表示します。繰延リース利益繰入は、売上総利益から差し引きます。

(借)繰 延 リ ー ス 利 益 繰 入	1,139	(貸)繰 延 リ ー ス 利 益	1,139[05]

05) 2,249円−1,110円=1,139円（翌期以降の利益）

　　　翌期以降に回収した分は戻し入れます。

⑵ リース料受取時に売上高と売上原価を計上する方法 ［第2法］

▷ 　この方法では、リース取引開始日にリース物件の**購入原価をリース投資資産として計上**します。

　そして、リース料を受取時に、**受け取ったリース料を売上高**、リース料から**利息相当額を除いた金額を売上原価**として計上します。

Q｜貸し手側の会計処理2｜

　　B社がリース料受取時に売上高と売上原価を計上する方法を採用している場合の仕訳を示しなさい。

　　①リース取引開始日　　②第1回のリース料受取時　　③第1回の決算日

・リース期間は3年であり、リース期間終了時に所有権は移転しない。

・当該備品の購入価額は27,751円（未払い）、年間リース料（年1回当座預金受取）は10,000円である。

・リース第1年度に対応する利息相当額は1,110円である。

A｜解答・解説｜

① リース取引開始日

(借)リ ー ス 投 資 資 産	27,751	(貸)買 　 掛 　 金	27,751

② 第1回のリース料受取時

(借)当 座 預 金	10,000	(貸)売 上 高	10,000
(借)売 上 原 価	8,890	(貸)リ ー ス 投 資 資 産	8,890[06]

06) 10,000円−1,110円=8,890円

③ 第1回の決算日

仕 訳 な し

(3) 売上高を計上せずに利息相当額を各期へ配分する方法　［第3法］

▶ この方法では、リース取引開始日にリース物件の**購入原価をリース投資資産**として計上します。

そして、リース料受取時に、**利息相当額をその期の収益として計上**し、元本回収部分をリース投資資産の回収額として処理します[07]。

> **07)** 第1法・第2法と異なり、利息相当額のみが収益として計上されることになります。

Q ┃ 貸し手側の会計処理3

B社が売上高を計上せずに利息相当額を各期に配分する方法を採用している場合の仕訳を示しなさい。

　①リース取引開始日　　②第1回のリース料受取時　　③第1回の決算日
・リース期間は3年であり、リース期間終了時に所有権は移転しない。
・当該備品の購入価額は27,751円（未払い）、年間リース料（年1回当座預金受取）は10,000円である。
・リース第1年度に対応する利息相当額は1,110円である。

A ┃ 解答・解説

① リース取引開始日

（借）リ ー ス 投 資 資 産	27,751	（貸）買　　　　掛　　　　金	27,751

② 第1回のリース料受取時

（借）当　　座　　預　　金	10,000	（貸）リ ー ス 投 資 資 産	8,890[08]
		受　　取　　利　　息	1,110

> **08)** 10,000円－1,110円＝8,890円

③ 第1回の決算日

仕　訳　な　し

参考　リース料の前払い

▶ リース料を前払いする場合には、リース契約開始時に最初のリース料を支払います。
　リース契約開始時に支払うリース料については、全額リース債務を減少させます[01]。

その後に支払うリース料については、支払日までの支払利息を計上し、残額でリース債務を返済します。

> **01)** 支払利息は時の経過により発生するため、リース開始時には利息は発生していません。そのため、全額リース債務を減少させます。

Q │ リース料の前払い │

次の資料にもとづいて⑴当期首および⑵当期末において必要な仕訳を示しなさい。当期は×6年4月1日から×7年3月31日までの1年である。円未満の端数が生じた場合には、最終数値の円未満を四捨五入する。

1．当期首に次の所有権移転外ファイナンス・リース契約にもとづき、備品を調達した。
　⑴　リース期間：5年、リース料の支払：毎年4月1日に年額8,000円を支払う（当座預金より支払）。
　　　備品の経済的耐用年数は6年である。
　⑵　当社の追加借入利子率は年4％である。リース資産の取得原価：37,039円
　　　備品の見積現金購入価額：38,000円
2．リース資産の減価償却は、定額法（残存価額ゼロ）による。

A │ 解答・解説 │

（参考）リース料総額の割引現在価値：

$$8,000円 + \frac{8000円}{1.04} + \frac{8000円}{1.04^2} + \frac{8000円}{1.04^3} + \frac{8000円}{1.04^4} = 37,039.16\cdots \rightarrow 37,039円$$

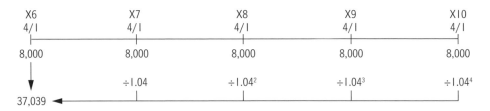

⑴　当期首

（借）リ ー ス 資 産	37,039	（貸）リ ー ス 債 務	37,039
（借）リ ー ス 債 務	8,000	（貸）当 座 預 金	8,000

⑵　当期末（決算日）
　①　未払利息の計上
　　　リース債務29,039円（＝37,039円－8,000円）に係る支払利息は×7年4月1日に支払うリース料に含まれており、支払期日が到来していないため利息の見越し計上を行います。

（借）支 払 利 息	1,162[01]	（貸）未 払 利 息[02]	1,162

　　01）　29,039円×4％＝1,161.56→1,162円
　　02）　翌期首に再振替仕訳を行います。　（借）未払利息 1,162　（貸）支払利息 1,162
　②　減価償却
　　　所有権移転外のためリース期間にわたり減価償却を行います。

（借）減 価 償 却 費	7,408[03]	（貸）リース資産減価償却累計額	7,408

　　03）　37,039円÷5年＝7,407.8→7,408円

Chapter

14

企業結合・事業分離
（応用編）

Point

ここでは『テキストⅠ　基礎編』で扱わなかった株式交換・株式移転と会社分割（事業分離）についてみていきます。前者については株式の取得を通じて支配を獲得すること、後者については投資の清算・継続という考え方が重要になります。

用語集

株式交換
すでに存在している株式会社同士が完全親会社と完全子会社となるための手法

株式移転
すでに存在しているいくつかの株式会社が完全子会社となるために、新しく完全親会社となる株式会社を設立する手法

会社分割
ある企業を構成する事業の全部または一部を他の企業に移転すること

重要度

1 株式交換・株式移転

　近年、企業規模の拡大や競争力強化を目指して、企業買収の動きが活発化しています。
　しかし、企業買収には、次のような問題点があります。
　①多額の資金を必要とする。
　②被買収会社の株主が必ずしも買収に応じるとは限らない。
　上記の問題点を解消し、容易に100%子会社を作る手法として、株式交換や株式移転があります。

1 株式交換

ここは
重要!!

1 株式交換の意義

　株式交換とは、既存の株式会社同士が完全親会社(A社とする)[01]と完全子会社(B社とする)[02]となるための手法です。
　株式交換によって「株式交換の効力発生日」にA社が、B社株主保有のB社株式と交換にA社株式を引き渡します。

　これにより、A社はB社の発行済株式を100%持つこととなり、B社を完全子会社にすることができます。
　なお、旧B社株主は、新たにA社株主となります。

01) 完全親会社とは、他の会社の発行済株式の100%を保有する会社のことです。
02) 完全子会社とは、他の会社に発行済株式の100%を保有されている会社のことです。

Step 1　A社は、B社を完全子会社にしたい(B社も了承)と思っています。

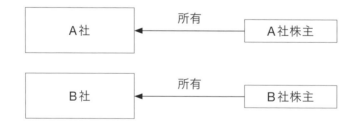

Step 2 B社株主が保有しているB社株式が「株式交換の効力発生日」にA社に移り、旧B社株主はA社から、新たにA社株式の引渡しを受けます。

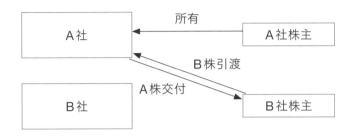

Step 3 旧B社株主は新A社株主となり、B社はA社の完全子会社となります。

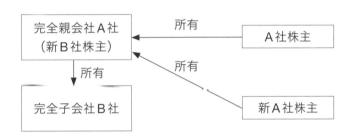

2 株式交換の会計処理

▶ 株式交換にさいして、完全親会社（A社とする）は完全子会社（B社とする）の株式を「取得」[03]し、B社株主に対してA社株式を交付（増資処理）するため、パーチェス法にもとづき処理します。

パーチェス法によるため、B社株式の取得原価は、支払対価として交付するA社株式の時価となります。

株式交換の仕訳（A社[04]）

(借) B 社 株 式 ×××	(貸) 資 本 金 な ど ×××

子会社株式の取得原価[05] = 完全親会社株式の時価 × 交付株式数
払込資本

03) なお、通常は「取得企業=完全親会社、被取得企業=完全子会社」となるため、このことを前提に説明していきます。

04) 株式交換において直接的に取引するのはA社と旧B社株主です。したがって、A社の会計処理のみが問題となり、B社の会計処理は必要ありません。

05) 合併と異なり、株式交換の会計処理は、実質的に①取得原価（払込資本）の算定のみです。これにもとづき②受入資産（子会社株式）が評価されるため、差額としての③のれんは生じません。

Chapter 14 企業結合・事業分離（応用編）

Q **1-1** | 株式交換 |

次の資料にもとづき、株式交換時の仕訳を示しなさい。

A社は×2年3月31日にB社と株式交換を行い、B社株主に対してA社株式を3,000株交付した。当該株式交換における取得企業はA社である。A社株式の時価は@50円である。なお、払込資本の全額を資本金とすること。

貸 借 対 照 表

B社		×2年3月31日			（単位：円）
諸　資　産	200,000	諸　負　債			70,000
		資　本　金			130,000
	200,000				200,000

A **1-1** | 解答 |

（借）関 係 会 社 株 式	150,000[06]	（貸）資　　　本　　　金	150,000

06) @50円×3,000株＝150,000円

参考　自己株式の処分

▶ 子会社株式の取得原価から自己株式の帳簿価額を控除した額を払込資本とします。

払込資本 = 子会社株式の取得原価 − 自己株式（簿価）

Q | 自己株式の処分 |

次の資料にもとづき、株式交換時の仕訳を示しなさい。

A社は×2年3月31日にB社と株式交換を行い、B社株主に対しA社株式を5,000株交付した。当該株式交換における取得企業はA社である。A社株式の時価は@50円であり、交付した5,000株のうち1,000株は自己株式（簿価20,000円）の処分により行われる。なお、払込資本の全額を資本金とすること。

貸 借 対 照 表

B社		×2年3月31日			（単位：円）
諸　資　産	200,000	諸　負　債			70,000
		資　本　金			130,000
	200,000				200,000

A | 解答・解説 |

（借）関 係 会 社 株 式	250,000	（貸）資　　　本　　　金	230,000
		自　己　株　式	20,000

① B社株式の取得原価：@50円×5,000株＝250,000円

② 払込資本：250,000円−20,000円＝230,000円
　　　　　　　　　　自己株式（簿価）

トレーニングⅡ　Ch14　問題1へ

参考　交付株式数の決定

▸▸　株式交換も合併と同様、企業結合の一形態なので、完全子会社の株主に割り当てる完全親　会社株式の株式数(交付株式数)を以下の手順により決定します。

1.　1株あたり企業評価額の計算：$\dfrac{\text{企業評価額}}{\text{発行済株式総数}}$

2.　株式交換比率の計算：$\dfrac{\text{1株あたり企業評価額(完全子会社)}}{\text{1株あたり企業評価額(完全親会社)}}$

3.　交付株式数の決定：完全子会社の発行済株式総数×株式交換比率

Q　交付株式数の決定

　A社は×2年3月31日にB社と株式交換を行った。B社株主に対してA社株式を交付する。次の資料にもとづき、株式交換時の交付株式数を計算しなさい。

	企業評価額	発行済株式総数
A　社	1,050,000円	800株
B　社	378,000円	400株

A　解答・解説

1.　1株あたり企業評価額

A社：$\dfrac{1,050,000\text{円}}{800\text{株}} = 1,312.5\text{円}$　　B社：$\dfrac{378,000\text{円}}{400\text{株}} = 945\text{円}$

2.　株式交換比率の計算

$\dfrac{945\text{円}}{1,312.5\text{円}} = 0.72$

3.　交付株式数の計算

400株 × 0.72 = 288株

自己株式の処分は資本取引のため
売却損益が計上されることはありません

右側縦書き：Chapter 14　企業結合・事業分離(応用編)

1　株式移転の意義

▶▶　株式移転とは、既存の株式会社が完全子会社（D社・E社とする）となるよう、完全親会社（C社とする）[01]を新たに設立する手法です。

株式移転によって、D社株主・E社株主が保有する株式が新設のC社に移り、代わりにC社株式が割り当てられます。

つまり、C社はD社株式・E社株式のすべてを持つこととなり、旧D社株主・旧E社株主は新C社株主となります[02]。

01)　「持株会社」といわれる会社です。よく「○○ホールディングス」という社名が用いられます。

02)　株式移転は、持株会社の傘下に複数の系列会社を置く場合によく用いられます。

Step 1　D社・E社が集まって、1つの企業グループを作りたいと思っています。

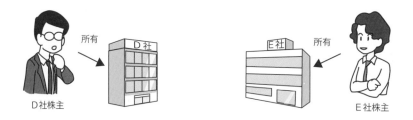

Step 2　完全親会社となるC社を新しく設立します。D社株主・E社株主が保有しているD社株式・E社株式はC社に移転し、D社株主・E社株主はC社からC社株式の割当てを受けます。

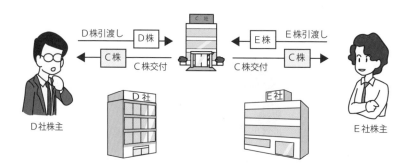

Step 3 旧Ｄ社株主・Ｅ社株主は、新たにＣ社株主となり、Ｄ社・Ｅ社はＣ社の完全子会社となります。

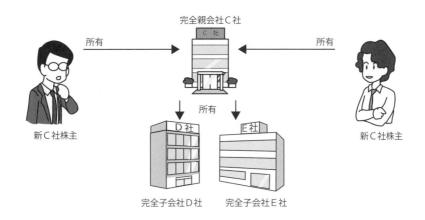

完全親会社Ｃ社

新Ｃ社株主　　　　　　所有　　　　所有　　　　　　新Ｃ社株主

完全子会社Ｄ社　　完全子会社Ｅ社

2　株式移転の会計処理（完全親会社の会計処理）

▶▶　完全親会社（Ｃ社）は、完全子会社株式（Ｄ社株式、Ｅ社株式）と引き換えに、完全親会社株式を交付します。

株式移転の仕訳（Ｃ社[03]）

| (借) Ｄ 社 株 式 | ×××　| (貸) 資 本 金 な ど | ××× |
| Ｅ 社 株 式 | ××× | | |

▶▶　ただし、完全親会社（Ｃ社）は新設されるため、株式移転時において、完全親会社株式には時価がありません。そのため、完全子会社が複数ある場合には、完全子会社のうちの1社（例えば、Ｄ社）が他の完全子会社(Ｅ社)を取得したと仮定して処理します。

　このとき、Ｄ社を取得企業、Ｅ社を被取得企業といい、完全親会社では、子会社株式の取得原価を、取得企業と被取得企業で分けて計算します。

03)　株式移転において直接的に取引するのはＣ社と旧Ｄ・Ｅ社株主です。
　　　したがって、Ｃ社の会計処理のみが問題となり、Ｄ・Ｅ社の会計処理は必要ありません。

(1)　取得企業株式（Ｄ社株式）の取得原価

取得企業（Ｄ社）の株主資本の額（簿価）を取得原価とします。

$$取得企業株式の取得原価[04] = 取得企業の株主資本の額（簿価）$$

⑵ 被取得企業株式（E社株式）の取得原価

取得企業株式（D社株式）の時価に交付株式数を掛けた額を取得原価とします。

$$被取得企業株式の取得原価^{04)} = 取得企業株式の時価 \times 交付株式数$$

04) 株式交換と同じく、株式移転の会計処理は、実質的に子会社株式の取得原価（払込資本）の算定のみであり、のれんは個別財務諸表上、生じません。

Q 1-2 | 株式移転 |

次の資料にもとづき、C社における株式移転時の仕訳を示しなさい。

D社およびE社は×2年3月31日に株式移転を行い、完全親会社C社を設立した。当該株式移転における取得企業はD社である。C社は、D社株主およびE社株主にそれぞれ3,000株、1,000株のC社株式を交付した。なお、D社株式の時価は1株あたり50円であり、払込資本の全額を資本金とすること。

D社		貸借対照表	（単位：円）	E社		貸借対照表	（単位：円）
諸 資 産	200,000	諸 負 債	70,000	諸 資 産	60,000	諸 負 債	15,000
		資 本 金	130,000			資 本 金	45,000
	200,000		200,000		60,000		60,000

A 1-2 | 解答・解説 |

（借）関 係 会 社 株 式	180,000	（貸）資 本 金	180,000

① D社株式の取得原価：130,000円
② E社株式の取得原価：@50円×1,000株＝50,000円 ⎫ 180,000円

株式移転は、各企業の株主の立場から考えるのがポイントです。

⑴ 取得企業（D社）の株主→完全親会社（C社）の株主になる

→完全親会社に対する持株比率75％（$\frac{3,000株}{3,000株+1,000株}$）→D社株主は支配株主

→取得企業（D社）への投資が継続（持分の継続）→簿価で計算

⑵ 被取得企業（E社）の株主→完全親会社（C社）の株主になる

→完全親会社に対する持株比率25％（$\frac{1,000株}{3,000株+1,000株}$）→E社株主は非支配株主

→被取得企業（E社）への投資が断たれた（持分の非継続）→時価で計算

→完全親会社（C社）は設立時のため時価なし

→やむを得ず取得企業（D社）の時価を用いる。

※ 非支配株主とは、会社の株主のうち支配株主以外の株主をいいます。

トレーニングⅡ　Ch14　問題2へ

参考　企業結合における取得関連費用

▶▶　合併や株式交換、株式移転などの企業結合にあたり、外部のアドバイザー等に支払った報酬・手数料は取得関連費用に該当します。

　企業結合における取得関連費用は、発生した事業年度の費用として処理します[01]。

合併の場合

（借）諸　　資　　産	××	（貸）諸　　　　負　　　債	××
の　　れ　　ん	××	資　　　本　　　金	××
		資　本　準　備　金	××
（借）支　払　手　数　料	×	（貸）現　　金　　預　　金	×

01) 取得関連費用は、取得企業と被取得企業との間の公正な価値での交換の一部ではなく、企業結合とは別の取引と考えられるためです。

参考　交付株式数の決定

▶▶　株式移転も合併や株式交換と同様、完全子会社の発行済株式総数に株式移転比率を掛けて、交付株式数を決定します。なお、完全親会社は新会社なので、株式移転比率は政策的に決定されます。

　また、完全子会社となる会社が複数ある場合は、完全子会社間の1株あたりの企業評価額をもとに、株式交換比率と同様の方法で決定されます。

交付株式数 = 完全子会社の発行済株式総数 × 株式移転比率

重要度

Section 2 事業分離（会社分割）

いままで事業の"拡大"となる企業結合を学習してきました。しかし、"拡大"するばかりが組織再編ではありません。不採算事業を売却する「事業分離」も組織再編です。

このSectionでは、このような事業の"縮小"となる事業分離について学習します。

1 事業分離とは

▶▶ 事業分離とは、ある企業を構成する事業を他の企業に移転することです。

具体的には、会社分割や事業譲渡などが該当しますが、本テキストでは会社分割のみを扱います[01]。

01) 事業譲渡などについては、出題の可能性を考えて割愛しています。

2 会社分割の分類

▶▶ 会社分割とは、ある企業を構成する事業の全部または一部を他の企業に移転することです。事業を移転させる会社を分割会社といい、移転事業を受け入れる会社を承継会社といいます[01]。

会社分割は、承継会社が既存会社であるか新設会社であるかで、1. 吸収分割と2. 新設分割に分類されます。

01) 分割会社を分離元企業、承継会社を分離先企業ともいいます。

1 吸収分割

▶▶ 吸収分割とは、分割会社(A社とする)の事業(a事業とする)を、既存の承継会社(B社とする)に移転する会社分割をいいます。

なお、A社にとっては吸収分割ですが、B社にとっては企業結合に該当します。

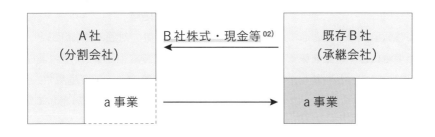

02) 吸収分割の対価には、B社株式以外に現金等の財産を用いる場合があります。

2 新設分割

▶▶ 新設分割とは、分割会社(D社・E社とする)の事業(d事業・e事業とする)を、新設の承継会社(C社とする)に移転する会社分割をいいます。

新設するC社は、d事業(またはe事業)単独で新設する場合と、下図のように複数の分割事業(d事業・e事業)から共同で新設される場合があります。

▶▶ なお、新設分割の会計処理は、対価がC社株式のみに限られるだけで、他は吸収分割の会計処理と同じです。

そのため、本テキストでは以後、吸収分割を前提に説明していきます。

03) 新設分割の対価は、必ずC社株式になります。これは、新設されるC社にはまだ現金等の資産が一切ないためです。

分割会社の会計処理

▶▶ 分割会社の処理は、事業分離によってその事業に対する1. 投資が清算されたか、2. 投資が継続しているかどうかにより異なります[01]。

1 投資の清算

(1) 判断基準

分割会社が移転事業の対価として現金等[02]を受け取った場合には、事業を売却した、つまり「投資が清算された」と判断します。

(2) 会計処理

現金等の対価の額(時価)と、移転事業に係る株主資本相当額(資産および負債の適正な帳簿価額による純資産額[03])との差額を、事業移転損益(特別損益)として処理します。

現金等(時価) − 移転事業に係る株主資本相当額 = 事業移転損益(特別損益)

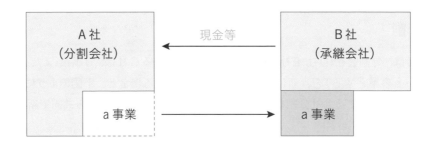

(借)a 事 業 負 債	×××	(貸)a 事 業 資 産	×××
	簿価		簿価
現 金 等	×××	事 業 移 転 損 益	×××
	時価		差額

01) 分離した事業に対する支配が継続しているかどうかをいいます。

02) 現金など移転した事業と明らかに異なる財産のことをいいます。子会社・関連会社にならない「その他有価証券」も該当します。

03) 厳密には純資産額から評価・換算差額等を引いた額ですが、資産と負債の差額とイメージすればよいでしょう。

2 投資の継続

(1) 判断基準

分割会社が移転した事業の対価として株式を受け取り、かつ承継会社が子会社または関連会社となる場合、子会社・関連会社への支配力・影響力行使を通じて「投資が継続している」と判断します。

(2) 会計処理

対価として取得する株式(子会社・関連会社株式)の取得原価は、移転事業に係る株主資本相当額とし、事業移転損益を計上しません。

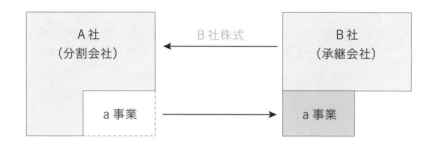

(借)a 事 業 負 債	××× 簿価	(貸)a 事 業 資 産	××× 簿価
B 社 株 式	××× 差額		

3 まとめ

移転事業の対価	承継会社	投資の清算・継続	会計処理
現金・その他有価証券等 (時価で計上)	子会社・関連会社 にならない	投資の清算	事業移転損益を 計上する
子会社・関連会社株式 (移転事業の株主資本相当額 で計上)	子会社・関連会社 になる	投資の継続	事業移転損益を 計上しない

Q | 2-1 | 分割会社の会計処理 |

A社は×2年3月31日にB社にa事業を移転した。資料にもとづき、以下の場合におけるA社の仕訳を示しなさい。

(1)　A社が移転した事業の対価として現金170,000円を受け取った場合。

(2)　A社が移転した事業の対価としてB社株式500株を取得し、これによりB社が子会社となった場合。

(3)　A社が移転した事業の対価としてB社株式500株を取得したが、B社が子会社または関連会社にならない場合。

A社	貸 借 対 照 表		（単位：円）
a 事 業 資 産	200,000	a 事 業 負 債	50,000
そ の 他 の 資 産	500,000	そ の 他 の 負 債	100,000
		資　　本　　金	550,000
	700,000		700,000

(注)a事業資産の時価は210,000円であり、a事業負債の時価は帳簿価額と一致している。また、B社株式の時価は@340円である。

A | 2-1 | 解答・解説 |

(1)　対価：現金

（借）a 事 業 負 債	50,000	（貸）a 事 業 資 産	200,000
現 金 預 金	170,000	事 業 移 転 損 益	20,000

事業移転損益：170,000円－(200,000円－50,000円)＝20,000円（差益）

(2)　対価：株式(子会社)

（借）a 事 業 負 債	50,000	（貸）a 事 業 資 産	200,000
関 係 会 社 株 式	150,000		

事業移転損益：なし

(3)　対価：株式(その他有価証券)

（借）a 事 業 負 債	50,000	（貸）a 事 業 資 産	200,000
投 資 有 価 証 券	170,000	事 業 移 転 損 益	20,000

事業移転損益：@340円×500株－(200,000円－50,000円)＝20,000円（差益）

トレーニングⅡ　Ch14　問題3へ

4 │ 承継会社の会計処理

▶ 事業の受入れは、承継会社にとって企業結合に該当します。そのため、合併と同じ処理となります。

したがって、承継会社の処理はパーチェス法により処理します。

Q │ 2-2 │ 承継会社の会計処理 │

以下の資料にもとづき、B社の仕訳を示しなさい。

B社は×2年3月31日にA社よりa事業を取得し、A社にB社株式500株を発行した。なお、当該企業結合における取得企業はB社である。また、払込資本の50％を資本金とし、残額を資本準備金とする。

A社	貸 借 対 照 表		（単位：円）
a 事 業 資 産	200,000	a 事 業 負 債	50,000
そ の 他 の 資 産	500,000	そ の 他 の 負 債	100,000
		資 　 本 　 金	550,000
	700,000		700,000

（注）a事業資産の時価は210,000円であり、a事業負債の時価は帳簿価額と一致している。また、B社株式の時価は1株あたり340円とする。

A │ 2-2 │ 解答・解説 │

（借）a 事 業 資 産	210,000	（貸）a 事 業 負 債	50,000
の 　 れ 　 ん	10,000	資 　 本 　 金	85,000
		資 本 準 備 金	85,000

(1) 取得原価の算定

取得原価（払込資本）：＠340円×500株＝170,000円

資本金（資本準備金）：170,000円×50％＝85,000円

(2) 受入資産・負債の評価

a事業資産：210,000円

a事業負債：50,000円

(3) のれんの算定

170,000円−（210,000円−50,000円）＝10,000円
　取得原価　　　資産・負債の純額（時価）

トレーニングⅡ　Ch14　問題4へ

Chapter 14　企業結合・事業分離（応用編）

参考 | 逆取得

▶▶ 会社分割で、事業を受け取る側である承継会社（B社）は、分割会社から事業を取得して、対価として株式を発行しているので、通常ならば、承継会社（B社）が取得企業となります。

しかし、承継会社（B社）が株式を発行することにより、承継会社が子会社となる場合には、親会社となる分割会社（A社）が取得企業となります。このように、事業を取得する側であるにもかかわらず、取得企業にならない場合を逆取得といいます。

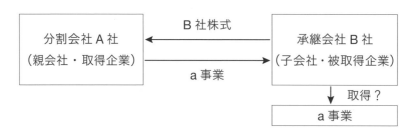

▶▶ 逆取得の場合、個別上、承継会社（被取得企業）はパーチェス法を適用せず、資産・負債を分割会社（取得企業）の帳簿価額で引き継ぎます。

Q | **承継会社の会計処理（逆取得）**

以下の資料にもとづき、B社の仕訳を示しなさい。

B社は×2年3月31日にA社よりa事業を取得し、A社にB社株式500株を発行した。これによりB社はA社の子会社となった。当該企業結合における取得企業はA社である。また、払込資本の50％を資本金とし、残額を資本準備金とする。

A社	貸 借 対 照 表		（単位：円）
a 事 業 資 産	200,000	a 事 業 負 債	50,000
その他の資産	500,000	その他の負債	100,000
		資　　本　　金	550,000
	700,000		700,000

（注）a事業資産の時価は210,000円であり、a事業負債の時価は帳簿価額と一致している。また、B社株式の時価は1株あたり340円とする。

A | **解答・解説**

（借）a 事 業 資 産	200,000	（貸）a 事 業 負 債	50,000
		資 　 本 　 金	75,000
		資 本 準 備 金	75,000

⑴ 払込資本：200,000円 − 50,000円 ＝ 150,000円
⑵ 資本金（資本準備金）：150,000円 × 50％ ＝ 75,000円

参考 | 共通支配下の取引

▸ 　共通支配下の取引とは、企業結合のうち、結合当事企業（事業）のすべてが、企業結合の前後で同一の株主により最終的に支配され、かつその支配が一時的ではないものをいいます。

　例えば、親子会社間合併、親子会社間の事業の取得（会社分割）などがあてはまります。ここでは、このうち親子会社間の事業の取得（会社分割）[01]をみていきます。

01) 関連会社と投資会社間で企業結合が行われた場合、共通支配下の取引には該当しません。投資会社は関連会社に影響を与えることができても、支配しているわけではないからです。そのため、事業を承継した会社が取得企業となる場合、パーチェス法で処理します。

1 　個別財務諸表上の処理

(1)　親会社（分割会社）の会計処理（参考）

　親会社（A社）が受け取った現金等は「移転前に付された適正な子会社の簿価」により計上し、「移転した事業（a事業）に係る株主資本相当額」との差額は、原則として事業移転損益とします。

(2)　子会社（承継会社）の会計処理（企業結合）

　子会社（B社）が受け入れた事業（a事業）に係る資産および負債は「移転前に付された適正な親会社の簿価[02]」により計上し、対価として支払った現金等の簿価との差額は、原則としてのれんとします。

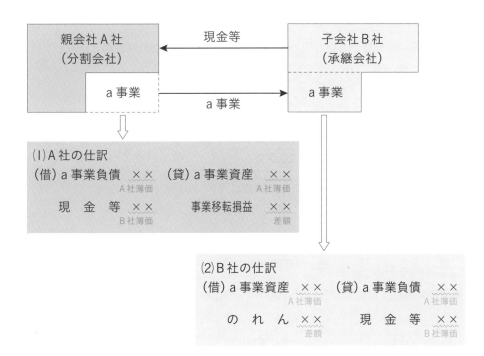

02) 共通支配下の取引は企業集団内における資産・負債が移転する内部取引と考えられます。このため、取引の前後で移転した資産・負債の簿価が変わることのないように、子会社（承継会社）は引き継いだ資産・負債を親会社（分割会社）の簿価で計上します。

2 連結財務諸表上の処理

▸ 個別財務諸表上で計上した事業移転損益とのれんは、未実現損益[03]の消去に準じて処理します。

(借)事 業 移 転 損 益　×××　　　(貸)の　　　れ　　　ん　×××

> **03)** 親会社と子会社の間で行われた取引は、企業集団の内部取引となり、内部取引から生じた未実現損益は消去されます。

Q | 共通支配下の取引 |

以下の資料にもとづき、B社の仕訳を示しなさい。

子会社B社は×2年3月31日に親会社A社よりa事業を取得し、現金170,000円を支払った。移転直前のA社の貸借対照表は以下のとおりである。

A社	貸 借 対 照 表		(単位：円)
a 事 業 資 産	200,000	a 事 業 負 債	50,000
そ の 他 の 資 産	500,000	そ の 他 の 負 債	100,000
		資　　本　　金	550,000
	700,000		700,000

(注)a事業資産の時価は210,000円であり、a事業負債の時価は帳簿価額と一致している。

A | 解答・解説 |

B社：個別上の仕訳

(借)a　事　業　資　産　200,000　　(貸)a　事　業　負　債　50,000 　　の　　　れ　　　ん　20,000　　　　現　金　預　金　170,000

　のれん：170,000円 − (200,000円 − 50,000円) = 20,000円

A社：個別上の仕訳(参考)

(借)a　事　業　負　債　50,000　　(貸)a　事　業　資　産　200,000 　　現　金　預　金　170,000　　　　事　業　移　転　損　益　20,000

　事業移転損益：170,000円 − (200,000円 − 50,000円) = 20,000円(差益)

Chapter

15

連結会計3
（持分の変動、税効果）

Point
このChapterでは子会社株式の追加取得、一部売却と、連結修正
仕訳・持分法の仕訳に係る税効果会計の仕訳をみていきます。
税効果会計の仕訳は、内容を深く理解しようとすると時間がかかってし
まい非効率ですので、仕訳の一定のルールをおさえるようにしましょう。

用語集

段階取得
　親会社による子会社の支配獲得が2
回以上の株式取得によって行われるこ
と

連結財務諸表における税効果会計
　個別財務諸表において財務諸表上の
一時差異等に係る税効果会計を適用
した後、連結財務諸表作成手続にお
いて連結財務諸表固有の一時差異に
係る税金の額を期間配分する手続

1 追加取得と一部売却の処理

> 親会社が子会社に対する支配を獲得した後で、子会社株式を追加取得することや、一部売却することがあります。
> 追加取得によって親会社持分は増加・非支配株主持分は減少し、逆に、一部売却によって親会社持分は減少・非支配株主持分は増加します。
> また、売却(売ること)は取得(買うこと)の逆ですから、一部売却の仕訳は追加取得と貸借が逆の仕訳になります。

1 追加取得

1 基本的処理

▶ 支配獲得後に子会社株式を追加取得した場合[01]、非支配株主から子会社株式を取得したと考え、親会社の持分を増加(非支配株主持分の減少)させます。

ここで、非支配株主は企業グループの内部者と考えます。そのため、子会社株式の追加取得は連結上、親会社と非支配株主との資本取引と考え、投資消去差額は資本剰余金(当期変動額)として処理します。

親会社持分増加 (非支配株主持分減少)	(借)非支配株主持分当期変動額 ×× (貸)S 社 株 式 ××	親会社の投資
差 額	資本剰余金当期変動額 ××	

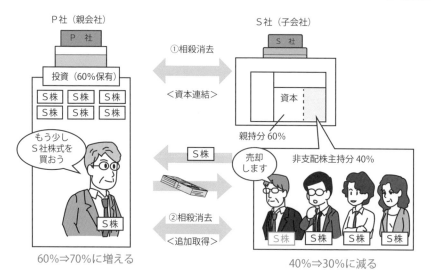

01) ここでいう追加取得とは、"支配獲得後"に株式を取得することです。支配獲得までに数回に分けて取得する段階取得とは異なるので、注意が必要です。

Q 1-1 | 追加取得（基本的処理）|

P社は×1年3月31日にS社の株式の60％を4,700円で取得し、支配している。×2年3月31日に、S社の株式の10％を900円で追加取得した。S社の純資産の内訳は以下のとおりである。

このときの連結修正仕訳を示しなさい。なお、S社の資産および負債の時価は帳簿価額に等しいものとする。のれんは発生の翌年度より20年で償却する。

S社の純資産の内訳
×1年3月31日
　　資　本　金　5,000円　　資本剰余金　500円　　利益剰余金　2,000円
×2年3月31日
　　資　本　金　5,000円　　資本剰余金　500円　　利益剰余金　2,500円

A 1-1 | 解答・解説 |

（借）非支配株主持分当期変動額	800[02]	（貸）S　社　株　式	900
資本剰余金当期変動額	100[03]		

02) （5,000円＋500円＋2,500円）×10％＝800円　　　　03) 800円－900円＝△100円

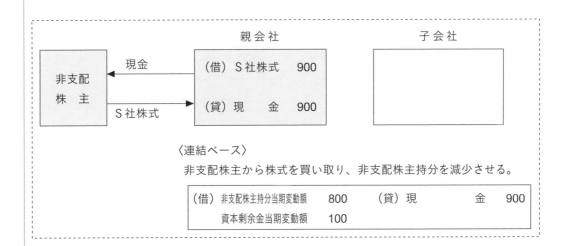

〈連結ベース〉
非支配株主から株式を買い取り、非支配株主持分を減少させる。

（借）非支配株主持分当期変動額	800	（貸）現　　　　　金	900
資本剰余金当期変動額	100		

タイムテーブル

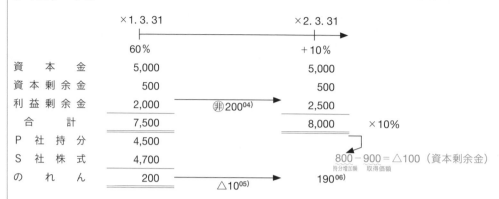

- 04) （2,500円－2,000円）×40％＝200円
- 05) 200円÷20年＝10円
- 06) のれんの計上は支配獲得日にしか行わないため、追加取得時ののれんの計上は不要です。

▷ なお、子会社株式の追加取得の処理の結果、親会社を含めた連結上の資本剰余金の当期末残高がマイナス（借方残高）となる場合、決算時に利益剰余金から減らします07)。

（借）利益剰余金当期変動額	××	（貸）資本剰余金当期変動額	××

- 07) 『テキストⅠ　基礎編』Chapter13で学習した自己株式の処理の結果、資本剰余金がマイナスになった場合と、考え方は同じです。

2 資産・負債の評価替え

▷ 支配獲得日に計上した評価差額は子会社の資本に含めて、減少する非支配株主持分勘定の金額を算定します。

なお、子会社の資産・負債の評価替えは支配獲得日にしか行わないため、追加取得をした場合の評価替えは不要です08)。

- 08) 追加取得時の時価に関する資料があっても、考慮する必要はありません。

Q | 1-2 | 追加取得（資産・負債の評価替え）

次の資料にもとづき、追加取得に係る連結修正仕訳を示しなさい。

■資料■

1. P社は×1年3月31日にS社の株式の60％を10,100円で取得し、支配している。×2年3月
   31日に、S社の株式の10％を2,000円で追加取得した。S社純資産の内訳は以下のとおりで
   ある。

2. S社の純資産の内訳

   ×1年3月31日

   　資　本　金：12,000円　　資本剰余金：1,500円　　利益剰余金：2,000円

   ×2年3月31日

   　資　本　金：12,000円　　資本剰余金：1,500円　　利益剰余金：2,500円

3. S社の土地（帳簿価額：22,000円）の時価

   支配獲得日：23,000円　　追加取得日：24,000円

   その他の資産、負債の時価は帳簿価額と等しい。

4. のれんは発生の翌年度より20年で償却する。

A | 1-2 | 解答・解説

（借）非支配株主持分当期変動額	1,700	（貸）S 　社 　株 　式	2,000
資本剰余金当期変動額	300		

タイムテーブル

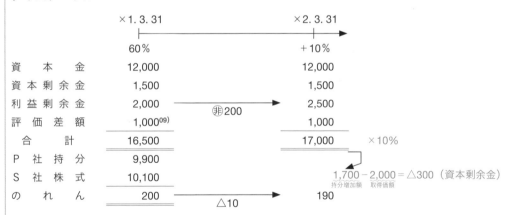

09)　23,000円－22,000円＝1,000円　支配獲得日に以下の仕訳を行っています。
　　（借）土　　地 1,000　　（貸）評価差額 1,000

トレーニングⅡ　Ch15　問題1へ

3 その他有価証券評価差額金を計上している場合

▶▶ 　子会社でその他有価証券評価差額金を計上している場合、その他有価証券評価差額金の当期増加額（減少額）のうち非支配株主分をその他有価証券評価差額金から非支配株主持分に振り替えます。

　期末に子会社株式を追加取得したときは、その他有価証券評価差額金振替え後の非支配株主持分を減少させ、**子会社株式の取得原価との差額を資本剰余金とします。**

Q 1-3 **追加取得（その他有価証券評価差額金）**

　次の資料にもとづき、追加取得に係る連結修正仕訳を示しなさい。

■資料■

1. Ｐ社は×１年３月31日にＳ社の株式の60％を10,100円で取得し支配している。×２年３月31日に、Ｓ社の株式の10％を2,200円で追加取得した。Ｓ社純資産の内訳は以下のとおりである。

2. Ｓ社の純資産の内訳

　×１年３月31日

　　資　本　金：12,000円　　資本剰余金：3,000円　　利益剰余金：1,000円
　　その他有価証券評価差額金：500円

　×２年３月31日

　　資　本　金：12,000円　　資本剰余金：3,000円　　利益剰余金：3,500円
　　その他有価証券評価差額金：1,500円

3. のれんは発生の翌年度より20年で償却する。

A 1-3 **解答・解説**

(1) 資本連結

（借）資 本 金 当 期 首 残 高	12,000	（貸）Ｓ　　社　　株　　式	10,100
資 本 剰 余 金 当 期 首 残 高	3,000	非支配株主持分当期首残高	6,600 [11)]
利 益 剰 余 金 当 期 首 残 高	1,000		
その他有価証券評価差額金当期首残高	500		
の　　　れ　　　ん	200 [10)]		

10)　10,100円－（12,000円＋3,000円＋1,000円＋500円）×60％＝200円
11)　（12,000円＋3,000円＋1,000円＋500円）×40％＝6,600円

(2) のれんの償却

（借）の れ ん 償 却 額	10 [12)]	（貸）の　　　れ　　　ん	10

12)　200円÷20年＝10円

(3) 子会社の当期純利益の振替え

（借）非支配株主に帰属する当期純利益	1,000 [13]	（貸）非支配株主持分当期変動額	1,000

13) （3,500円−1,000円）×40%＝1,000円

⑷ 子会社のその他有価証券評価差額金増加額の振替え

（借）その他有価証券評価差額金当期変動額	400 [14]	（貸）非支配株主持分当期変動額	400

14) （1,500円−500円）×40%＝400円

⑸ 子会社株式の追加取得

　　上記⑷の仕訳で、その他有価証券評価差額金増加分のうち追加取得分10％（100円）は非支配株主持分2,000円に含まれています。そのため、連結修正仕訳でその他有価証券評価差額金を増減させません。

（借）非支配株主持分当期変動額 　　　資本剰余金当期変動額	2,000 [15] 200 [16]	（貸）S　社　株　式	2,200

15) （12,000円＋3,000円＋3,500円＋1,500円）×10%＝2,000円　　**16)** 2,000円−2,200円＝△200円

タイムテーブル

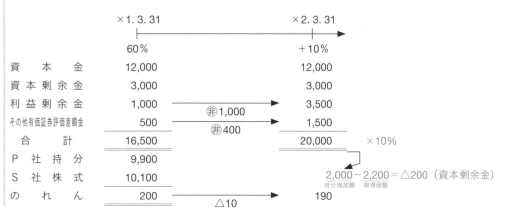

トレーニングⅡ　Ch15　問題2へ

参考　**資本剰余金当期変動額の記載**

▶▶　子会社株式の追加取得により発生した資本剰余金当期変動額は、連結株主資本等変動計算書上、以下のように記載します。

連結株主資本等変動計算書

資本剰余金	
当期首残高	××
当期変動額	
非支配株主との取引に係る親会社の持分変動[01]	××
当期末残高	××

01) 本試験ではあらかじめ印刷されていると思いますので、科目名を覚える必要はありません。

Chapter 15

連結会計3（持分の変動、税効果）

2 │ 一部売却

1 基本的処理

▶▶ 支配獲得後に子会社株式を一部売却した場合[01]、非支配株主に子会社株式を売却したと考え、親会社の持分を減少(非支配株主持分の増加)させます。

ここで、非支配株主は企業グループの内部者と考えます。

そのため、子会社株式の一部売却は、連結上、親会社と非支配株主との資本取引と考え、売却価額と親会社持分減少額(非支配株主持分増加額)との差額は、資本剰余金(当期変動額)として処理します。

あわせて、個別上計上している子会社株式売却益(または売却損)を取り消します。

親会社の投資減少	(借) S 社 株 式 ×× (貸) 非支配株主持分当期変動額 ××		親会社持分減少 (非支配株主持分増加)
個別上の売却損益の取消し[02]	子会社株式売却益 ××	資本剰余金当期変動額 ××	差額

01) 支配(株式取得割合50%超)を維持する範囲で、子会社株式を一部売却する場合をいいます。

02) 売却損が生じている場合には、(貸)子会社株式売却損となります。

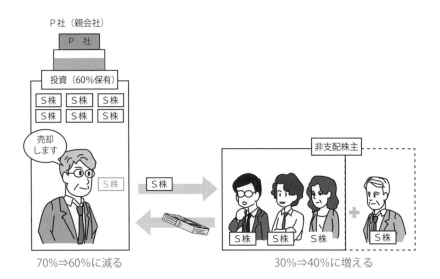

Q | 1-4 | 一部売却(基本的処理)

P社のS社株式の取得・売却状況およびS社の資本は次のとおりである。会計期間はP社・S社ともに4月1日から3月31日までの1年である。このときの子会社株式の売却に係る連結修正仕訳を示しなさい。

取得日	取得比率	取得原価
×1年3月31日	総議決権の80%	13,200円

売却日	売却比率	売却価額
×2年3月31日	総議決権の10%	1,850円

(1) S社の資本

	資 本 金	利益剰余金
×1年3月31日	12,000円	4,000円
×2年3月31日	12,000円	5,000円

(2) S社の諸資産、土地、諸負債の時価は、帳簿価額に等しいものとする。
(3) のれんは、発生年度の翌年度より20年間にわたり均等償却する。

A | 1-4 | 解答・解説

(借)S 社 株 式	1,650[03]	(貸)非支配株主持分当期変動額	1,700[04]
子 会 社 株 式 売 却 益	200[05]	資本剰余金当期変動額	150[06]

連結会計3（持分の変動、税効果）

タイムテーブル

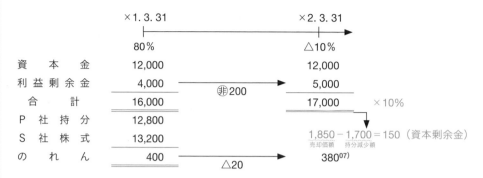

03) $13,200円 \times \dfrac{10\%}{80\%} = 1,650円$

04) $17,000円 \times 10\% = 1,700円$

05) $1,850円 - 1,650円 = 200円（売却益）$

06) $1,850円 - 1,700円 = 150円$または仕訳の貸借差額より150円

07) 子会社株式を売却しても、のれんの金額は変化しません。

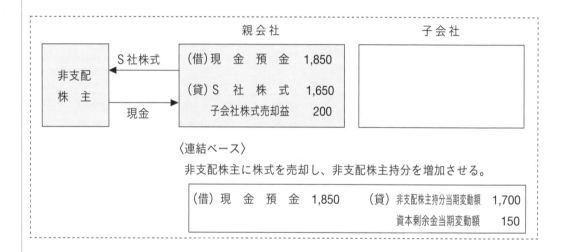

※　子会社株式の一部売却により生じた資本剰余金から、税金相当額を控除する処理については本試験での出題可能性は低いと思われるため、本書では割愛しています。

（借）資本剰余金当期変動額	45	（貸）法　人　税　等	45

$150円 \times 30\%（税率）= 45円$

▶　なお、子会社株式の一部売却の処理の結果、親会社を含めた連結上の資本剰余金の当期末残高がマイナス（借方残高）となる場合、決算時に利益剰余金から減らします08)。

（借）利益剰余金当期変動額	××	（貸）資本剰余金当期変動額	××

08) 子会社株式の追加取得の場合と同じです。

参考　子会社株式の一部売却の連結修正仕訳

▶▶　子会社株式の一部売却の連結修正仕訳は、厳密には次のように分けて考えますが、まとめて上記の連結修正仕訳をしても問題はありません。

(1)　子会社株式売却損益の修正

(借) S　社　株　式	1,650	(貸) 非支配株主持分当期変動額	1,700
子 会 社 株 式 売 却 益	50		

(2)　修正後子会社株式売却損益を資本剰余金当期変動額へ振替え

(借) 子 会 社 株 式 売 却 益	150	(貸) 資本剰余金当期変動額	150

修正後子会社株式売却益：200円(個別) − 50円(修正) ＝ 150円

参考　資本剰余金当期変動額の記載

▶▶　子会社株式の一部売却の処理により発生した資本剰余金当期変動額は、連結株主資本等変動計算書上、以下のように記載します。

連結株主資本等変動計算書

資本剰余金
　当期首残高　　　　　　　　　　　　　　　　　××
　当期変動額
　　非支配株主との取引に係る親会社の持分変動[01]　　××
　当期末残高　　　　　　　　　　　　　　　　　××

> 01)　本試験ではあらかじめ印刷されていると思いますので、科目名を覚える必要はありません。

2　資産・負債の評価替え

▶▶　支配獲得日において評価差額を計上している場合は、追加取得の場合と同様に、評価差額を含めた子会社資本に売却比率を乗じて、非支配株主持分の増加額を計算します。なお、子会社株式を一部売却しても評価差額の金額は変化しません[01]。

> 01)　結局、評価差額は支配獲得日に一度計上したら、追加取得をしても、一部を売却しても、支配獲得時の金額のままということになります。

連結会計3（持分の変動、税効果）　Chapter 15

Q 1-5 **一部売却（資産・負債の評価替え）**

P社におけるS社株式の取得・売却状況およびS社の資本は次のとおりである。会計期間はP社・S社ともに4月1日から3月31日までの1年である。このとき、子会社株式の売却に係る連結修正仕訳を示しなさい。

取得日	取得比率	取得原価
×1年3月31日	総議決権の80%	13,600円

売却日	売却比率	売却価額
×2年3月31日	総議決権の10%	2,000円

（1） S社の資本

	資　本　金	利益剰余金
×1年3月31日	12,000円	4,000円
×2年3月31日	12,000円	5,500円

（2） S社の支配獲得時の土地の時価は1,500円（簿価1,000円）であり、その他の資産、負債の時価は、帳簿価額に等しいものとする。

（3） のれんは、発生の翌年度より、20年間にわたり均等償却する。

A 1-5 **解答・解説**

（借）S　社　株　式	1,700[02]	（貸）非支配株主持分当期変動額	1,800[03]
子会社株式売却益	300[04]	資本剰余金当期変動額	200

02) $13,600円 \times \dfrac{10\%}{80\%} = 1,700円$

03) 18,000円×10％＝1,800円

04) 2,000円－1,700円＝300円（売却益）

タイムテーブル

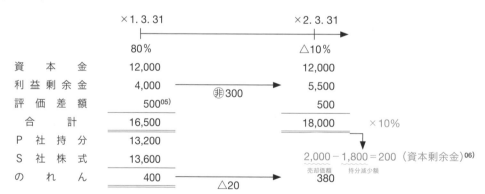

05) 1,500円－1,000円＝500円　支配獲得日に以下の仕訳を行っています。
（借）土　　地 500　（貸）評価差額 500

06) 仕訳の貸借差額。または、株式の売却価額から非支配株主持分増加額を引いて計算します。

トレーニングⅡ　Ch15　問題4へ

3 その他有価証券評価差額金を計上している場合

▶ 子会社でその他有価証券評価差額金を計上している場合の子会社株式の一部売却でも、売却価額と親会社持分減少額との差額を資本剰余金とする点は同じです。

なお、支配獲得時から売却時までのその他有価証券評価差額金の増加額(減少額)のうち売却分を非支配株主持分に振り替えます。

（縦書き右端）

Chapter 15

連結会計3（持分の変動、税効果）

Q 1-6 │ 一部売却（その他有価証券評価差額金）│

P社におけるS社株式の取得・売却状況およびS社の資本は次のとおりである。会計期間はP社・S社ともに4月1日から3月31日までの1年である。このとき、子会社株式の売却に係る連結修正仕訳を示しなさい。

取得日	取得比率	取得原価
×1年3月31日	総議決権の80%	13,600円

売却日	売却比率	売却価額
×2年3月31日	総議決権の10%	2,100円

(1) S社の資本

	資 本 金	利益剰余金	その他有価証券評価差額金
×1年3月31日	12,000円	4,000円	500円
×2年3月31日	12,000円	6,500円	1,500円

(2) S社の支配獲得時の資産、負債の時価は、帳簿価額に等しいものとする。

(3) のれんは、発生の翌年度より20年間にわたり均等償却する。

A 1-6 │ 解答・解説 │

(1) 資本連結

(借)	資 本 金 当 期 首 残 高	12,000	(貸)	S 社 株 式	13,600
	利 益 剰 余 金 当 期 首 残 高	4,000		非支配株主持分当期首残高	3,300 [08]
	その他有価証券評価差額金当期首残高	500			
	の れ ん	400 [07]			

07) 13,600円－(12,000円＋4,000円＋500円)×80%＝400円
08) (12,000円＋4,000円＋500円)×20%＝3,300円

(2) のれんの償却

(借)	の れ ん 償 却 額	20 [09]	(貸)	の れ ん	20

09) 400円÷20年＝20円

(3) 子会社の当期純利益の振替え

（借）非支配株主に帰属する当期純利益	500 10)	（貸）非支配株主持分当期変動額	500

10) （6,500円 − 4,000円）×20% ＝ 500円

(4) 子会社のその他有価証券評価差額金増加額の振替え

（借）その他有価証券評価差額金当期変動額	200 11)	（貸）非支配株主持分当期変動額	200

11) （1,500円 − 500円）×20% ＝ 200円

(5) 子会社株式の一部売却

① 個別上の仕訳

（借）現　金　預　金	2,100	（貸）S　社　株　式	1,700 12)
		子会社株式売却益	400 13)

12) 13,600円 × $\dfrac{10\%}{80\%}$ ＝ 1,700円
13) 2,100円 − 1,700円 ＝ 400円

② 連結上あるべき仕訳

（借）現　金　預　金	2,100	（貸）非支配株主持分当期変動額	2,000 15)
その他有価証券評価差額金当期変動額	100 14)	資本剰余金当期変動額	200 16)

14) （1,500円 − 500円）×10% ＝ 100円
　　　 支配獲得後増加評価差額金
15) （12,000円 + 6,500円 + 1,500円）×10% ＝ 2,000円
16) 貸借差額

③ 連結修正仕訳

（借）S　社　株　式	1,700	（貸）非支配株主持分当期変動額	2,000
その他有価証券評価差額金当期変動額	100	資本剰余金当期変動額	200
子会社株式売却益	400		

タイムテーブル

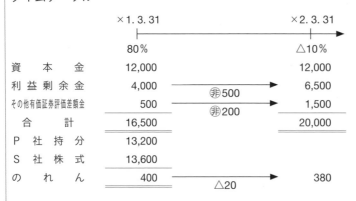

トレーニングⅡ　Ch15　問題5へ

参考 **株式の取得関連費用**

▶ 株式の取得関連費用とは、株式の取得にさいして購入代金以外に係る費用であり、証券会社に支払う手数料などがあります。子会社株式の取得関連費用は、個別上は取得のための付随費用として子会社株式の取得原価に含めます。

一方、連結上は、支払手数料などを用いて費用処理します。そのため、連結修正仕訳が必要となります。

1 資本連結

Q │ 取得関連費用・資本連結 │

P社は×1年3月31日にS社の株式の60％を取得し、子会社株式として4,860円を計上している。なお、子会社株式の取得原価には、購入手数料60円が含まれている。

1. ×1年3月31日のS社の純資産
    資　本　金：5,000円　　利益剰余金：2,500円

2. S社の資産および負債の時価は帳簿価額に等しいものとする。

3. のれんは、発生の翌年度より20年間にわたり均等償却する。

A │ 解答・解説 │

(1) 取得関連費用

支配獲得時に連結貸借対照表のみ作成する場合、費用項目である支払手数料は利益剰余金で処理します。

（借）利 益 剰 余 金	60	（貸）S 社 株 式	60

（支払手数料）

(2) 資本連結

子会社株式勘定の全額を消去することに変わりはありませんが、取得関連費用を除いて資本連結することによりのれんの金額が変わってきます。

（借）資 本 金	5,000	（貸）S 社 株 式	4,800 01)
利 益 剰 余 金	2,500	非 支 配 株 主 持 分	3,000 03)
の れ ん	300 02)		

01) 4,860円－60円＝4,800円
02) 4,800円－（5,000円＋2,500円）×60％＝300円
03) （5,000円＋2,500円）×40％＝3,000円

2 追加取得

Q | 取得関連費用・追加取得 |

　P社は×1年3月31日にS社の株式の60％を取得し、子会社株式として4,860円を計上している。なお、子会社株式の取得原価には、購入手数料60円が含まれている。

　その後、×2年3月31日にS社の株式の10％を追加取得し、子会社株式として1,150円を追加計上している。追加取得分の取得原価には、購入手数料50円が含まれている。

1. S社の純資産の内訳
    ×1年3月31日
        資　本　金：5,000円　　利益剰余金：2,500円
    ×2年3月31日
        資　本　金　5,000円　　利益剰余金：4,500円

2. S社の資産および負債の時価は帳簿価額に等しいものとする。

3. のれんは、発生の翌年度より20年間にわたり均等償却する。

A | 解答・解説 |

(1) 支配獲得時の取得関連費用

（借）利益剰余金当期首残高	60	（貸）S　社　株　式	60
支払手数料			

(2) 資本連結

（借）資本金当期首残高	5,000	（貸）S　社　株　式	4,800
利益剰余金当期首残高	2,500	非支配株主持分当期首残高	3,000
の　れ　ん	300		

(3) のれんの償却

（借）の　れ　ん　償　却　額	15 04)	（貸）の　れ　ん	15

04) 300円÷20年＝15円

(4) 子会社の当期純利益の振替え

（借）非支配株主に帰属する当期純利益	800 05)	（貸）非支配株主持分当期変動額	800

05) （4,500円－2,500円）×40％＝800円

(5) 子会社株式の追加取得

① 取得関連費用

支配獲得時と同様に、取得関連費用を費用処理します。

（借）支 払 手 数 料	50	（貸）S 社 株 式	50

② 追加取得

（借）非支配株主持分当期変動額	950 [07]	（貸）S 社 株 式	1,100 [06]
資本剰余金当期変動額	150 [08]		

[06] 1,150円－50円＝1,100円
[07] （5,000円＋4,500円）×10％＝950円
[08] 1,100円－950円＝150円

トレーニングⅡ　Ch15　問題3へ

3 一部売却

Q | 取得関連費用・一部売却 |

　P社は×1年3月31日にS社の株式の60％を取得し、子会社株式として4,860円を計上している。なお、子会社株式の取得原価には、購入手数料60円が含まれている。

　その後、×2年3月31日にS社の株式の10％を1,000円で売却した。

1. S社の純資産の内訳

　　×1年3月31日

　　　資 本 金：5,000円　　利益剰余金：2,500円

　　×2年3月31日

　　　資 本 金：5,000円　　利益剰余金：4,500円

2　S社の資産および負債の時価は帳簿価額に等しいものとする。

3　のれんは、発生の翌年度より20年間にわたり均等償却する。

A | 解答・解説 |

(1) 支配獲得時の取得関連費用

（借）利益剰余金当期首残高 　　　支払手数料	60	（貸）S 社 株 式	60

(2) 資本連結

（借）資 本 金 当 期 首 残 高	5,000	（貸）S 社 株 式	4,800
利益剰余金当期首残高	2,500	非支配株主持分当期首残高	3,000
の れ ん	300		

(3) のれんの償却

（借）の れ ん 償 却 額	15 ^{09）}	（貸）の れ ん	15

09） 300円÷20年＝15円

(4) 子会社の当期純利益の振替え

（借）非支配株主に帰属する当期純利益	800 ^{10）}	（貸）非支配株主持分当期変動額	800

10） （4,500円－2,500円）×40％＝800円

(5) 子会社株式の一部売却

① 個別上の仕訳

（借）現 金 預 金	1,000	（貸）S 社 株 式	810 ^{11）}
		子 会 社 株 式 売 却 益	190 ^{12）}

11） $4,860円 × \dfrac{10\%}{60\%} = 810円$
12） 1,000円－810円＝190円

② 連結上あるべき仕訳

（借）現 金 預 金	1,000	（貸）非支配株主持分当期変動額	950 ^{13）}
		資 本 剰 余 金 当 期 変 動 額	50 ^{14）}

13） （5,000円＋4,500円）×10％＝950円
14） 貸借差額

③ 連結修正仕訳

（借）S 社 株 式	810	（貸）非支配株主持分当期変動額	950
子 会 社 株 式 売 却 益	190	資 本 剰 余 金 当 期 変 動 額	50

トレーニングⅡ Ch15 問題6へ

Section

2 段階取得の処理

> ある株式会社を子会社にしたいと思ったら、その会社の株式を50％を超えて買う必要があります。
> しかし、多額の資金が必要となることや、手続上の煩雑さから、現実に一括して取得することは困難であり、通常、数回に分けて段階的に取得することになります。
> このSectionでは、段階的に株式を取得し、その会社を子会社として支配した場合の処理を学習します。

1 段階取得による支配獲得

▶ 親会社による子会社の支配獲得が2回以上の株式取得によって行われることを「段階取得」といい、段階取得の場合も、支配獲得日に資本連結の処理を行います[01]。

したがって、株式を取得していたとしても、支配を獲得していない間は資本連結を行わず、支配獲得日に一括取得した場合と同様の処理を行うことになります。

01) 追加取得は、「支配獲得後」に株式を追加で取得した場合をいいます。段階取得は「支配獲得前」に株式を追加取得して支配を獲得した場合をいいます。

2 段階取得の処理

▶ 段階取得により支配を獲得した場合、連結上、子会社の資産および負債について支配獲得日に時価で評価替えを行います。

次に、子会社株式について支配獲得日の時価に評価替えをし、取得原価との差額を、「段階取得に係る差益（差損）」[01]として処理します。

段階取得に係る差益（差損） ＝ 支配獲得日の時価 － 個別上の取得原価

01) すでに他に子会社があって連結P/Lを作成している場合、段階取得に係る差益（差損）勘定として連結P/Lの特別利益（損失）に計上します。
他に子会社がなく支配獲得時の連結B/Sのみを作成する場合（連結初年度の場合）、連結P/Lを経由せず、連結B/Sの利益剰余金勘定を直接に増減させます。

Q | 2-1 | 段階取得（資産・負債の評価替え） |

P社のS社株式の取得状況およびS社の貸借対照表は次のとおりである。会計期間はP社・S社ともに4月1日から3月31日までの1年である。×2年3月31日の①資産・負債の評価替えに係る仕訳、②S社株式の時価評価に係る仕訳および③投資と資本の相殺消去に係る連結修正仕訳を示しなさい。

取得日	取得原価	取得比率	株式1%分の時価
×1年3月31日	850円	10%	85円
×2年3月31日	6,300円	70%	90円

貸借対照表

S社　　　　　　×1年3月31日（単位：円）

諸　資　産	19,000	諸　負　債	13,000
土　　　地	1,000	資　本　金	5,000
		利益剰余金	2,000
	20,000		20,000

貸借対照表

S社　　　　　　×2年3月31日（単位：円）

諸　資　産	21,000	諸　負　債	14,000
土　　　地	1,000	資　本　金	5,000
		利益剰余金	3,000
	22,000		22,000

（注）×0年度末の土地の時価は1,200円、×1年度末の土地の時価は1,300円であった。なお、その他の諸資産、諸負債の時価については帳簿価額と一致している。

A | 2-1 | 解答・解説 |

①

（借）土　　　　　　　　地	300	（貸）評　価　差　額	300

②

（借）S　社　株　式	50	（貸）段階取得に係る差益	50[02]
		利益剰余金	

02)　（@90円−@85円）×10＝50円（差益）　または　@90円×80−（850円＋6,300円）＝50円（差益）
　　　　　　　　　　　　　　　　　　　　　　　　連結上S社株式　　個別上S社株式

③

（借）資　　本　　金	5,000	（貸）S　社　株　式	7,200[03]
利　益　剰　余　金	3,000	非支配株主持分	1,660[04]
評　価　差　額	300		
の　　れ　　ん	560[05]		

03)　@90円×80＝7,200円　または　850円＋6,300円＋50円＝7,200円

04)　8,300円×20%＝1,660円　　　　　　　05)　7,200円−8,300円×80%＝560円（借方）

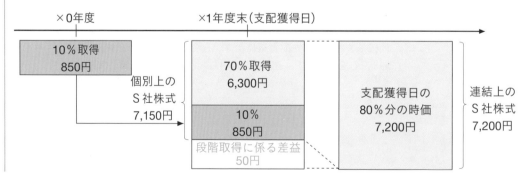

トレーニングⅡ　Ch15　問題7へ

3 持分法から連結への移行

持分法を適用していたS社が予想どおり良い業績をあげたため、当社はS社と交渉してS社に対する持分比率をさらに高め、子会社化することになりました。このように持分法適用会社が子会社となった場合、会計処理はどのようになるのでしょうか。

1 持分法から連結への移行

▶ 持分法適用会社の株式を追加取得し、その会社の支配を獲得した場合、支配を獲得する前までは持分法を適用し、支配獲得時に段階取得の処理をします。

▶ 例えば、P社は×1年3月31日にS社株式の30％を取得し、×2年3月31日にさらに40％を追加取得し、支配を獲得した場合の処理についてみていきます。

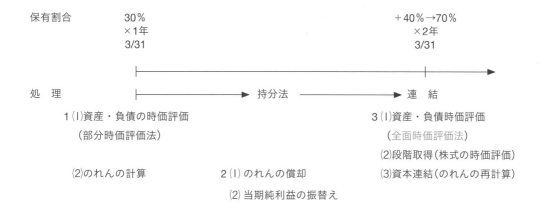

2 連結移行年度の処理

▶ 前記の例にもとづいて、連結移行年度の処理をみていきます。

ポイントは、支配獲得時の全面時価評価法による子会社の資産・負債の時価評価と、持分法上ののれんは引き継がないことです。

1 前期末

⑴⑵ 持分法適用会社の資産・負債の時価評価とのれんの計算

▶ 被投資会社の資産・負債の時価と簿価の差額のうち、投資会社持分に相当する部分のみを時価評価する部分時価評価法によります。

なお、持分法適用会社の財務諸表は合算しないため、実際には仕訳を行いません。

(借) 資 産	×××	(貸) 評 価 差 額	×××

2 当期の持分法適用仕訳

▶ ×1年4月1日から×2年3月31日までの期間（当期の期中）は、まだ関連会社（S社株式の30％を保有）であるため、持分法を適用します。

⑴ のれんの償却

(借) 持分法による投資損益	×××	(貸) S 社 株 式	×××

のれん償却額

⑵ 当期純損益の振替え

(借) S 社 株 式	×××	(貸) 持分法による投資損益	×××

3 当期の連結に係る仕訳

⑴ 子会社の資産・負債の時価評価

▶ 子会社の資産・負債の時価と簿価の差額について全額、時価評価する全面時価評価法によります[01]。

(借) 資 産	×××	(貸) 評 価 差 額	×××

01) 持分法適用時における評価差額は考慮せず、支配獲得日の時価に評価替えを行います。

⑵ 子会社株式の時価評価

▶▶ 子会社株式の支配獲得日の時価と持分法上の簿価との差額を、「段階取得に係る差益(差損)」として処理します。

$$段階取得に係る差益(差損) = 支配獲得日の時価 - 持分法上の簿価$$

(差益の場合)

(借)S 社 株 式 ×××	(貸)段 階 取 得 に 係 る 差 益 ×××

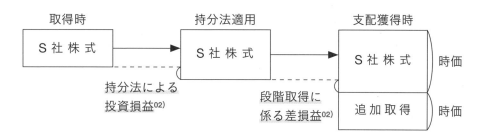

02) 持分法による投資損益は持分法適用により生じ、段階取得に係る差損益は支配獲得時に生じます。

⑶ 支配獲得日の資本連結

▶▶ 連結上ののれんは、持分法上ののれんを引き継がずに新たに計算します。

(借)資 本 金 ×××	(貸)S 社 株 式 ×××
資 本 剰 余 金 ×××	非 支 配 株 主 持 分 ×××
利 益 剰 余 金 ×××	
評 価 差 額 ×××	
の れ ん ×××	

Q | 3-1 | **持分法から連結への移行** |

次の資料にもとづき、当期（×2年3月31日を決算日とする1年）の連結修正仕訳を示しなさい。

■資料■

P社によるS社の株式取得状況とS社資本の推移

取得日	取得割合	取得価額	資本金	資本剰余金	利益剰余金
×1年3月31日	30%	50,000円	100,000円	20,000円	30,000円
×2年3月31日	40%	80,000円 [03]	100,000円	20,000円	40,000円

S社の保有する土地に、×1年3月31日現在および×2年3月31日現在において3,000円の評価益が生じている。のれんは、発生年度の翌年から20年で毎期均等償却する。なお、S社は、×1年3月31日の株式取得により、P社の持分法適用会社となった。

03) ×2年3月31日の取得価額をもとに支配獲得日の時価を算定します。
　　支配獲得日の時価：80,000円÷40%×（30%＋40%）＝140,000円

A | 3-1 | **解答・解説** |

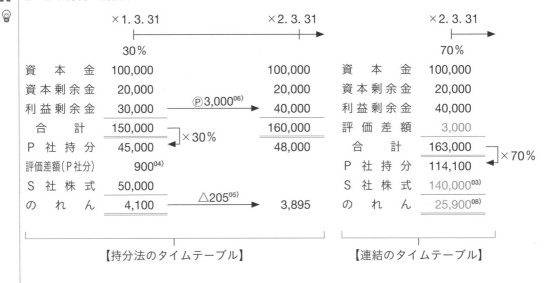

(I) 当期の持分法適用仕訳

① | (借) 土　　　　　　　地　　900　　(貸) 評　価　差　額　　900 [04]

04) 3,000円×30%＝900円

② | (借) 持分法による投資損益　　205　　(貸) S　社　株　式　　205 [05]

05) 4,100円÷20年＝205円

③ | (借) S　社　株　式　　3,000　　(貸) 持分法による投資損益　　3,000 [06]

06) （40,000円－30,000円）×30%＝3,000円

(2) 連結上の仕訳

① 資産・負債の評価替え

(借)土	地	3,000	(貸)評 価 差 額	3,000

② 子会社株式の評価替え

(借)S 社 株 式	7,205	(貸)段 階 取 得 に 係 る 差 益	7,205[07]

07) 140,000円－(50,000円－205円＋3,000円＋80,000円)＝7,205円(差益)
　　S社株式時価　持分法によるS社株式簿価　追加取得

③ 支配獲得日の資本連結

(借)資 本 金	100,000	(貸)S 社 株 式	140,000[03]
資 本 剰 余 金	20,000	非 支 配 株 主 持 分	48,900
利 益 剰 余 金	40,000		
評 価 差 額	3,000		
の れ ん	25,900[08]		

08) のれんは支配獲得日に初めて計上し、支配獲得日から新たな償却期間にわたって償却します。

4 翌年度の開始仕訳

▶▶ 【Q3-1】で行った仕訳を1つにまとめると、翌期の開始仕訳となります。

(借) 利益剰余金当期首残高	205	(貸) S 社 株 式	205
持分法による投資損益			
(借) S 社 株 式	3,000	(貸) 利益剰余金当期首残高	3,000
		持分法による投資損益	

(借) 土 地	3,000	(貸) 評 価 差 額	3,000

(借) S 社 株 式	7,205	(貸) 利益剰余金当期首残高	7,205
		段階取得に係る差益	

(借) 資 本 金 当 期 首 残 高	100,000	(貸) S 社 株 式	140,000
資本剰余金当期首残高	20,000	非支配株主持分当期首残高	48,900
利益剰余金当期首残高	40,000		
評 価 差 額	3,000		
の れ ん	25,900		

↓

(借) 土 地	3,000	(貸) 評 価 差 額	3,000

(借) 資 本 金 当 期 首 残 高	100,000	(貸) S 社 株 式	130,000
資本剰余金当期首残高	20,000	非支配株主持分当期首残高	48,900
利益剰余金当期首残高	30,000		
評 価 差 額	3,000		
の れ ん	25,900		

トレーニングⅡ　Ch15　問題8へ

Section 4 連結上の税効果会計

重要度

> テキストⅠでは個別上の税効果会計をみてきました。このSecitonでは、連結上の税効果会計をみていきます。
> いかにも難しそうですが、適用する項目は限られています。また、税効果会計には仕訳のパターンがあります。実際に仕訳をするときは、理論的に考えるのではなく、このパターンにもとづいて仕訳をした方が実践的です。

1 連結財務諸表における税効果会計の意義

▶ 連結財務諸表における税効果会計とは、個別財務諸表において財務諸表上の一時差異等に係る税効果会計を適用した後、連結財務諸表作成手続において連結財務諸表固有の一時差異に係る税金の額を期間配分する手続をいいます。

2 連結財務諸表固有の一時差異

▶ 連結財務諸表固有の一時差異と基本的な仕訳は、次のようになります。

項　目	差　　異	連結修正仕訳(差異の発生時)
子会社の資産・負債の時価評価による評価差額	将来減算一時差異または将来加算一時差異	(借)資　　　　産　　××　　(貸)繰延税金負債[01]　××　　　　　　　　　　　　　　　　　　　　　　評 価 差 額　　××
連結会社間の取引から生ずる未実現利益の消去	将来減算一時差異	(借)繰 延 税 金 資 産　　××　　(貸)法人税等調整額　　××
連結会社間の債権・債務の相殺消去による貸倒引当金の修正	将来加算一時差異	(借)法人税等調整額　　××　　(貸)繰延税金負債[02]　××

01) 資産について評価差益が生じている場合には将来加算一時差異となり、上記の仕訳となります。資産について評価差損が生じている場合には将来減算一時差異となり、以下の仕訳となります。
(借) 繰 延 税 金 資 産　　××　　(貸) 資　　　　　産　　××
　　　評 価 差 額　　××

02) なお、連結会社間の債権に係る貸倒引当金が個別上、損金不算入となった場合には、繰延税金資産がすでに計上されています。その場合、繰延税金負債の仕訳をした上で、個別上計上されている繰延税金資産と相殺する仕訳を追加で行います。
(借) 法 人 税 等 調 整 額　　××　　(貸) 繰 延 税 金 負 債　　××
(借) 繰 延 税 金 負 債　　××　　(貸) 繰 延 税 金 資 産　　××
結果として、個別上で発生した将来減算一時差異は消滅することになります。

Chapter 15　連結会計3（持分の変動、税効果）

３ 税金の期間配分

▶▶　税金の期間配分とは、税引前当期純利益と
法人税等が対応するように法人税等の金額を調
整することです。

具体的な数値を用いてみていきます。

【例】　子会社の期末商品に、親会社が販売した商品（未実現利益1,000円）が含まれている。
　　　　税効果会計を適用し、法定実効税率は30％とする。個別財務諸表は次のとおりである。

損益計算書（親会社）	
収　　　　益	50,000
費　　　　用	29,000
税引前利益	21,000
法 人 税 等	6,300
当期純利益	14,700

損益計算書（子会社）	
収　　　　益	30,000
費　　　　用	20,000
税引前利益	10,000
法 人 税 等	3,000
当期純利益	7,000

1．未実現利益の消去の仕訳

（借）売　　上　　原　　価	1,000	（貸）商　　　　　　　品	1,000

2．税効果会計の仕訳

（借）繰 延 税 金 資 産	300	（貸）法 人 税 等 調 整 額	300[01]

01)　1,000円×30％＝300円

3．連結財務諸表

	親会社 P／L	子会社 P／L	修正仕訳	連結 P／L
収　　　　益	50,000	30,000		80,000
費　　　　用	29,000	20,000	＋1,000	50,000
税引前利益	21,000	10,000		30,000
法 人 税 等	6,300	3,000	△300	9,000
当期純利益	14,700	7,000		21,000

30％で対応

▶▶　このように、税効果会計の適用によって会計上の税引前当期純利益に対応する法人税等の額[02]
となるように調整が行われます。

02)　連結上の税効果会計の基本的な考え方は、税引前当期純利益と法人税等の対応を
はかることですが、連結修正仕訳のすべてが税効果の対象となるわけではありません。
そのため、実際には税引前当期純利益と法人税等との完全な対応ははかれません。

4 評価差額に係る税効果

▸▸ 子会社の資産および負債の時価評価にあたり、税効果会計を適用する場合には、税金相当額を控除した後の金額を評価差額として処理します。

なお、子会社の資産および負債の時価評価により生じた繰延税金資産・負債は子会社に帰属します。

Q 4-1 | 評価替えのための仕訳 |

P社は×1年12月31日にS社発行済株式の70%を取得し、実質的に支配した。これにさいしてS社の資産および負債を時価で評価したところ、以下の事実が判明した。評価替えのための仕訳を示しなさい。なお、税効果会計を適用し、法定実効税率は30%とする。

	簿 価	時 価
土　地	12,000円	15,000円

A 4-1 | 解答 |

（借）土 地	3,000	（貸）繰 延 税 金 負 債	900[01]
		子会社・固定負債	
		評 価 差 額	2,100[02]

01) 3,000円×30%＝900円 　　**02)** 3,000円－900円＝2,100円

「評価益が出る」ということは、売却すると「売却益が出る」ということを意味しているため「それに対する税金の未払いがある」として繰延税金負債を計上します

連結会計3（持分の変動、税効果）

Chapter 15

5 | 未実現利益の消去に係る税効果

非償却性資産、償却性資産および棚卸資産について、連結会社間の取引から生ずる未実現利益の消去により、連結上の利益が減少します。

税効果会計を適用する場合、この連結上の利益の減少に合わせて法人税等を減らすために、貸方に法人税等調整額を記入するとともに、借方に繰延税金資産を記入します。

なお、未実現利益の消去により生じた繰延税金資産は資産の販売側に帰属します。

1 非償却性資産（土地）の未実現利益の消去

⑴ ダウン・ストリーム

未実現利益の消去額に法定実効税率を掛けて、繰延税金資産を計算します。

Q | 4-2 | **非償却性資産の未実現利益消去（ダウン・ストリーム）**

P社はS社株式の80％を取得し支配している。当期に、P社が帳簿価額150,000円の土地を200,000円でS社に売却した。当期末現在、S社はこの土地を保有している。

このときの連結修正仕訳を示しなさい。なお、税効果会計を適用し、法定実効税率は30％とする。

A | 4-2 | **解答**

(借) 土 地 売 却 益	50,000[01]	(貸) 土　　　　　地	50,000
(借) 繰 延 税 金 資 産 親会社・固定資産	15,000	(貸) 法 人 税 等 調 整 額	15,000[02]

01) 200,000円－150,000円＝50,000円
02) 50,000円×30％＝15,000円

基本的な考え方は上記のようになりますが、仕訳をするにあたっては次のルールを知っておくと便利です。

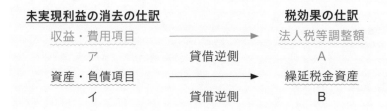

未実現利益の消去の仕訳		税効果の仕訳
収益・費用項目 ア	貸借逆側 →	法人税等調整額 A
資産・負債項目 イ	貸借逆側 →	繰延税金資産 B

連結修正仕訳

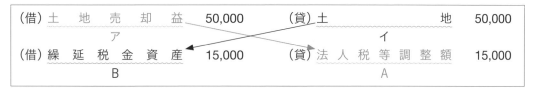

(借)土 地 売 却 益	50,000	(貸)土　　　　　　地	50,000
ア		イ	
(借)繰 延 税 金 資 産	15,000	(貸)法 人 税 等 調 整 額	15,000
B		A	

① 収益・費用項目

▶▶ 1つ目の仕訳で、借方に「土地売却益」があるため、税効果の仕訳では、反対側の貸方に「法人税等調整額」がきます。

② 資産・負債項目

▶▶ 1つ目の仕訳で、貸方に「土地」があるため、税効果の仕訳では、反対側の借方に「繰延税金資産」がきます。

(2) アップ・ストリーム

▶▶ アップ・ストリームの場合、全額消去・持分比率負担方式で処理します。販売側が子会社であり、未実現利益の消去および税効果の仕訳により子会社の利益が変動するため、税引後の額を非支配株主持分に配分します。連結修正仕訳は以下の順序で行います。

> **アップ・ストリームの場合の税効果の仕訳**
> ① 未実現利益の消去の仕訳
> ② 税効果の仕訳
> ③ 非支配株主持分への配分の仕訳(①から②を引いた税引後の金額による)

Q | 4-3 | **非償却性資産の未実現利益消去(アップ・ストリーム)** |

　P社はS社株式の80%を取得し支配している。当期に、S社が帳簿価額150,000円の土地を200,000円でP社に売却した。当期末現在、P社はこの土地を保有している。

　このときの連結修正仕訳を示しなさい。なお、税効果会計を適用し、法定実効税率は30%とする。

A | 4-3 | **解答** |

(借)土 地 売 却 益	50,000	(貸)土　　　　　　地	50,000
(借)繰 延 税 金 資 産	15,000	(貸)法 人 税 等 調 整 額	15,000[03]
子会社・固定資産			
(借)非支配株主持分当期変動額	7,000	(貸)非支配株主に帰属する当期純利益	7,000[04]

03) 50,000円×30%＝15,000円　　04) (50,000円−15,000円)×20%＝7,000円

仕訳をするにあたっては次のルールを知っておくと便利です。

未実現利益の消去の仕訳		非支配株主持分への按分仕訳
収益・費用項目 ア	──貸借逆側──▶	非支配株主に帰属する当期純利益 A
資産・負債項目 イ	──貸借逆側──▶	非支配株主持分当期変動額 B

2 償却性資産の未実現利益の消去

▶ 連結会社間で償却性資産に利益を付して売買を行った場合、購入側は利益が付加された金額を取得原価として減価償却を行っています。そこで、未実現利益の消去に加えて減価償却費の修正が必要になります。

(1) ダウン・ストリーム

▶ 未実現利益の消去額から減価償却費の修正額を引いた額に法定実効税率を掛けて、繰延税金資産を計算します。

Q | 4-4 | 償却性資産の未実現利益の消去1 |

P社はS社株式の80％を所有し支配している。P社は、当期首に帳簿価額300,000円の備品をS社に500,000円で売却した。当期末現在、この備品は企業集団外部に販売されていない。

備品の減価償却は定額法（残存価額ゼロ）により5年間で行うものとする。

このときの連結修正仕訳を示しなさい。なお、税効果会計を適用し、法定実効税率は30％とする。

A | 4-4 | 解答・解説 |

（借）備　品　売　却　益	200,000	（貸）備　　　　　　品	200,000
（借）減　価　償　却　累　計　額	40,000	（貸）減　価　償　却　費	40,000[05]
（借）繰　延　税　金　資　産	48,000	（貸）法　人　税　等　調　整　額	48,000[06]
親会社・固定資産			

05) 200,000円÷5年＝40,000円　　06) （200,000円−40,000円）×30%＝48,000円

上記の仕訳は、以下のように分けて考えることもできます。

① 未実現利益の消去にともなう一時差異の発生

（借）備　品　売　却　益	200,000	（貸）備　　　　　　品	200,000
（借）繰　延　税　金　資　産	60,000	（貸）法　人　税　等　調　整　額	60,000[07]
親会社・固定資産			

07) 200,000円×30%＝60,000円

② 減価償却による未実現利益の実現にともなう一時差異の解消

（借）減 価 償 却 累 計 額	40,000	（貸）減 価 償 却 費	40,000
（借）法 人 税 等 調 整 額	12,000	（貸）繰 延 税 金 資 産[09]	12,000[08]
		親会社・固定資産	

08) 40,000円×30％＝12,000円

09) 備品売却益の消去により発生した将来減算一時差異200,000円のうち、40,000円が減価償却により解消したと考えるため、繰延税金負債ではなく繰延税金資産となります。

⑵ アップ・ストリーム

▸ 未実現利益の消去額から減価償却費の修正額を引いた額に、法定実効税率を掛けて繰延税金資産を計算します。

そして、税引後の額を非支配株主持分に配分します。

Q | 4-5 | 償却性資産の未実現利益の消去2 |

　P社はS社株式の80％を所有し支配している。S社は、当期首に帳簿価額300,000円の備品をP社に500,000円で売却した。当期末現在、この備品は企業集団外部に販売されていない。

　備品の減価償却は定額法（残存価額ゼロ）により5年間で行う。

　このときの連結修正仕訳を示しなさい。なお、税効果会計を適用し、法定実効税率は30％とする。

A | 4-5 | 解答 |

（借）備 品 売 却 益	200,000	（貸）備 品	200,000
（借）減 価 償 却 累 計 額	40,000	（貸）減 価 償 却 費	40,000
（借）繰 延 税 金 資 産	48,000	（貸）法 人 税 等 調 整 額	48,000
子会社・固定資産			
（借）非支配株主持分当期変動額	22,400	（貸）非支配株主に帰属する当期純利益	22,400[10]

10) 〔(200,000円－40,000円)－48,000円〕×20％＝22,400円
　　　未実現分　　実現分　　　税効果

資産の減少に税効果を適用すると（貸借逆にして繰延税金）資産が生まれ
損益項目に税効果を適用すると
法人税等調整額が生まれます

トレーニングⅡ　Ch15　問題9へ

3　棚卸資産の未実現利益の消去

(1)　ダウン・ストリーム

①　期末商品に含まれる未実現利益

▶　期末商品に含まれる未実現利益を全額消去し、これを親会社が全額負担します。

あわせて、未実現利益の消去額に法定実効税率を掛けた額を繰延税金資産として計上します。

Q | 4-6 | **棚卸資産の未実現利益の消去1** |

P社(親会社)はS社(子会社)に原価率80％で商品を販売している。S社の期末商品2,000円はP社から仕入れたものである。このときの連結修正仕訳を示しなさい。

なお、税効果会計を適用し、法定実効税率は30％とする。

A | 4-6 | **解答** |

(借) 売　　上　　原　　価	400	(貸) 商　　　　　　　　品	400[11]
(借) 繰　延　税　金　資　産	120	(貸) 法　人　税　等　調　整　額	120[12]

親会社・固定資産

11)　2,000円×20％＝400円　　　12)　400円×30％＝120円

②　期首商品に含まれる未実現利益

▶　未実現利益を含んだ期末商品は、翌期には期首商品となります。期首商品に含まれる未実現利益については次の処理を行います。

Q | 4-7 | **棚卸資産の未実現利益の消去2** |

P社(親会社)はS社(子会社)に80％の原価率(前期も同じ)で商品を販売している。S社の期首商品3,000円はP社から仕入れたものである。このときの連結修正仕訳を示しなさい。

なお、税効果会計を適用し、法定実効税率は30％とする。

A | 4-7 | **解答・解説** |

(借) 利 益 剰 余 金 当 期 首 残 高	600	(貸) 売　　上　　原　　価	600[13]
(借) 法　人　税　等　調　整　額	180	(貸) 利 益 剰 余 金 当 期 首 残 高	180[14]

13)　3,000円×20％＝600円　　　14)　600円×30％＝180円

前記の仕訳は、以下のように分けて考えることもできます。

① 前期末の未実現利益の消去による一時差異の発生

前期末の売上原価および法人税等調整額は、当期には利益剰余金当期首残高として処理します。

| （借）利益剰余金当期首残高 | 600 | （貸）商　　　　　　　品 | 600 |
| （借）繰　延　税　金　資　産 | 180 | （貸）利益剰余金当期首残高 | 180 |

親会社·固定資産

② 当期の未実現利益の実現による一時差異の解消

期首商品に含まれる未実現利益は当期に実現したと考えます。それにより、差異も解消したと考えます。

| （借）商　　　　　　　品 | 600 | （貸）売　　上　　原　　価 | 600 |
| （借）法　人　税　等　調　整　額 | 180 | （貸）繰　延　税　金　資　産 | 180 |

親会社·固定資産

上記の仕訳の商品と、繰延税金資産をそれぞれ相殺すると解答の仕訳となります。

仕訳をするにあたっては次のルールを知っておくと便利です。

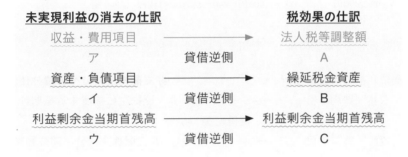

連結修正仕訳

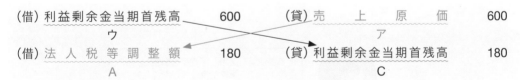

① 収益・費用項目

▶ 1つ目の仕訳で、貸方に「売上原価」があるため、税効果の仕訳では、反対側の借方に「法人税等調整額」がきます。

② 利益剰余金当期首残高

▶ 1つ目の仕訳で、借方に「利益剰余金当期首残高」があるため、税効果の仕訳では、反対側の貸方に「利益剰余金当期首残高」がきます。

⑵ アップ・ストリーム

① 期末商品に含まれる未実現利益

▶ アップ・ストリームの場合、全額消去・持分比率負担方式で処理します。販売側が子会社であり、未実現利益の消去および税効果の仕訳により子会社の利益が変動するため、税引後の額を非支配株主持分に配分します。

Q | 4-8 | 棚卸資産の未実現利益の消去3 |

P社はS社株式の80%を所有している。S社(子会社)はP社(親会社)に原価率60%で商品を販売している。P社の期末商品2,000円はS社から仕入れたものである。

このときの連結修正仕訳を示しなさい。なお、税効果会計を適用し、法定実効税率は30%とする。

A | 4-8 | 解答・解説 |

(借)売　上　原　価	800	(貸)商　　　　　品	800[15]
(借)繰　延　税　金　資　産 子会社・固定資産	240	(貸)法　人　税　等　調　整　額	240[16]
(借)非支配株主持分当期変動額	112	(貸)非支配株主に帰属する当期純利益	112[17]

15)　2,000円×40%＝800円　　17)　(800円−240円)×20%＝112円
16)　800円×30%＝240円

仕訳をするにあたっては次のルールを知っておくと便利です。

未実現利益の消去の仕訳		**非支配株主持分への按分仕訳**
収益・費用項目	⟶	非支配株主に帰属する当期純利益
ア	貸借逆側	A
資産・負債項目	⟶	非支配株主持分当期変動額
イ	貸借逆側	B

まず税効果を適用し純資産を調整し
その後に非支配株主持分への影響を考える
この順番に注意しましょう

② 期首商品に含まれる未実現利益の消去

▶ 期首商品の未実現利益の処理および税効果の処理をし、税引後の額を非支配株主持分へ配分します。

Q | 4-9 | 棚卸資産の未実現利益の消去4 |

P社はS社株式の80%を所有している。S社（子会社）はP社（親会社）に原価率60％（前期も同じ）で商品を販売している。P社の期首商品2,000円はS社から仕入れたものである。

このときの連結修正仕訳を示しなさい。なお、税効果会計を適用し、法定実効税率は30％とする。

A | 4-9 | 解答・解説 |

（借）利 益 剰 余 金 当 期 首 残 高	800	（貸）売　　上　　原　　価	800[18]
（借）法 人 税 等 調 整 額	240	（貸）利 益 剰 余 金 当 期 首 残 高	240[19]
（借）非支配株主持分当期首残高	112	（貸）利 益 剰 余 金 当 期 首 残 高	112[20]
（借）非支配株主に帰属する当期純利益	112	（貸）非支配株主持分当期変動額	112[20]

18)　2,000円×40%＝800円　　　20)　（800円－240円）×20%＝112円
19)　800円×30%＝240円

上記の仕訳は、以下のように分けて考えることもできます。

① 前期末の未実現利益の消去による一時差異の発生

前期末の売上原価および法人税等調整額は、当期には利益剰余金当期首残高として処理します。

（借）利 益 剰 余 金 当 期 首 残 高	800	（貸）商　　　　　　品	800
（借）繰 延 税 金 資 産 子会社・固定資産	240	（貸）利 益 剰 余 金 当 期 首 残 高	240
（借）非支配株主持分当期首残高	112	（貸）利 益 剰 余 金 当 期 首 残 高	112

② 当期の未実現利益の実現による一時差異の解消

期首商品に含まれる未実現利益は当期に実現したと考えます。それにより、一時差異も解消したと考えます。

（借）商　　　　　　品	800	（貸）売　　上　　原　　価	800
（借）法 人 税 等 調 整 額	240	（貸）繰 延 税 金 資 産 子会社・固定資産	240
（借）非支配株主に帰属する当期純利益	112	（貸）非支配株主持分当期変動額	112

次のルールを知っておくと便利です。

未実現利益の消去の仕訳			非支配株主持分への負担の仕訳	
収益・費用項目	──→	非支配株主に帰属する当期純利益	----→	非支配株主持分当期変動額
ア	貸借逆側	A1	相手勘定	A2
利益剰余金当期首残高	──→	利益剰余金当期首残高	----→	非支配株主持分当期首残高
イ	貸借逆側	B1	相手勘定	B2

期首商品に係る連結修正仕訳

(借) 利益剰余金当期首残高   800   (貸) 売 上 原 価   800
           イ   ア

(借) 法 人 税 等 調 整 額   240   (貸) 利益剰余金当期首残高   240

(借) 非支配株主持分当期首残高   112   (貸) 利益剰余金当期首残高   112
           B2   B1

(借) 非支配株主に帰属する当期純利益   112   (貸) 非支配株主持分当期変動額   112
           A1   A2

> 未実現利益の消去に係る税効果の仕訳
> では、資産 (商品など) が減れば
> (繰延税金) 資産が増えます
> つまり、未実現利益の消去の仕訳の
> インパクトを弱めるというイメージを
> もっておきましょう

トレーニングⅡ　Ch15　問題10へ

6 | 貸倒引当金の修正に係る税効果

▶▶ 連結会社間の債権・債務の相殺にともない、その債権に貸倒引当金が設定されていた場合には、貸倒引当金とともにその繰入額も消去します。貸倒引当金繰入額の消去により連結上の利益が増加します。

これに合わせて法人税等を増やすために、借方に法人税等調整額を記入するとともに、貸方に繰延税金負債を記入します。

なお、貸倒引当金の修正により生じた繰延税金負債は債権者側に帰属します。

1 親会社の貸倒引当金の修正

Q | 4-10 | **貸倒引当金の修正に係る税効果1** |

P社はS社株式の80％を所有し支配している。連結決算にあたり、P社はS社に対して売掛金100,000円があり、これに2％の貸倒引当金を設定している。この貸倒引当金は個別上、損金算入されている。このときの連結修正仕訳を示しなさい。なお、税効果会計を適用し、法定実効税率は30％とする。

A | 4-10 | **解答・解説** |

(1) 債権・債務の相殺

（借）買 掛 金	100,000	（貸）売 掛 金	100,000

(2) 貸倒引当金の修正

（借）貸 倒 引 当 金	2,000	（貸）貸 倒 引 当 金 繰 入	2,000[01]
（借）法 人 税 等 調 整 額	600	（貸）繰 延 税 金 負 債	600[02]
		親会社・固定負債	

01) 100,000円×2％=2,000円 **02)** 2,000円×30％=600円

応用 連結会社間の債権に係る貸倒引当金が、損金不算入の場合

連結会社間の債権に係る貸倒引当金が個別上、損金不算入となった場合には、繰延税金資産がすでに計上されています。その場合、繰延税金負債の仕訳をした上で、個別上計上されている繰延税金資産と相殺する仕訳を追加で行います。

【例】上記【Q4-10】で、個別上計上した貸倒引当金2,000円が税務上、損金不算入の場合

（借）法 人 税 等 調 整 額	600	（貸）繰 延 税 金 負 債	600
（借）繰 延 税 金 負 債	600	（貸）繰 延 税 金 資 産	600

結果として、個別上で発生した将来減算一時差異は消滅することになります。

トレーニングⅡ　Ch15　問題11へ

2 子会社の貸倒引当金の修正

▶▶ 貸倒引当金の修正額から税効果分を引いた正味の損益の変動額に、非支配株主持分割合を掛けた額を非支配株主持分に配分します。

Q | 4-11 | 貸倒引当金の修正に係る税効果2 |

P社はS社株式の80％を所有し支配している。連結決算にあたり、S社はP社に対して売掛金100,000円があり、これに2％の貸倒引当金を設定している。この貸倒引当金は個別上、損金算入されている。このときの連結修正仕訳を示しなさい。なお、税効果会計を適用し、法定実効税率は30％とする。

貸倒引当金の修正およびそれにともなう税効果会計に係る損益は、非支配株主持分にも負担させる。

A | 4-11 | 解答・解説 |

(1) 債権・債務の相殺

(借) 買　　　掛　　　金	100,000	(貸) 売　　　掛　　　金	100,000

(2) 貸倒引当金の修正

(借) 貸　倒　引　当　金	2,000	(貸) 貸　倒　引　当　金　繰　入	2,000[03]
(借) 法　人　税　等　調　整　額	600	(貸) 繰　延　税　金　負　債	600[04]
		子会社・固定負債	
(借) 非支配株主に帰属する当期純利益	280	(貸) 非支配株主持分当期変動額	280[05]

03) 100,000円×2％＝2,000円　　05) (2,000円－600円)×20％＝280円
04) 2,000円×30％＝600円

3 前期末に貸倒引当金が設定されていた場合

▶▶ 前期末の売掛金に貸倒引当金を設定していた場合には、前期の貸倒引当金繰入の修正については利益剰余金当期首残高とし、当期の貸倒引当金繰入の修正については貸倒引当金繰入を消去します。

また、前期の法人税等調整額については利益剰余金当期首残高とし、当期の法人税等調整額については法人税等調整額とします。

Q | 4-12 | **貸倒引当金の修正に係る税効果3** |

　P社はS社株式の80％を所有し支配している。連結決算にあたり、P社はS社に対して売掛金150,000円があり、これに2％の貸倒引当金を差額補充法により設定している。この貸倒引当金は個別上、損金算入されている。

　なお、前期末におけるS社に対する貸倒引当金は、2,000円（すべて売上債権に係る分）である。このときの連結修正仕訳を示しなさい。なお、税効果会計を適用し、法定実効税率は30％とする。

A | 4-12 | **解答・解説** |

(1)　債権・債務の相殺

（借）買　　　　掛　　　　金	150,000	（貸）売　　　　掛　　　　金	150,000

(2)　貸倒引当金の修正

（借）貸　倒　引　当　金	3,000[06]	（貸）利益剰余金当期首残高	2,000
		貸　倒　引　当　金　繰　入	1,000[07]
（借）利益剰余金当期首残高	600[09]	（貸）繰　延　税　金　負　債	900[08]
法　人　税　等　調　整　額	300[10]	親会社・固定負債	

06)　150,000円×2％＝3,000円
07)　3,000円－2,000円＝1,000円
08)　3,000円×30％＝900円
09)　2,000円×30％＝600円
10)　1,000円×30％＝300円

※　前期末の子会社の貸倒引当金を修正する場合の税効果の処理は、本試験での本試験での出題可能性が低いため割愛しています。

7　繰延税金資産と繰延税金負債の表示

▶▶　繰延税金資産は投資その他の資産（固定資産）に、繰延税金負債は固定負債に表示します。

　繰延税金資産と、繰延税金負債がある場合は、お互いを相殺して残った科目を、連結財務諸表上、表示します[01]。

　ただし、親会社に属する繰延税金資産と子会社に属する繰延税金負債のように、会社が異なる場合には相殺できません。

01)　本試験においては、「繰延税金資産と繰延税金負債を相殺しない旨」が記述されていることが多々あります。問題文をよく読んでから解くように心がけましょう！

Section 5 持分法上の税効果会計

Section 4では連結上の税効果会計をみてきました。このSectionでは、持分法上で税効果会計をみていきます。
　基本的な考え方は、連結上の税効果会計と同じですので、つまずく場合には、Section4に戻って確認するようにしてください。

1 持分法に係る税効果会計の意義

▶ 持分法に係る税効果会計の意義は、一時差異に係る税金の額を期間配分することです。持分法上は、次の項目について税効果会計を適用します。

項　　目	差　　異	修正仕訳(差異の発生時)
被投資会社の資産・負債の時価評価による評価差額	将来減算一時差異 または 将来加算一時差異	(借) 資　　　　産　××　(貸) 繰延税金負債　×× 　　　　　　　　　　　　　　　評価差額　××
未実現利益の消去	将来減算一時差異	ダウン・ストリーム (借) 繰延税金資産　××　(貸) 法人税等調整額　×× アップ・ストリーム (借) A 社 株 式　××　(貸) 持分法による投資損益　××

1 被投資会社の資産・負債の時価評価による評価差額

▶ 持分法の適用にあたり、被投資会社の資産・負債を時価評価しますが、被投資会社の財務諸表は合算しないため、のれんを算定するためのイメージ上の仕訳と考えてください。

2 未実現利益の消去

▶ 未実現利益は利益を付した販売側に帰属し、未実現利益の消去による一時差異も販売側に帰属します。

そのため、アップ・ストリームの場合、繰延税金資産は被投資会社に帰属します。

ここで、持分法の適用にあたっては被投資会社の財務諸表は合算しませんが[01]、被投資会社における税効果分による損益の影響を反映させるために、持分法による投資損益で処理します。

01) このため持分法上は債権・債務の相殺は行わず、貸倒引当金の修正に係る税効果はありません。

2 評価差額に係る税効果

被投資会社が関連会社の場合[01]、被投資会社の資産・負債の時価と簿価の差額のうち、投資会社持分に相当する部分（取得割合分）のみを時価評価します。

税効果を適用する場合には、評価差額は税金相当額を控除した後の金額となります。

> **01)** 非連結子会社の場合、全面時価評価法により評価替えをします。

Q | 5-1 | 資産・負債の評価替え |

×1年3月31日に、P社はA社の発行済議決権株式の20％を32,700円で取得し、持分法適用会社とした。同日におけるA社の純資産の部は次のとおりである。

　　資本金100,000円　　資本剰余金20,000円　　利益剰余金30,000円

この他、土地（簿価80,000円）の時価は85,000円である。のれんの金額を示しなさい。なお、当期は×1年3月31日を決算日とする1年である。税効果会計を適用する（実効税率30％）。

A | 5-1 | 解答 |

2,000円

(1) 投資差額の計算のイメージ

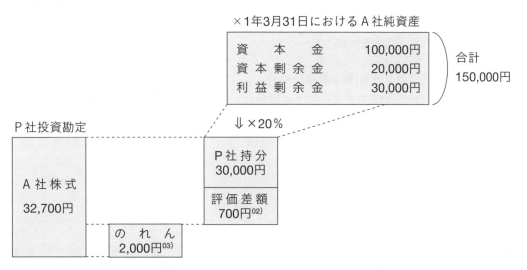

> **02)** （85,000円－80,000円）×20％×（1－30％）＝700円
> **03)** 32,700円－（30,000円＋700円）＝2,000円

| （借）土　　　　　　　地 | 1,000 | （貸）繰　延　税　金　負　債 | 300 |
| | | 評　価　差　額 | 700 |

トレーニングⅡ　Ch15　問題12へ

3 未実現利益の消去に係る税効果

▸ 未実現利益の消去における税効果会計については、ダウン・ストリームとアップ・ストリームで科目が異なるので注意が必要です。

1 ダウン・ストリーム

▸ 被投資会社の期末資産に含まれる未実現利益のうち投資会社持分について[01]、原則として売上高・固定資産売却益等から減額[02]するとともに、同額の投資勘定を減額します。

　未実現利益の消去にともない連結上の利益が減少するため、税金を減少させるために貸方に法人税等調整額、借方に繰延税金資産を計上します。

　繰延税金資産は販売側である親会社に帰属します。

> 01) ただし、非連結子会社に対するダウン・ストリームの場合、未実現利益の全額を消去します。
> 02) 容認規定として、持分法による投資損益勘定から減額する処理も認められています。問題文の指示に従ってください。

Q 5-2 **ダウン・ストリーム（棚卸資産）**

　P社はA社の発行済議決権株式の20％を取得し、持分法を適用している。

　P社はA社に原価率60％で商品を販売しており、A社期末商品のうち2,000円はP社から仕入れたものである。持分法適用に係る連結修正仕訳を示しなさい。税効果会計を適用する（法定実効税率30％）。

A 5-2 **解答**

（借）売上高	160	（貸）A社株式	160[03]
（借）繰延税金資産 　　　親会社・固定資産	48	（貸）法人税等調整額	48[04]

> 03) 2,000円×（1-60％）×20％=160円　　04) 160円×30％=48円

▸ ダウン・ストリームの場合、投資会社の個別P/Lの売上高に未実現利益が含まれています。そのため、借方で売上高を減額します。

　一方、被投資会社の個別B/Sの商品に未実現利益が含まれていますが、持分法では被投資会社の個別B/Sを合算しないため、貸方で投資勘定を減額します。

Q | 5-3 | **ダウン・ストリーム（固定資産）**

P社はA社の発行済議決権株式の20％を取得し、持分法を適用している。

当期、P社はA社に取得原価4,000円の土地を5,000円で売却し、期末現在、A社は当該土地を保有している。持分法適用に係る連結修正仕訳を示しなさい。税効果会計を適用する（法定実効税率30％）。

A | 5-3 | **解答**

（借）土　地　売　却　益	200	（貸）Ａ　　社　　株　　式	200[05]
（借）繰　延　税　金　資　産	60	（貸）法　人　税　等　調　整　額	60[06]
親会社・固定資産			

05) （5,000円－4,000円）×20％＝200円　　06) 200円×30％＝60円

2 アップ・ストリーム

▶ 投資会社の期末資産に含まれる未実現利益のうち、投資会社持分については、原則として商品・土地等から減額[07]するとともに、同額を持分法による投資損益の借方に計上します。

被投資会社の財務諸表は合算しないため、税効果の適用にあたっては、被投資会社に帰属する繰延税金資産は計上しませんが、被投資会社における税効果分による損益の影響を反映させるために、持分法による投資損益で処理します。

07) 容認規定として、投資勘定の減額とする処理も認められています。問題文の指示に従ってください。

Q | 5-4 | **アップ・ストリーム（棚卸資産）**

P社はA社の発行済議決権株式の20％を取得し、持分法を適用している。

A社はP社に原価率60％で商品を販売しており、P社期末商品のうち2,000円はA社から仕入れたものである。持分法適用に係る連結修正仕訳を示しなさい。税効果会計を適用する（法定実効税率30％）。

A | 5-4 | **解答**

（借）持分法による投資損益	160	（貸）商　　　　　　　品	160[08]
（借）Ａ　　社　　株　　式	48	（貸）持分法による投資損益	48[09]

08) 2,000円×（1－60％）×20％＝160円　　09) 160円×30％＝48円

▶ アップ・ストリームの場合、投資会社の個別B/Sの商品に未実現利益が含まれているため、貸方を商品とします。

一方、被投資会社の個別P/Lの売上高勘定に未実現利益が含まれていますが、持分法では被投資会社個別P/Lを合算しないため、借方を持分法による投資損益とします。

Q | 5-5 | **アップ・ストリーム(固定資産)** |

P社はA社の発行済議決権株式の20%を取得し、持分法を適用している。

当期、A社はP社に取得原価4,000円の土地を5,000円で売却し、期末現在、P社は当該土地を引き続き保有している。持分法適用に係る連結修正仕訳を示しなさい。税効果会計を適用する（法定実効税率30%）。

A | 5-5 | **解答** |

（借）持分法による投資損益	200	（貸）土　　　　　　　　地	200[10]
（借）A　　社　　株　　式	60	（貸）持分法による投資損益	60[11]

10) （5,000円−4,000円）×20%＝200円   **11)** 200円×30%＝60円

3 翌期の仕訳（参考）

▶ 持分法においても、未実現利益の消去に係る翌期の仕訳として開始仕訳および実現仕訳を行います。

たとえば、【Q5-2】および【Q5-4】について、翌期の具体的な仕訳は以下のとおりです。

Q | 5-6 | **ダウン・ストリーム** |

① 開始仕訳

（借）利益剰余金当期首残高	160	（貸）A　　社　　株　　式	160
（借）繰　延　税　金　資　産	48	（貸）利益剰余金当期首残高	48

② 実現仕訳

（借）A　　社　　株　　式	160	（貸）売　　　　　上　　　　　高	160
（借）法　人　税　等　調　整　額	48	（貸）繰　延　税　金　資　産	48

③ ①＋②

（借）利益剰余金当期首残高	160	（貸）売　　　　　上　　　　　高	160
（借）法　人　税　等　調　整　額	48	（貸）利益剰余金当期首残高	48

Q | 5-6 | **アップ・ストリーム** |

① 開始仕訳

（借）利益剰余金当期首残高	160	（貸）商　　　　　　　　　品	160
（借）A　　社　　株　　式	48	（貸）利益剰余金当期首残高	48

② 実現仕訳

（借）商　　　　　　　　　品	160	（貸）持分法による投資損益	160
（借）持分法による投資損益	48	（貸）A　　社　　株　　式	48

③ ①＋②

（借）利益剰余金当期首残高	160	（貸）持分法による投資損益	160
（借）持分法による投資損益	48	（貸）利益剰余金当期首残高	48

Q TRY IT!│理論問題│持分の変動、連結上の税効果会計│

次の各文章の空欄に適切な語句を記入しなさい。

1. 持分の変動

(1)　子会社株式を追加取得した場合には、追加取得した株式に対応する持分を（　ア　）から減額し、追加取得により増加した親会社の持分を追加投資額と相殺消去する。追加取得持分と追加投資額との間に生じた差額は、（　イ　）とする。

(2)　子会社株式を一部売却した場合には、売却した株式に対応する持分を親会社の持分から減額し、（　ウ　）を増額する。売却による親会社の持分の減少額と売却価額との間に生じた差額は、（　エ　）とする。

(3)　上記(1)、(2)の会計処理の結果、資本剰余金が負の値となる場合には、連結会計年度末において、資本剰余金をゼロとし、当該負の値を（　オ　）から減額する。

2. 連結上の税効果会計

(1)　連結財務諸表における税効果会計とは、個別財務諸表において財務諸表上の一時差異等に係る税効果会計を適用した後、連結財務諸表作成手続において連結財務諸表固有の一時差異に係る税金の額を（　カ　）する手続である。

(2)　連結財務諸表固有の一時差異には次のものがある。

①　資本連結にさいし、子会社の資産および負債の時価評価により（　キ　）が生じた場合

②　連結会社相互間の取引から生ずる（　ク　）を消去した場合

③　連結会社相互間の債権と債務の相殺消去により（　ケ　）を減額修正した場合

A TRY IT!│解答│

ア	イ	ウ	エ	オ
非支配株主持分	資本剰余金	非支配株主持分	資本剰余金	利益剰余金
⑮	⑮	⑩	⑩	⑩

カ	キ	ク	ケ
期間配分	評価差額	未実現損益	貸倒引当金
⑩	⑩	⑩	⑩

合計 **100** 点

ク　本文では未実現利益をみてきましたが、未実現損失も含みます。

トレーニングⅡ　Ch15　問題13へ

Column 成長

最後に…

最後に「成長」という話をしましょう。

「組織の中で、自分が必要な存在だと思った瞬間に、その人はその組織に必要ない人間になっている」という話を聞いたことがあります。そしてこれはおそらく真実です。それは"自分が必要だ"と思った人は、その時点で成長が止まってしまっているからです。

みなさんがこれまで出会った人の中で、魅力的な人とそうでない人がいたことでしょう。その違いは「いまその人が成長しているか否か」だと思います。

人は人から学ぶものですが、成長の止まった人間から学ぶことなど何一つありません。いくら過去の実績が素晴らしかろうとも、です。

人間"成長すること"がなにより大事です。

IT技術の発展が目覚しいこの時代、昨日のあなたの姿は明日にはパソコンが取って代わります。人が人であるためにも成長が大事です。

では、どうすれば人は成長し続けられるのでしょうか。

要素は2つあるように思います。

ひとつは"挑戦"です。

挑戦しない人は恥をかくことができない人で、この人は成長しません。「しなかったこと」を正当化して「できなかったこと」にすり替えて、自分自身にまで嘘をつきはじめる。これでは成長など望むべくもありません。

そしてもうひとつは、意外かも知れませんが"謙虚"のように思います。

謙虚な人は、他人の言葉に耳を傾け、物事の変化を心で捉えていく中で成長し、さらに周りもこの人への協力を惜しまなくなり、またその中で成長していきます。逆に、傲慢な人は、いいように利用されることはあっても、ほんとうに思いのある人の力を集めることはできません。

挑戦と謙虚。

この本を使っていただいたみなさんへのお礼の言葉に代えて、この2つの言葉をみなさんに贈ります。

いい未来を、築いていていってください。

また、お会いしましょう。

Chapter

16

連結会計 4
（退職給付、在外子会社等）

Point
ここでは主に、連結上の退職給付、在外子会社の連結をみていきます。いずれも難易度が高いため、まずは基本的な計算と仕訳をしっかりマスターしましょう。

用語集

退職給付に係る調整額
　未認識数理計算上の差異と未認識過去勤務費用について、連結上、その他の包括利益として計上したもの

為替換算調整勘定
　在外子会社の貸借対照表を換算したときに生じた換算差額

Section 1 連結上の退職給付会計

『テキストI　基礎編』では個別財務諸表を作成する場合の退職給付会計の処理をみました。ここでは、連結財務諸表を作成する場合の退職給付会計の処理についてみていきます。
　その他有価証券の価値が変動したときに、連結上、その他の包括利益としたことを考えると、数理計算上の差異や過去勤務費用が発生し、退職給付債務や年金資産の価値が変動したときは、どう処理すべきでしょうか？

1 個別上と連結上の違い

1 個別上と連結上の違い

▶　退職給付会計において、個別財務諸表上と連結財務諸表上で異なるのは、未認識数理計算上の差異[01]および未認識過去勤務費用[02]の処理と、表示科目です。

	個別財務諸表	連結財務諸表
未認識数理計算上の差異 未認識過去勤務費用	計上されない	その他の包括利益 （退職給付に係る調整額）として計上
負債（資産）計上額	退職給付債務 − 年金資産 − 未認識の差異	退職給付債務 − 年金資産
表 示 科 目	退職給付引当金	退職給付に係る負債
	前払年金費用[03]	退職給付に係る資産

01)　数理計算上の差異とは、年金資産の期待運用収益と実際の運用成果との差異、退職給付債務の見積り数値と実際との差異などをいいます。未認識数理計算上の差異とは、数理計算上の差異のうち費用処理されていないものをいいます。

02)　過去勤務費用とは、退職給付水準の改訂等に起因して発生した退職給付債務の増加または減少部分をいいます。未認識過去勤務費用とは、過去勤務費用のうち費用処理されていないものをいいます。

03)　年金資産の額が退職給付債務の額を上回った場合に、前払年金費用として計上します。

2 数値例

例 当期の退職給付の資料は次のとおりである。税効果会計は適用しない。

（1）退職給付費用：6,100円、期末退職給付引当金：25,500円

（2）当期に数理計算上の差異500円（借方差異[04]）が発生している。
数理計算上の差異は発生の翌年度より償却する。

（3）当期末実際退職給付債務：57,000円、当期末実際年金資産：31,000円

（4）連結損益計算書の当期純利益は10,000円である。

連結修正仕訳

（借）退 職 給 付 引 当 金	25,500	（貸）退 職 給 付 に 係 る 負 債	25,500
（借）退 職 給 付 に 係 る 調 整 額	500	（貸）退 職 給 付 に 係 る 負 債	500

① 連結包括利益計算書

▶ 未認識数理計算上の差異（500円）を「退職給付に係る調整額」（その他の包括利益）として計上します。

② 連結貸借対照表

退職給付に係る調整額の当期末残高（500円）を「退職給付に係る調整累計額」として計上します。

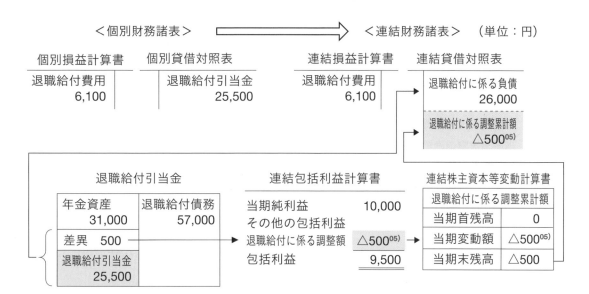

04) 期末実際年金資産が期末予測年金資産を下回った場合、または期末実際退職給付債務が期末予測退職給付債務を上回った場合を借方差異といい、逆の場合を貸方差異といいます。

05) 退職給付に係る調整額および退職給付に係る調整累計額は、未認識の差異が借方差異（不利差異）の場合、△をつけて表示します。

2 退職給付会計に関する連結修正仕訳

▶ 差異が当期に発生した場合の連結修正仕訳は、以下の2つです。

> (1) 「退職給付引当金」を「退職給付に係る負債」へ振り替える。
>
> (2) 未認識分の差異を「退職給付に係る調整額」として計上する。

▶ 1つめの仕訳で科目を振り替え、2つめの仕訳で個別貸借対照表に計上していなかった差異を連結財務諸表に計上します。

この2つの仕訳を行うことで、個別財務諸表上の退職給付会計の数値から連結財務諸表上でのあるべき退職給付会計の数値になります。

前ページと同じ数値例でみてみましょう。

1 差異を発生年度の翌年度から償却する場合

Q 1-1 **連結上の退職給付会計 1（税効果なし）**

当期の退職給付に係る次の資料にもとづいて、退職給付に係る連結修正仕訳を示し、連結財務諸表を示しなさい。なお、税効果会計は適用しない。

(1) 退職給付費用：6,100円

(2) 当期に数理計算上の差異500円（借方差異）が発生（親会社で発生）している。
数理計算上の差異は発生年度の翌年度より10年で償却する。

(3) 当期末実際退職給付債務：57,000円、当期末実際年金資産：31,000円

(4) 連結損益計算書の当期純利益は10,000円である。

(5) 子会社では退職給付引当金は計上していないものとする。

個別貸借対照表	（単位：円）
退 職 給 付 引 当 金	25,500

(1) 科目の振替え

（借）退 職 給 付 引 当 金	25,500	（貸）退 職 給 付 に 係 る 負 債	25,500

(2) 未認識数理計算上の差異の計上

（借）退職給付に係る調整額（当期変動額）	500	（貸）退 職 給 付 に 係 る 負 債	500

（単位：円）

連結包括利益計算書		連結株主資本等変動計算書	
当期純利益	10,000	退職給付に係る調整累計額	
その他の包括利益：		当期首残高	0
退職給付に係る調整額	△500	当期変動額	△500
包括利益	9,500	当期末残高	△500

連結貸借対照表	（単位：円）
退職給付に係る負債	26,000
退職給付に係る調整累計額	△500

連結損益計算書	（単位：円）
退 職 給 付 費 用	6,100

2 差異を発生年度から償却する場合

▶▶ 差異を発生年度から償却した場合は、個別上で差異の償却額を(借)退職給付費用 (貸)退職給付引当金として計上しています。

【Q1-1】と比べて、差異の償却額だけ「退職給付に係る調整額」が減少[01]します。

01) 借方差異の償却の場合です。

Q | 1-2 | 連結上の退職給付会計 2（税効果なし）|

　当期の退職給付に係る次の資料にもとづいて、退職給付に係る連結修正仕訳を示し、連結財務諸表を示しなさい。なお、税効果会計は適用しない。

⑴ 退職給付費用：6,150円

⑵ 当期に数理計算上の差異500円（借方差異）が発生（親会社で発生）している。
　数理計算上の差異は発生年度より10年で償却する。

⑶ 当期末実際退職給付債務：57,000円、当期末実際年金資産：31,000円

⑷ 連結損益計算書の当期純利益は9,950円である。

⑸ 子会社では退職給付引当金を計上していないものとする。

個別貸借対照表 　　　　　　（単位：円）

退 職 給 付 引 当 金	25,550

A | 1-2 | 解答・解説 |

(1) 科目の振替え

（借）退 職 給 付 引 当 金	25,550	（貸）退 職 給 付 に 係 る 負 債	25,550

(2) 未認識数理計算上の差異の計上

（借）退職給付に係る調整額(当期変動額)	450[02]	（貸）退 職 給 付 に 係 る 負 債	450

02) 500円－500円÷10年＝450円

（単位：円）

連結包括利益計算書		連結株主資本等変動計算書	
当期純利益	9,950	退職給付に係る調整累計額	
その他の包括利益：		当期首残高	0
退職給付に係る調整額	△450	当期変動額	△450
包括利益	9,500	当期末残高	△450

	連結貸借対照表	（単位：円）
	退職給付に係る負債	26,000[03]
	退職給付に係る調整累計額	△450

03）　25,550円＋450円＝26,000円

	連結損益計算書		（単位：円）
退 職 給 付 費 用	6,150		

【Q1-1】との比較のために財務諸表間の関係を示しておきます。

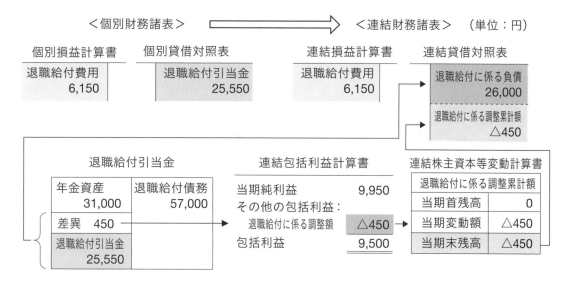

トレーニングⅡ　Ch16　問題1へ

3 税効果会計を適用する場合

▶ 個別上の退職給付引当金が税効果会計の対象であるように、連結上の「退職給付に係る負債」も税効果会計の対象になります。

▶ 連結修正仕訳のうち、税効果を考慮しなければならないのは、未認識差異を退職給付に係る負債として計上する仕訳です[01]。

01) 科目を振り替えている仕訳については、税効果は適用しません。

実際に問題を解くさいには以下の考え方を知っておくと便利です。

未認識差異計上の仕訳		税効果の仕訳
ア．退職給付に係る調整額	貸借逆側 →	退職給付に係る調整額 未実現の法人税等調整額
イ．退職給付に係る負債	貸借逆側 →	繰 延 税 金 資 産

(1) 借方差異の場合

(借)退職給付に係る調整額	(貸)退職給付に係る負債
	×実効税率
(借)繰 延 税 金 資 産	(貸)退職給付に係る調整額

(2) 貸方差異の場合

(借)退 職 給 付 に 係 る 負 債	(貸)退職給付に係る調整額
	×実効税率
(借)退職給付に係る調整額	(貸)繰 延 税 金 資 産

▶ 借方差異の場合を例にとると、未認識の差異を、連結財務諸表上で認識した結果「退職給付に係る負債」は「退職給付引当金」に比べ、認識した差異分だけ増えます。その増加した分に対して繰延税金資産を増やすと考えます。

▶ 同様に、貸方差異の場合、「退職給付に係る負債」は「退職給付引当金」に比べ、減少します。その分、繰延税金資産を減らす[02]と考えます。

02) 退職給付引当金については税効果を適用するため、個別上、すでに繰延税金資産を計上しています。そのため、退職給付に係る負債が減少した場合には、繰延税金負債を増加させずに、繰延税金資産を減少させます。

税効果では
(退職給付に係る)負債が増えれば
(繰延税金)資産を増やすことで
インパクトを弱めています

当期の退職給付に係る次の資料にもとづいて、退職給付に係る連結修正仕訳を示し、連結財務諸表を示しなさい。なお、税効果会計を適用し、法定実効税率は30％とする。

(1) 退職給付費用：6,100円

(2) 当期に数理計算上の差異500円（借方差異）が発生（親会社で発生）している。
数理計算上の差異は発生の翌年度より10年で償却する。

(3) 当期末実際退職給付債務：57,000円、当期末実際年金資産：31,000円

(4) 連結損益計算書上の当期純利益は10,000円とする。

(5) 子会社では退職給付引当金を計上していないものとする。

個別貸借対照表			(単位：円)
繰 延 税 金 資 産	7,650	退 職 給 付 引 当 金	25,500

A 1-3 | 解答・解説

(1) 科目の振替え

（借）退 職 給 付 引 当 金	25,500	（貸）退 職 給 付 に 係 る 負 債	25,500

(2) 未認識数理計算上の差異の計上

（借）退職給付に係る調整額(当期変動額)[04]	500	（貸）退 職 給 付 に 係 る 負 債	500
（借）繰 延 税 金 資 産	150[03]	（貸）退職給付に係る調整額(当期変動額)[04]	150

03) 500円×30％＝150円
04) その他有価証券と同様に、借方と貸方を相殺してもOKです。

(単位：円)

連結包括利益計算書	
当期純利益	10,000
その他の包括利益：	
退職給付に係る調整額	△350[05]
包括利益	9,650

連結株主資本等変動計算書	
退職給付に係る調整累計額	
当期首残高	0
当期変動額	△350[05]
当期末残高	△350

連結貸借対照表			(単位：円)
繰延税金資産	7,800[06]	退職給付に係る負債	26,000
		退職給付に係る調整累計額	△350

連結損益計算書		(単位：円)
退 職 給 付 費 用	6,100	

05) 500円－150円＝350円
06) 7,650円＋150円＝7,800円

財務諸表の各項目の算定

　仕訳を考えずに、以下の式に従って退職給付会計に係る財務諸表の各項目の金額を計算することもできます。

退職給付に係る負債(B/S)
＝当期末実際退職給付債務 − 当期末実際年金資産

退職給付費用(P/L)
＝勤務費用 ＋ 利息費用 − 期待運用収益 ± 差異の償却額

退職給付に係る調整累計額(B/S)
＝前期以前発生差異の期末未償却残高 × (1 − 実効税率)[01]
　　　　　　　　　　　　　　　　　税効果控除後

＋当期発生差異の期末未償却残高 × (1 − 実効税率)[01]
　　　　　　　　　　　　　　　　税効果控除後

　差異の当期末未償却残高が借方の場合、マイナスとして計算します。

　例えば、前期以前発生差異の期末未償却残高が100円(借方)、当期発生差異の期末未償却残高が150円(借方)、実効税率が30%とすると、

退職給付に係る調整累計額(B/S)＝△100円×(1 − 30%)

　　　　　　　　　　　　　　　　＋△150円×(1 − 30%)＝△175円(借方)となります。

退職給付に係る調整額(C/I)
＝当期末退職給付に係る調整累計額 − 前期末退職給付に係る調整累計額

01)　税効果会計を考慮しない場合は、(1−実効税率)を掛ける必要はありません。

参考　翌年度の処理

⑴　前期以前に認識された差異の引継ぎの仕訳
　　前期末の「退職給付に係る調整累計額」は「退職給付に係る調整累計額当期首残高」となり、連結株主資本等変動計算書に表示します。

⑵　前期以前に計上した差異の当期償却分だけ「退職給付に係る負債」を取り崩す仕訳
　　当期に差異を償却した分だけ、「退職給付に係る負債」は増減するので修正をします。

⑶　科目の振替えの仕訳
　　個別貸借対照表に計上されている「退職給付引当金」を「退職給付に係る負債」へ振り替えます。

【Q1-1】の翌年度を例にとると以下のようになります。

Q | 連結上の退職給付会計（翌期の処理）|

　当期の退職給付に係る次の資料にもとづいて、退職給付に係る連結修正仕訳を示し、連結財務諸表を示しなさい。なお、税効果会計は適用しない。

(1) 期首退職給付債務：57,000円、期首年金資産：31,000円
(2) 前期に数理計算上の差異500円（借方差異）が発生（親会社で発生）している。
　　数理計算上の差異は発生年度の翌年度より10年で償却する。当期に新たに数理計算上の差異は発生していない。
(3) 当期の勤務費用は700円、利息費用は1,140円、期待運用収益は310円である。
(4) 期末実際退職給付債務：58,840円、期末実際年金資産：31,310円
(5) 連結損益計算書の当期純利益は9,500円である。
(6) 子会社では退職給付引当金を計上していないものとする。

個別損益計算書 （単位：円）

| 退職給付費用 | 1,580 | |

個別貸借対照表 （単位：円）

| | 退職給付引当金 | 27,080 |

A | 解答・解説 |

(1) 前期以前に認識された差異の引継ぎ

| （借）退職給付に係る調整額(当期首残高) | 500 | （貸）退職給付に係る負債 | 500 |

(2) 差異の償却分だけ退職給付に係る負債を取り崩す

| （借）退職給付に係る負債 | 50[02] | （貸）退職給付に係る調整額(当期変動額) | 50 |

02) 500円÷10年＝50円

(3) 科目の振替え

| （借）退職給付引当金 | 27,080 | （貸）退職給付に係る負債 | 27,080 |

（単位：円）

連結包括利益計算書

当期純利益	9,500
その他の包括利益：	
退職給付に係る調整額	50
包括利益	9,550

連結株主資本等変動計算書

退職給付に係る調整累計額	
当期首残高	△500
当期変動額	50
当期末残高	△450

連結上の退職給付会計 | Section 1 　16-11

連結貸借対照表 （単位：円）

退職給付に係る負債	27,530[03]
退職給付に係る調整累計額	△450

連結損益計算書 （単位：円）

退 職 給 付 費 用 1,580	

03) 500円－50円＋27,080円＝27,530円

Q TRY IT! │理論問題│ **連結上の退職給付会計**
　次の各文章の空欄に適切な語句を記入しなさい。

⑴　連結貸借対照表上、退職給付債務から年金資産の額を控除した額（積立状況を示す額という。）を負債として計上する。ただし、年金資産の額が退職給付債務を超える場合には、資産として計上する。

⑵　積立状況を示す額について、負債となる場合は（　ア　）等の適当な科目をもって固定負債に計上し、資産となる場合は（　イ　）等の適当な科目をもって固定資産に計上する。

⑶　数理計算上の差異の当期発生額および過去勤務費用の当期発生額のうち、費用処理されない部分（未認識数理計算上の差異および未認識過去勤務費用）については、（　ウ　）に含めて計上する。
　その他の包括利益累計額に計上されている未認識数理計算上の差異および未認識過去勤務費用のうち、当期に費用処理された部分については、その他の包括利益の調整（組替調整）を行う。

⑷　未認識数理計算上の差異および未認識過去勤務費用については、税効果を調整の上、純資産の部におけるその他の包括利益累計額に（　エ　）等の適当な科目をもって計上する。

A TRY IT! │解答│

ア	イ	ウ	エ	
退職給付に係る負債	退職給付に係る資産	その他の包括利益	退職給付に係る調整累計額	各㉕

合計 100点

トレーニングⅡ　Ch16　問題2へ

2 在外子会社の財務諸表項目の換算

重要度

企業グループの活動は、国境を越えて行われます。香港にロサンゼルス、さらにベルギーにも子会社がある場合には、連結にあたり異なる通貨単位の換算が必要になってきます。

本支店会計の在外支店と異なる点に注意しながら、うまく「円」に換算できるでしょうか？　みていきましょう。

1 在外子会社とは

在外子会社とは、外国にある子会社[01]です。連結財務諸表を作成するにあたり、外国通貨で表示されている財務諸表項目を円換算する必要があります。

01) 当社が支配している会社です。

国内（子会社）

財務諸表（子会社）	
○○○	11,000 円
○○○	22,000 円
○○○	33,000 円

× レート

外貨（ドル）から邦貨（円）に換算

国外（子会社）

財務諸表（子会社）	
○○○	100 ドル
○○○	200 ドル
○○○	300 ドル

Point 学習ワンポイント

子会社の換算をする目的

子会社の資産・負債は、決算日のレート（CR）で換算されます。

ただ、収益・費用については原則として期中平均レート（AR）で換算します。

これは、収益・費用が期を通して継続的に発生し続けるものだからです。

しかし、親会社との取引については、取引の発生時点のレート（HR）で換算します。こうしないと、親会社と取引の相殺を行ったさいに残高が残ってしまうためです。

なお、在外支店は貸借対照表から当期純利益を算定しますが、在外子会社は通常どおりに損益計算書から当期純利益を算定します。

Chapter 16
連結会計4（退職給付、在外子会社等）

2 | 換算レート

▶ 在外子会社の財務諸表項目の換算レートは、以下のとおりです。

財務諸表項目	適用範囲	適用為替レート
資産・負債	在外子会社の資産・負債額	決算時レート（CR）
純資産	親会社による株式取得時の項目	株式取得時（発生時）レート（HR）[01]
	親会社による株式取得後に生じた項目	発生時レート（HR）[01]
収益・費用	親会社以外との取引	原則　期中平均レート（AR）[02]
		容認　決算時レート（CR）
	親会社との取引	親会社が換算に用いた（発生時）レート（HR）[01]

[01] 親会社との取引は、資本取引・損益取引ともに発生時レート（HR）となります。これは、最終的に連結修正仕訳において相殺消去を行うためです。

[02] 原則として期中平均レート（AR）とされるのは、収益・費用が期を通して継続的に発生するものと考えるためです。

項目ごとに換算レートが決められているため
P/L や B/S で差額が生じることになり
その扱いも決められています（次ページ参照）

Q │ 2-1 │ 在外子会社の財務諸表項目の換算

　当社(P社)は5年前にS社株式のすべてを取得している。以下の資料にもとづき、在外子会社(S社)の財務諸表項目の換算を行いなさい。なお、収益の換算には期中平均レートを用いること。

【資料1】S社財務諸表項目(ドル建)

現	金	1,000ドル	短期借入金	4,000ドル
売	掛 金	3,000ドル	資 本 金	2,000ドル
備	品	2,500ドル	売 上 高	10,000ドル
買	掛 金	2,000ドル		

【資料2】為替レート

P社のS社株式取得時レート	135円／ドル
借入金の借入時レート	120円／ドル
当期首レート	115円／ドル
当期末レート	98円／ドル
当期期中平均レート	105円／ドル

A │ 2-1 │ 解答・解説

財務諸表項目	為替レート		ドル建		円建
現　　　金	98円	×	1,000ドル	=	98,000円
売　掛　金	98円	×	3,000ドル	=	294,000円
備　　　品	98円	×	2,500ドル	=	245,000円
買　掛　金	98円	×	2,000ドル	=	196,000円
短期借入金	98円	×	4,000ドル	=	392,000円
資　本　金	135円	×	2,000ドル	=	270,000円
売　上　高	105円	×	10,000ドル	=	1,050,000円

3　在外支店の財務諸表項目の換算との相違

在外支店(Chapter17)と在外子会社の換算方法における相違点は以下のとおりです。

	在 外 支 店	B/Sから算定
(1)当期純利益の算定	**在外子会社**	P/Lから算定
	在 外 支 店	P/L為替差損益[01]として処理
(2)換算差額の処理	**在外子会社**	P/Lで生じたもの：**為替差損益**[01]として処理[02]
		B/Sで生じたもの：**為替換算調整勘定**[03]として処理

01) (連結) P/L営業外収益・費用に表示します。
02) P社との損益取引がある場合、HR(P社)とAR(P社以外)の2つの為替レートを用いるため、換算差額が生じます。
03) 連結B/S純資産の部、その他の包括利益累計額に表示します。

4 | 換算手順

在外子会社の円建の財務諸表は、次の手順[01]で換算します。

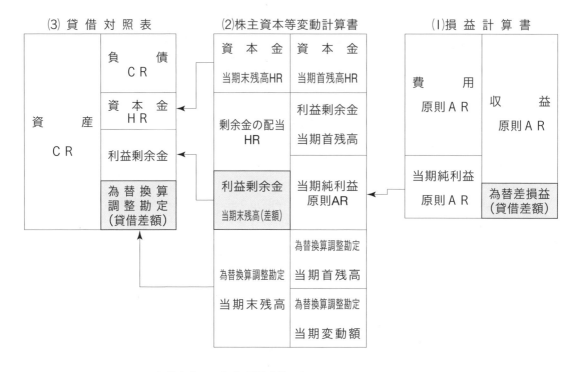

01) 在外支店とは作成手順が逆です。

1 損益計算書の換算

▶▶ 損益計算書の各項目を適用される為替レートで換算します。

親会社との取引により生じた収益・費用は親会社が用いている為替レートで換算します。これにより生じた差額は当期の為替差損益として処理します。

Q | 2-2 | **在外子会社・損益計算書の換算** |

円建の子会社損益計算書を作成しなさい。なお、期中平均レートは103円/ドルである。

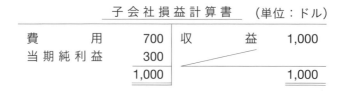

子 会 社 損 益 計 算 書　（単位：ドル）

費　　　用	700	収　　　　益	1,000
当 期 純 利 益	300		
	1,000		1,000

収益のうち500ドルは親会社に対する売上高である。親会社では子会社からの仕入時の為替レート（104円/ドル）で換算・記帳している。

A 2-2 | 解答 |

子 会 社 損 益 計 算 書 （単位：円）

費　　　用	72,100	収　　　益	103,500[02]
為 替 差 損	500[03]		
当 期 純 利 益	30,900		
	103,500		103,500

　02)　104円×500ドル＋103円×500ドル＝103,500円　　03)　貸借差額

2　貸借対照表の換算

▶▶　貸借対照表項目の換算によって生じた差額は為替換算調整勘定として処理します。為替換算調整勘定は以下の式で計算することもできます。

　外貨建ての純資産×決算時レート－純資産換算額＝為替換算調整勘定

　為替換算調整勘定は、子会社の純資産に対する為替相場の変動によって生じたもので、当期純利益に計上されていない未実現の為替換算差額です。その他有価証券評価差額金と同様に、その他の包括利益に該当します。

Q 2-3 | 在外子会社・貸借対照表の換算 |

【Q2-2】と以下の外貨建の貸借対照表から円建の貸借対照表を作成しなさい。利益剰余金はすべて当期純利益である。

貸 借 対 照 表 （単位：ドル）

資　　　産	2,000	負　　　債	1,000
		資　本　金	700
		利 益 剰 余 金	300
	2,000		2,000

親会社が子会社株式を取得したときの為替レート：100円／ドル
決算時の為替レート：104円／ドル
期 中 平 均 レ ー ト：103円／ドル

A 2-3 | 解答 |

貸 借 対 照 表 （単位：円）

資　　　産	208,000	負　　　債	104,000
		資　本　金	70,000
		利 益 剰 余 金	30,900[04]
		為替換算調整勘定	3,100[05]
	208,000		208,000

　04)　103円×300ドル＝30,900円　　05)　貸借差額

3　支配獲得日後に生じた利益剰余金の換算方法

支配獲得日後に生じた利益剰余金は、以下の為替レートで換算します。

当期純利益による	原則　期中平均レート（AR）
利益剰余金の増加額	容認　決算時レート（CR）
配当による	配当確定時の為替レート（HR）
利益剰余金の減少額	

▶▶　たとえば、親会社が×1年度末に子会社株式を取得した場合、×3年度における在外子会社の利益剰余金の換算は以下のようになります。

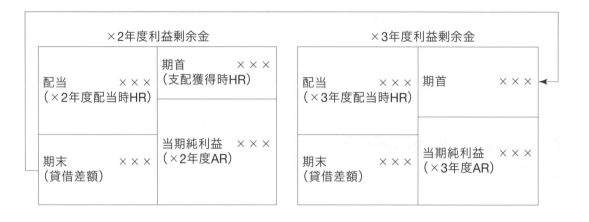

▶▶　剰余金の配当は配当確定時の為替レート（HR）により換算し、当期純利益は各期の期中平均レート（AR）で換算します。

　よって、円換算後の利益剰余金当期末残高の金額を算定するためには、×2年度から計算する必要があります。

【Q2-2】【Q2-3】の次期の子会社の外貨建損益計算書および貸借対照表は、次のとおりであった。円建の子会社損益計算書および子会社貸借対照表を作成しなさい。子会社はこの期（当期）において剰余金の配当50ドルを実施した。

子 会 社 損 益 計 算 書 　（単位：ドル）

費　　　用	700	収　　　益	1,000
当 期 純 利 益	300		
	1,000		1,000

収益のうち500ドルは親会社に対する売上高である。親会社では子会社からの仕入時の為替レート（103円／ドル）で換算・記帳している。

子 会 社 貸 借 対 照 表 　（単位：ドル）

資　　　産	2,250	負　　　債	1,000
		資　本　金	700
		利 益 剰 余 金	550
	2,250		2,250

親会社が子会社株式を取得したときの為替レート：100円／ドル

決算時の為替レート：前期末104円／ドル、当期末100円／ドル

期中平均レート：前期103円／ドル、当期101円／ドル

配当確定時の為替レート：104円／ドル

子会社の利益剰余金当期首残高は30,900円である。

A 2-4 | **解答・解説** |

子 会 社 損 益 計 算 書 　（単位：円）

費　　　用	70,700	収　　　益	102,000[06]
為 替 差 損	1,000[07]		
当 期 純 利 益	30,300		
	102,000		102,000

子 会 社 貸 借 対 照 表 　（単位：円）

資　　　産	225,000	負　　　債	100,000
		資　本　金	70,000
		利 益 剰 余 金	56,000[08]
		為替換算調整勘定	△1,000[09]
	225,000		225,000

06) 103円×500ドル＋101円×500ドル＝102,000円

07) 貸借差額

08) 30,900円（**Q2-3**利益剰余金より）＋101円×300ドル－104円×50ドル＝56,000円

09) 貸借差額

トレーニングⅡ　Ch16　問題3へ

Section

3 在外子会社の連結

　ここでは、前のSectionで学習してきた在外子会社の換算について、連結の処理をみていきます。
　在外子会社の換算で生じた子会社の為替換算調整勘定は連結上、親会社と非支配株主で配分します。これがこのSectionのポイントです。

1 在外子会社の連結

在外子会社の連結の考え方は、国内における子会社の連結と基本的には同じです。

1 支配獲得日の資本連結

連結貸借対照表を作成する上で、親会社の投資と円換算後の子会社の資本の相殺消去を行います。

Q ３-１ **支配獲得日の資本連結**

　P社は×1年12月31日に米国にあるS社発行済株式の80％を80,000円で取得し、S社を支配した。P社・S社とも会計期間は1月1日から12月31日までである。このときの連結修正仕訳および連結貸借対照表を示しなさい。なお、S社の諸資産および諸負債の時価は帳簿価額に等しいものとする[01]。

1　×1年12月31日（支配獲得日）の個別貸借対照表

P社貸借対照表
×1年12月31日　　（単位：円）

諸　資　産	500,000	諸　負　債	220,000
S　社　株　式	80,000	資　本　金	300,000
		利益剰余金	60,000
	580,000		580,000

S社貸借対照表
×1年12月31日　　（単位：ドル）

諸　資　産	2,000	諸　負　債	1,000
		資　本　金	700
		利益剰余金	300
	2,000		2,000

2　決算時（×1年12月31日）の為替レートは100円／ドルである。

01）　子会社の資産・負債の評価替えについては、本試験での出題可能性が低いと考えられるため、本書では割愛しています。

(借)資 本 金	70,000	(貸)S 社 株 式	80,000
利 益 剰 余 金	30,000	非 支 配 株 主 持 分	20,000

連結貸借対照表
×1年12月31日　　　　（単位：円）

諸 資 産	700,000	諸 負 債	320,000
		資 本 金	300,000
		利益剰余金	60,000
		非支配株主持分	20,000
	700,000		700,000

(1) 在外子会社の貸借対照表の換算

▶▶ 支配獲得日の子会社の貸借対照表を円換算します。子会社の純資産項目は株式取得時のレートで換算し、資産・負債は決算時のレートで換算します。

しかし、決算日に株式を取得し、支配を獲得しているため、ともに100円／ドルで換算します。

したがって、為替換算調整勘定は生じません。

換算後S社貸借対照表
×1年12月31日　　　　（単位：円）

諸 資 産	200,000[02]	諸 負 債	100,000[03]
		資 本 金	70,000[04]
		利益剰余金	30,000[05]
	200,000		200,000

02) 2,000ドル×100円＝200,000円　　04) 700ドル×100円＝70,000円
03) 1,000ドル×100円＝100,000円　　05) 300ドル×100円＝30,000円

(2) 資本連結

円換算後の子会社の資本のうち親会社持分は親会社の投資と相殺し、非支配株主持分は非支配株主持分勘定に振り替えます。

非支配株主持分：$(70,000円 + 30,000円) \times 20\% = 20,000円$
　　　　　　　　　S社資本

のれん：$80,000円 - (70,000円 + 30,000円) \times 80\% = 0円$ [06]
　　　　S社株式　　　　　　P社持分

06) のれんが生じる場合については後ほどみていきます。

2 支配獲得日後の資本連結

▶▶ 国内における子会社の連結と同様に支配獲得日の開始仕訳を行った上で、以下の当期の連結修正仕訳[07]を行います。

なお、為替換算調整勘定は子会社の資本であるため、為替換算調整勘定の増加額（減少額）のうち非支配株主持分相当額を非支配株主持分に振り替えます[08]。

07) 親会社の受取配当金と相殺消去するため、子会社の剰余金の配当は取引時の為替レートで換算します。

08) 子会社当期純利益のうち非支配株主持分相当額を振り替えるのと同じです。

Q 3-2 **支配獲得日後の資本連結**

P社は×1年12月31日に米国にあるS社発行済株式の80％を80,000円で取得し、S社を支配した。P社・S社とも会計期間は1月1日から12月31日までである。なお、支配獲得日のS社の諸資産および諸負債の時価は帳簿価額に等しいものとする。P社の当期（×2年1月1日～×2年12月31日）の連結財務諸表を作成しなさい。

1　×1年12月31日（支配獲得日）のS社の資本

　　資　本　金：700ドル　利益剰余金：300ドル

　　×1年12月31日の為替レートは100円/ドルである。

2　当期の個別財務諸表

P社損益計算書			
×2年1月1日～×2年12月31日（単位：円）			
諸　費　用	70,000	諸　収　益	120,000
当期純利益	58,080	受取配当金	8,080
	128,080		128,080

S社損益計算書			
×2年1月1日～×2年12月31日（単位：円）			
諸　費　用	51,000	諸　収　益	71,400
当期純利益	20,400		
	71,400		71,400

P社貸借対照表			
×2年12月31日		（単位：円）	
諸　資　産	600,000	諸　負　債	281,920
S　社株式	80,000	資　本　金	300,000
		利益剰余金	98,080
	680,000		680,000

S社貸借対照表			
×2年12月31日		（単位：円）	
諸　資　産	231,000	諸　負　債	115,500
		資　本　金	70,000
		利益剰余金	40,300
		為替換算調整勘定	5,200
	231,000		231,000

3　S社は当期中に剰余金の配当10,100円を行っている。

4　P社の前期末の利益剰余金は60,000円であり、当期中に20,000円の剰余金の配当を行っている。

連結損益計算書
×2年1月1日～×2年12月31日（単位：円）

諸　費　用	121,000	諸　収　益	191,400
非支配株主に帰属する当期純利益	4,080		
親会社株主に帰属する当期純利益	66,320		
	191,400		191,400

連結貸借対照表
×2年12月31日　（単位：円）

諸　資　産	831,000	諸　負　債	397,420
		資　本　金	300,000
		利益剰余金	106,320
		為替換算調整勘定	4,160
		非支配株主持分	23,100
	831,000		831,000

連結株主資本等変動計算書
×2年1月1日～×2年12月31日　（単位：円）

	資　本　金	利益剰余金	為替換算調整勘定	非支配株主持分
当期首残高	300,000	60,000	0	20,000
当期変動額				
剰余金の配当		△20,000		
親会社株主に帰属する当期純利益		66,320		
株主資本以外の項目の当期変動額（純額）			4,160	3,100
当期変動額合計		46,320	4,160	3,100
当期末残高	300,000	106,320	4,160	23,100

3-2 |解説|

(1)　開始仕訳

（借）資 本 金 当 期 首 残 高	70,000[09]	（貸）S 社 株 式	80,000
利 益 剰 余 金 当 期 首 残 高	30,000[10]	非支配株主持分当期首残高	20,000[11]

　　09)　700ドル×100円=70,000円
　　10)　300ドル×100円=30,000円
　　11)　（70,000円＋30,000円）×20％=20,000円

(2)　当期の連結修正仕訳

①　子会社当期純利益の振替え

（借）非支配株主に帰属する当期純利益	4,080[12]	（貸）非支配株主持分当期変動額	4,080

　　12)　20,400円×20％=4,080円

②　為替換算調整勘定の振替え

（借）為替換算調整勘定当期変動額	1,040[13]	（貸）非支配株主持分当期変動額	1,040

　　13)　5,200円×20％=1,040円

③ 剰余金の配当

| (借)受　取　配　当　金 | 8,080[14] | （貸）剰　余　金　の　配　当 | 10,100 |
| 非支配株主持分当期変動額 | 2,020[15] | | |

14) 10,100円×80％＝8,080円　　**15)** 10,100円×20％＝2,020円

(3) 連結財務諸表の作成

① 連結損益計算書

諸収益：120,000円＋71,400円＝191,400円

諸費用：70,000円＋51,000円＝121,000円

② 連結株主資本等変動計算書

資本金当期首残高：300,000円＋70,000円－70,000円＝300,000円
　　　　　　　　　　　　P社　　　　　S社　　　　資本連結

利益剰余金当期首残高：60,000円＋30,000円－30,000円＝60,000円
　　　　　　　　　　　　　P社　　　　　S社　　　　資本連結

剰余金の配当：20,000円＋10,100円－10,100円＝20,000円
　　　　　　　　P社　　　　　S社　　　剰余金の配当

為替換算調整勘定当期変動額：5,200円－1,040円＝4,160円
　　　　　　　　　　　　　　　　　　非支配株主持分

非支配株主持分当期変動額：4,080円＋1,040円－2,020円＝3,100円
　　　　　　　　　　　　　当期純利益　為替換算調整勘定　剰余金の配当

③ 連結貸借対照表

諸資産：600,000円＋231,000円＝831,000円

諸負債：281,920円＋115,500円＝397,420円

トレーニングⅡ　Ch16　問題4へ

| 参考 | **外貨建てのれん** | |

1　換算レート

▸▸　在外子会社の資本連結時に生じたのれんは、子会社の資産・負債と同様に決算時のレートで換算します。

　そして、のれん償却額も子会社の費用・収益と同様に原則として期中平均レートで換算します。

　企業の超過収益力であるのれんを子会社の資産と考え、他の資産と同じレートで換算し、費用化額も他の費用と同じレートで換算します。

2 のれんに係る為替換算調整勘定

▶ のれんは決算日ごとに換算替えを行うため、のれんからも為替換算調整勘定が発生します。

ただし、のれんは親会社の持分から生じたものであるため、のれんに係る為替換算調整勘定は非支配株主には配分しません。

Q | **外貨建てのれん**

P社は、前期末（×1年3月31日）にS社の発行済株式のすべてを110ドルで取得し、S社を子会社とした。同日のレートは@100円である。

1. S社の純資産

　　×1年3月末　資本金：70ドル　　利益剰余金：30ドル

　　子会社の資産・負債の時価は簿価と一致している。

2. のれんは発生の翌年度より10年間で均等償却する。

3. 当期の期中平均レートは@101円、当期末のレートは@102円である。

A | **解答**

(1) 資本連結

外貨建てのれん：110ドル－（70ドル＋30ドル）×100％＝10ドル

のれん：10ドル×@100円＝1,000円

（借）資 本 金 当 期 首 残 高	7,000	（貸）S 　 社 　 株 　 式	11,000
利 益 剰 余 金 当 期 首 残 高	3,000		
の 　 れ 　 ん	1,000		

(2) のれんの償却

外貨建てのれんの償却額（1ドル）を期中平均レートで換算します。

（借）の れ ん 償 却 額	101 ⁰¹⁾	（貸）の 　 れ 　 ん	101

01) 1ドル×@101円＝101円

(3) のれんに係る為替換算調整勘定

外貨建てのれんの期末残高（9ドル）を決算時レートで換算します。そのため、のれんからも為替換算調整勘定を認識します。

（借）の 　 れ 　 ん	19 ⁰²⁾	（貸）為替換算調整勘定（当期変動額）	19

02) 1,000円－101円＝899円（換算前期末残高）　　9ドル×102円（CR）＝918円（換算後期末残高）
　　　為替換算調整勘定：918円－899円＝19円

トレーニングⅡ　Ch16　問題5へ

Q | TRY IT! │理論問題│**在外子会社の財務諸表項目の換算**│

次の各文章の空欄に適切な語句を記入しなさい。

　連結財務諸表の作成または持分法の適用にあたり、外国にある子会社または関連会社の外国通貨で表示されている財務諸表項目の換算は、次の方法による。

(1) 資産および負債

　　資産および負債については、（　ア　）の為替相場による円換算額を付する。

(2) 資本

　　親会社による株式の取得時における資本に属する項目については、（　イ　）の為替相場による円換算額を付する。

　　親会社による株式取得後に生じた資本に属する項目については、当該項目の（　ウ　）の為替相場による円換算額を付する。

(3) 収益および費用

　　収益および費用については、原則として（　エ　）相場による円換算額を付する。ただし、決算時の為替相場による円換算額を付すことを妨げない。

　　なお、親会社との取引による収益および費用の換算については、親会社が換算に用いる為替相場による。この場合に生じる差額は当期の（　オ　）として処理する。

(4) 貸借対照表の換算によって生じた換算差額については、（　カ　）として貸借対照表の純資産の部に記載する。

A │ TRY IT! │**解答**│

ア	イ	ウ	エ	オ
決算時	株式取得時	発生時	期中平均	為替差損益
⑮	⑮	⑮	⑮	⑳

カ
為替換算調整勘定
⑳

合計**100**点

組織再編にともなう
連結上の処理

　ここでは、これまで学習してきた企業結合や事業分離などの組織再編があった場合の連結の処理についてみていきます。株式交換以外は難易度が非常に高い論点ですので、難しいと感じた方はここで時間をかけすぎないようにしてください。

1 　株式交換の連結上の処理

▶　株式交換[01]とは、既存の株式会社同士が完全親会社（P社とする）と完全子会社（S社とする）となるための手法です。

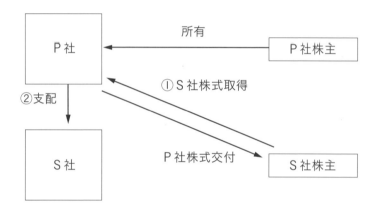

01) 株式交換はChapter14でみてきましたが、ここでは連結上の処理をみていきます。なお、株式交換では完全子会社となるため、連結上、非支配株主持分は出てきません。

1　個別財務諸表上の処理

▶　株式交換にさいして、完全親会社（P社）は完全子会社（S社）の株式を「取得」し、P社株式を交付するため、パーチェス法にもとづき処理します。

　パーチェス法によるため、S社株式の取得原価は、支払対価として交付するP社株式の時価となります。

株式交換の仕訳（P社）

（借）S 社 株 式	×××	（貸）資 本 金 な ど	×××

$$\underset{\text{払込資本}}{\text{子会社株式の取得原価} = \underline{\text{完全親会社株式の時価}} \times \text{交付株式数}}$$

2 連結財務諸表上の処理

連結財務諸表上の処理は、通常の子会社の場合と同じです。

(1) 子会社の資産および負債の時価評価

子会社の貸借対照表に表示されている資産および負債の帳簿価額が時価と異なる場合には、時価に修正します。

(2) 親会社の投資と子会社の資本の相殺

親会社の投資(子会社株式)と、子会社の資本を相殺消去し、差額をのれんまたは負ののれん発生益とします。

Q | 4-1 | 株式交換の連結上の処理 |

P社は×1年12月31日にS社と株式交換を行い、S社株主に対してP社株式を3,000株交付した。株式交換における取得企業はP社である。

P社・S社とも会計期間は1月1日から12月31日までである。このときの連結修正仕訳(評価差額の計上を含む)および連結貸借対照表を示しなさい。なお、税効果会計は適用しないものとする。

1　株式交換直前(×1年12月31日)の個別貸借対照表

P 社 貸 借 対 照 表
×1年12月31日　(単位:円)

諸　資　産	500,000	諸　負　債	240,000
		資　本　金	200,000
		利益剰余金	60,000
	500,000		500,000

S 社 貸 借 対 照 表
×1年12月31日　(単位:円)

諸　資　産	200,000	諸　負　債	70,000
		資　本　金	100,000
		利益剰余金	30,000
	200,000		200,000

2　株式交換時のP社株式の時価は@50円である。

3　株式交換による払込資本については、全額を資本金とすること。

4　S社の諸資産の時価は208,000円であり、諸負債の時価は帳簿価額に等しいものとする。

5　のれんは発生年度の翌年から20年間で均等償却を行う。

（借）諸　　資　　産	8,000	（貸）評　価　差　額	8,000
（借）資　　本　　金	100,000	（貸）S　社　株　式	150,000
利　益　剰　余　金	30,000		
評　価　差　額	8,000		
の　　れ　　ん	12,000		

連結貸借対照表
×1年12月31日　　　　（単位：円）

諸　資　産	708,000	諸　負　債	310,000
の　れ　ん	12,000	資　本　金	350,000
		利　益　剰　余　金	60,000
	720,000		720,000

1．個別財務諸表上の処理

（借）S　社　株　式	150,000	（貸）資　　本　　金	150,000[02]

02) ＠50円×3,000株＝150,000円

株式交換後個別財務諸表

P 社 貸 借 対 照 表
×1年12月31日　（単位：円）

諸　資　産	500,000	諸　負　債	240,000
S 社 株 式	150,000	資　本　金	350,000
		利益剰余金	60,000
	650,000		650,000

S 社 貸 借 対 照 表[03]
×1年12月31日　（単位：円）

諸　資　産	200,000	諸　負　債	70,000
		資　本　金	100,000
		利益剰余金	30,000
	200,000		200,000

03) 株式交換は完全親会社と完全子会社の株主との取引ですので、子会社の財務諸表には影響しません。

2．連結財務諸表上の処理

連結財務諸表上の処理は、通常の子会社の場合と同じです。

（1）子会社の資産および負債の時価評価

評価差額：208,000円－200,000円＝8,000円

（2）親会社の投資と子会社の資本の相殺

のれん：150,000円－（100,000円＋30,000円＋8,000円）＝12,000円

トレーニングⅡ　Ch16　問題6へ

Chapter 16　連結会計4（退職給付、在外子会社等）

参考 株式移転の連結上の処理

▶▶ 株式移転[01]とは、既存の株式会社が完全子会社(A社・B社とする)となるよう、完全親会社(P社とする)を新たに設立する手法です。

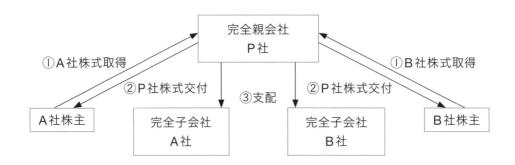

01) 株式移転は企業結合のChapter14でみてきましたが、ここでは連結上の処理をみていきます。
なお、完全子会社の場合には連結上、非支配株主持分は出てきません。

1 個別財務諸表上の処理

▶▶ 完全子会社が複数ある場合には、完全子会社のうちの1社が他の完全子会社の株式を「取得」したと仮定して処理します。

例えば、完全子会社A社(取得企業)が他の完全子会社B社(被取得企業)を取得したと仮定します。

このときP社では、取得企業の株式の取得原価を、A社の株主資本の額(簿価)とし、被取得企業の株式の取得原価を、取得企業の株式の時価に交付株式数を掛けた額とします。

株式移転の仕訳(P社)

(借) A 社 株 式	×××	(貸) 資 本 金 な ど	×××
B 社 株 式	×		

取得企業株式(A社株式)の取得原価 = 取得企業(A社)の株主資本の額(簿価)

被取得企業株式(B社株式)の取得原価 = 取得企業株式(A社株式)の時価 × 交付株式数

2 連結財務諸表上の処理

連結財務諸表上の処理も、取得企業と被取得企業に分けて考えます。

⑴ 取得企業(A社)に関する仕訳
① 投資と資本の相殺消去

▸ 完全親会社(P社)の投資(A社株式)と、完全子会社(A社)の資本は、いずれも適正な帳簿価額であるため、のれん(負ののれん)は生じません。

なお、完全親会社(P社)は、取得企業(完全子会社、A社)の資産および負債の適正な帳簿価額を引き継ぎます。そのため、取得企業(A社)の資産および負債については時価評価を行いません。

(借)資　　　本　　　金	×	(貸)A　社　株　式	×××
資　本　剰　余　金	×		
利　益　剰　余　金	×		

② 取得企業(A社)の利益剰余金の引継ぎ

▸ 取得企業の利益剰余金を引き継ぎます。なお、相手科目を資本剰余金として調整します。

(借)資　本　剰　余　金	×	(貸)利　益　剰　余　金	×

⑵ 被取得企業(B社)に関する仕訳
① 資産・負債の時価評価[02]

(借)諸　　資　　産	×	(貸)評　価　差　額	×

② 投資と資本の相殺消去[02]

完全親会社(P社)の投資(B社株式)と、完全子会社(B社)の資本を相殺し、差額をのれんまたは負ののれん発生益とします。

(借)資　　　本　　　金	×	(貸)B　社　株　式	×××
資　本　剰　余　金	×		
利　益　剰　余　金	×		
評　価　差　額	×		
の　　れ　　ん	×		

02) 通常の資本連結と同じです。

Q | 株式移転の連結上の処理

　A社とB社は×2年3月31日に株式移転を行い、完全親会社P社を設立した。P社、A社、B社とも会計期間は4月1日から3月31日までである。

　このときの連結貸借対照表を示しなさい。なお、税効果会計は適用しないものとする。

1．株式移転直前(×2年3月31日)の個別貸借対照表

<table>
<tr><td colspan="4" align="center">A 社 貸 借 対 照 表
×2年3月31日　（単位：円）</td><td colspan="4" align="center">B 社 貸 借 対 照 表
×2年3月31日　（単位：円）</td></tr>
<tr><td>諸　資　産</td><td align="right">200,000</td><td>諸　負　債</td><td align="right">70,000</td><td>諸　資　産</td><td align="right">60,000</td><td>諸　負　債</td><td align="right">15,000</td></tr>
<tr><td></td><td></td><td>資　本　金</td><td align="right">100,000</td><td></td><td></td><td>資　本　金</td><td align="right">30,000</td></tr>
<tr><td></td><td></td><td>資本剰余金</td><td align="right">20,000</td><td></td><td></td><td>資本剰余金</td><td align="right">10,000</td></tr>
<tr><td></td><td></td><td>利益剰余金</td><td align="right">10,000</td><td></td><td></td><td>利益剰余金</td><td align="right">5,000</td></tr>
<tr><td></td><td align="right">200,000</td><td></td><td align="right">200,000</td><td></td><td align="right">60,000</td><td></td><td align="right">60,000</td></tr>
</table>

2．A社の発行済株式総数は3,000株、B社の発行済株式総数は1,200株である。

3．P社は、A社株主およびB社株主にそれぞれ3,000株、1,000株のP社株式を交付した。

4．この株式移転における取得企業はA社、被取得企業はB社である。

5．株式移転時のA社株式の時価は@50円である。

6．株式移転による払込資本については、半分を資本金、半分を資本剰余金とする。

7．A社の諸資産の時価は205,000円であり、諸負債の時価は帳簿価額に等しいものとする。

8．B社の諸資産の時価は62,000円であり、諸負債の時価は帳簿価額に等しいものとする。

A | 解答・解説

1．個別上の処理

(借) A 社 株 式	130,000		(貸) 資　　　本　　　金	90,000
B 社 株 式	50,000		資　本　剰　余　金	90,000

A社株式の取得原価：100,000円＋20,000円＋10,000円＝130,000円

B社株式の取得原価：@50円×1,000株＝50,000円

資本金：$(130,000円＋50,000円) \times \dfrac{1}{2} = 90,000円$

2．連結上の処理

（I）取得企業(A社)

①　投資と資本の相殺

(借) 資　　　本　　　金	100,000	(貸) A 社 株 式	130,000
資　本　剰　余　金	20,000		
利　益　剰　余　金	10,000		

②　利益剰余金の引継ぎ

(借) 資　本　剰　余　金	10,000	(貸) 利　益　剰　余　金	10,000

(2) 被取得企業(B社)

① 資産・負債の時価評価

(借)諸	資	産	2,000	(貸)評	価	差	額	2,000[03]

03) 62,000円-60,000円=2,000円

② 投資と資本の相殺

(借)資	本	金	30,000	(貸)B	社	株	式	50,000
資	本 剰 余	金	10,000					
利	益 剰 余	金	5,000					
評	価 差	額	2,000					
の	れ	ん	3,000[04]					

04) 貸借差額

連結貸借対照表
×2年3月31日　　　　　　　　(単位：円)

諸　資　産	262,000[05]	諸　負　債	85,000[06]
の　れ　ん	3,000	資　本　金	90,000[07]
		資 本 剰 余 金	80,000[08]
		利 益 剰 余 金	10,000[09]
	265,000		265,000

05) 200,000円+60,000円+2,000円=262,000円
06) 70,000円+15,000円=85,000円
07) 100,000円+30,000円+90,000円-100,000円-30,000円=90,000円
08) 20,000円+10,000円+90,000円-20,000円-10,000円-10,000円=80,000円
09) 10,000円+5,000円-10,000円-5,000円+10,000円=10,000円

トレーニングⅡ　Ch16　問題7へ

参考　**事業分離の連結上の処理**

▶ 　事業分離には様々な形態がありますが、ここでは事業分離の対価が株式で、事業分離により親会社・子会社の関係になる場合について設例をみながら説明していきます[01]。

1. 事業分離の対価：株式、事業分離により親会社・子会社の関係になる場合

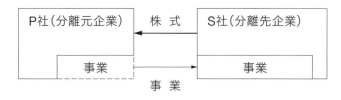

　P社がS社に事業を移転し、対価としてS社株式を取得します。

　これにより、P社がS社の親会社になるケースです。

01)　ここは難易度が非常に高く、本試験での出題頻度もそれほど高くないため、難しいと思われた方は後回しにしてください。

右余白（縦書き）：
Chapter 16　連結会計4（退職給付、在外子会社等）

Q | 事業分離（対価が株式の場合）の連結上の処理 |

　P社は当期末（×1年12月31日）にA事業をS社に移転した。以下の資料にもとづき、P社の当期末の連結貸借対照表を示しなさい。なお、税効果会計は考慮しない。

1. A事業の事業分離により、P社はS社よりS社株式を受け取った。これによりP社は、S社の発行済株式総数の60％を取得することとなり、S社を子会社とした。

2. 事業分離直前（×1年12月31日）における個別貸借対照表

<table>
<tr><th colspan="4" style="text-align:center">P 社 貸 借 対 照 表
×1年12月31日　（単位：円）</th></tr>
<tr><td>A事業資産</td><td>50,000</td><td>A事業負債</td><td>20,000</td></tr>
<tr><td>その他の諸資産</td><td>110,000</td><td>その他の諸負債</td><td>30,000</td></tr>
<tr><td></td><td></td><td>資　本　金</td><td>70,000</td></tr>
<tr><td></td><td></td><td>利益剰余金</td><td>40,000</td></tr>
<tr><td></td><td>160,000</td><td></td><td>160,000</td></tr>
</table>

<table>
<tr><th colspan="4" style="text-align:center">S 社 貸 借 対 照 表
×1年12月31日　（単位：円）</th></tr>
<tr><td>諸　資　産</td><td>37,000</td><td>諸　負　債</td><td>18,000</td></tr>
<tr><td></td><td></td><td>資　本　金</td><td>15,000</td></tr>
<tr><td></td><td></td><td>利益剰余金</td><td>4,000</td></tr>
<tr><td></td><td>37,000</td><td></td><td>37,000</td></tr>
</table>

3. S社では事業分離による払込資本を全額、資本金とする。

4. 事業分離直前のS社貸借対照表における諸資産の時価は38,500円であった。

5. 事業分離直前のS社の既存の事業の時価は21,000円であった。

6. S社に移転したA事業の時価は31,500円であった。

A | 解答・解説 |

<table>
<tr><th colspan="4" style="text-align:center">連結貸借対照表
×1年12月31日　（単位：円）</th></tr>
<tr><td>諸　資　産</td><td>198,500</td><td>諸　負　債</td><td>68,000</td></tr>
<tr><td>の　れ　ん</td><td>300</td><td>資　本　金</td><td>70,000</td></tr>
<tr><td></td><td></td><td>資 本 剰 余 金</td><td>600</td></tr>
<tr><td></td><td></td><td>利 益 剰 余 金</td><td>40,000</td></tr>
<tr><td></td><td></td><td>非支配株主持分</td><td>20,200</td></tr>
<tr><td></td><td>198,800</td><td></td><td>198,800</td></tr>
</table>

1. 個別財務諸表上の処理

　　分離元企業（P社）：移転した事業に係る株主資本相当額を子会社株式の取得原価とします。

　　分離先企業（S社）：逆取得となるため、分離元企業の資産および負債を帳簿価額で引き継ぎます。

16 - 34　　商業簿記・会計学1級 ｜ テキストⅡ ｜ 応用編

P社（分離元企業）	S社（分離先企業）
（借）A事業負債 20,000 （貸）A事業資産 50,000 　　　S 社 株 式 30,000	（借）A事業資産 50,000 （貸）A事業負債 20,000 　　　　　　　　　　　　資　本　金 30,000

2.　連結財務諸表上の処理

　　子会社の既存の事業の仕訳と、移転した事業の仕訳を分けて考えます。

⑴　既存の事業の仕訳（評価替え）：子会社の資産および負債を時価評価します。

（借）諸　　資　　産　　1,500	（貸）評　価　差　額　　1,500[02]

02)　38,500円−37,000円＝1,500円

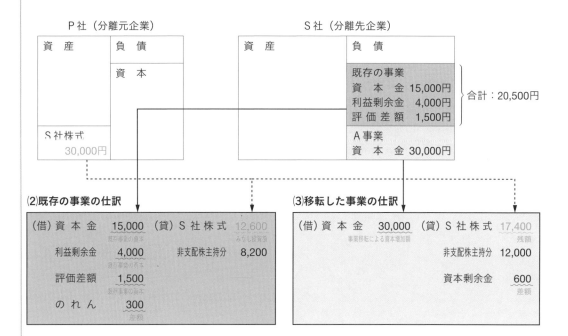

⑵既存の事業の仕訳

（借）資 本 金 15,000	（貸）S 社 株 式 12,600
既存事業の資本	みなし投資額
利益剰余金 4,000	非支配株主持分 8,200
移行事業の資本	
評価差額 1,500	
既存事業の資本	
の れ ん 300	
差額	

⑶移転した事業の仕訳

（借）資 本 金 30,000	（貸）S 社 株 式 17,400
事業移転による資本増加額	残額
	非支配株主持分 12,000
	資本剰余金 600
	差額

①S社株式

　　取得したS社株式のうち既存事業に投資したとみなす額を計算します。

　　みなし投資額：既存の事業の時価に親会社持分比率を掛けた額となります。

　　21,000円×60％＝12,600円

②非支配株主持分

　20,500円×40％＝8,200円
　既存事業の資本合計

③のれん

　12,600円−20,500円×60％＝300円
　　　　　　　　　P社持分

①S社株式

　　連結上、子会社株式をすべて消去するため、相殺されずに残った額をここで相殺します。

　　30,000円−12,600円＝17,400円

②非支配株主持分

　30,000円×40％＝12,000円
　移転事業の資本合計

③資本剰余金（※）

　　仕訳の貸借差額を資本剰余金とします。

連結会計4（退職給付、在外子会社等）

Chapter 16

(4) **連結貸借対照表の作成**

諸　資　産：110,000円＋37,000円＋50,000円＋1,500円＝198,500円

諸　負　債：30,000円＋18,000円＋20,000円＝68,000円

資　本　金：70,000円＋30,000円＋15,000円－15,000円－30,000円＝70,000円

資本剰余金：600円

利益剰余金：40,000円＋4,000円－4,000円＝40,000円

非支配株主持分：8,200円＋12,000円＝20,200円

※　**資本剰余金の計算**

仕訳の貸借差額で計算できますが、次のように計算することもできます。

(1) **考え方**

P社の移転した事業に対する持分比率は、次のように変動しています。

事業分離前：100％　→　事業分離後：60％

そのため、移転した事業の40％を非支配株主に売却したと考えます。

(2) **資本剰余金**

移転した事業の40％を時価で非支配株主に売却したと考え、「移転した事業の時価に非支配株主持分の比率を掛けた額（みなし移転事業額）」と、「事業移転による資本増加額のうちの非支配株主持分相当額」との差額を資本剰余金とします。

31,500円×40％－30,000円×40％＝600円
移転事業時価　　　移転による資本増加額

本支店会計

> **Point**
> 本支店会計については2級でも学習しましたが、1級では在外支店（外国にある支店）の換算などが加わります。まずは2級の復習から始めていきましょう。

用語集

本店集中会計制度
支店には帳簿を設けず、本店の帳簿に支店の取引も記入する制度

支店独立会計制度
支店が独自の帳簿を持ち本店から独立して会計処理を行う制度

支店分散計算制度
支店相互間の取引をそれぞれの支店で、取引相手の支店勘定を用いて処理する方法

本店集中計算制度
支店相互間の取引を本店と支店の取引とみなして処理する方法

内部未実現利益
本支店間または支店相互間で売買されている商品の期末棚卸高に含まれている利益

総合損益勘定
利益の総合計(本店の利益と支店の利益)を行い、内部利益を加減する勘定

Section 1 本店支店の期中取引

本店と支店は同じ会社ではあるけれども、独立して活動しています。本店の得意先は「本店との取引」、支店の得意先は「支店との取引」を行うことになります。それでは、本店が支店の得意先と接触した方が効率的という場合には、どうするべきでしょうか?

会社内の管理としては、支店の得意先との関係は支店のものであり、支店の得意先にとっても本店ではなく支店との関係とした方がメリットがあります。

ここでは、間接的なものも含めて本店支店の期中取引をみていきます。

1 期中取引の全体像

▶▶ 本支店会計における期中取引は次のとおりです。

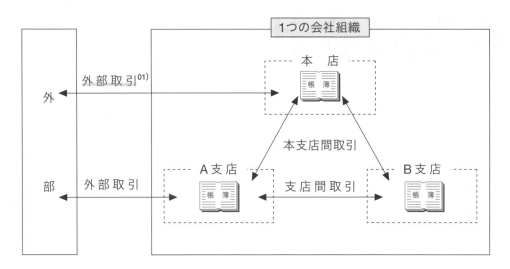

01) 企業外部との取引です。対して本支店間取引、支店間取引を内部取引といいます。

▶▶ 1級では、本店と支店で利益をつけて商品を販売する取引について学習します。そのため、期末に外部に未販売の商品について未実現利益を控除する処理が必要となります。

本店から支店への商品販売時の仕訳

本店

(借)支　　　　　　　店	××	(貸)支　店　へ　売　上[02]	××

支店

(借)本　店　仕　入[02]	××	(貸)本　　　　　　　店	××

02) 売上勘定や仕入勘定を用いることもあります。

2 | 本支店間取引

▶ 本支店間取引[01]のうち、日商1級では次の取引が問題になります。

(1) 支店が本店の仕入先から直接商品を仕入れた場合[02]

▶ この場合は、本店がいったん仕入先から商品を仕入れ、これを支店に発送したものとみなして処理します。

> 01) 1級での本支店間取引のうち、多くは2級で学習したものです。
> ①送金取引、②商品の発送取引、③債権・債務の決済取引、④諸経費の立替取引、⑤諸収益の受領取引
>
> 02) 本店が支店の仕入先から直接商品を仕入れることもあります。

Q | 1-1 | 直接仕入 |

支店は、本店を通じて仕入れている商品を、直接本店の仕入先から100,000円で掛けにより仕入れた。支店はこの旨を本店に報告した。なお、本店は支店へ商品を発送するさいに、原価に20%の利益を加算している。このときの本店および支店の仕訳を示しなさい。

A | 1-1 | 解答・解説 |

＜本　店＞

①	(借)仕	入	100,000	(貸)買　　掛　　金	100,000	
②	(借)支	店	120,000	(貸)支　店　へ　売　上	120,000[03]	

> 03) 100,000円×1.2＝120,000円

＜支　店＞

(借)本　店　よ　り　仕　入	120,000[03]	(貸)本	店	120,000

①いったん本店が仕入先から商品を仕入れ、②利益を加算した振替価格で支店に送付したとみなして処理します。

⑵ 本店が支店の得意先に直接商品を販売した場合

▶▶ この場合は、本店がいったん支店に商品を発送し、これを支店が得意先に販売したものとみなして処理します。

Q | 1-2 | 直接売上 |

本店は本来ならば支店へ送付している商品を、直接支店の得意先に150,000円（原価100,000円）で掛販売した。

本店はこの旨を支店に報告した。なお、本店は支店へ商品を発送するさいに、原価に20%の利益を加算している。このときの本店および支店の仕訳を示しなさい。

A | 1-2 | 解答・解説 |

＜本　店＞

（借）支　　　　　店	120,000	（貸）支　店　へ　売　上	120,000[04]

04) 100,000円×1.2＝120,000円

＜支　店＞

①	（借）本 店 よ り 仕 入	120,000[04]	（貸）本　　　　　店	120,000
②	（借）売　　掛　　金	150,000	（貸）売　　　　　上	150,000

①いったん本店が支店へ利益を加算して商品を送付し、②この商品を支店が得意先に掛販売したものとみなして処理します。

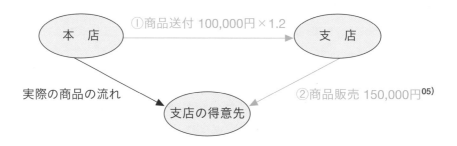

05) 支店の得意先なので、売掛金は支店の債権です。

実際の流れを①と②に切り分けて処理しています

トレーニングⅡ　Ch17　問題1へ

3 | 支店間取引

▶▶ 支店間取引とは、支店相互間で行われる企業内部の取引をいいます。

支店間取引の会計処理方法には(1)支店分散計算制度と(2)本店集中計算制度があります[01]。

(1) 支店分散計算制度

支店分散計算制度[02]とは、それぞれの支店で取引相手の支店勘定を用いて処理する方法です。したがって、各支店には本店勘定と各支店勘定を設けます。

(2) 本店集中計算制度

本店集中計算制度[03]とは、支店相互間の取引を本店と支店の取引とみなして処理する方法です。各支店には本店勘定のみを設け、本店には各支店勘定を設けます。

01) 支店分散計算制度、本店集中計算制度とSection 2で学習した支店独立会計制度、本店集中会計制度とを混同しないようにしてください。

02) 支店分散計算制度によると、支店間の取引が明確になりますが、本店が支店間の取引を直接把握できなくなります。

03) 本店集中計算制度によると、本店で支店相互間のすべての取引を把握することができます。

Q | 1-3 | 支店間取引 |

大宮支店は、横浜支店に対して原価100,000円の商品に20%の利益を加算して送付した。このときの本店、大宮支店および横浜支店の仕訳を(1)支店分散計算制度および(2)本店集中計算制度により示しなさい。

A | 1-3 | 解答・解説 |

💡 | (1) 支店分散計算制度

＜本　店＞

仕　訳　な　し

＜大宮支店＞

(借)横　　浜　　支　　店	120,000	(貸)横 浜 支 店 へ 売 上	120,000[04]

04) 100,000円×1.2＝120,000円

＜横浜支店＞

(借)大 宮 支 店 よ り 仕 入	120,000[04]	(貸)大　　宮　　支　　店	120,000

(2) 本店集中計算制度

<本　店>

（借）横　浜　支　店	120,000	（貸）大　宮　支　店	120,000

<大宮支店>

（借）本　　　　　店	120,000	（貸）本　店　へ　売　上	120,000

<横浜支店>

（借）本　店　よ　り　仕　入	120,000	（貸）本　　　　　店	120,000

　本店集中計算制度では、支店間取引を①大宮支店と本店の取引と②横浜支店と本店との取引とに分解します。

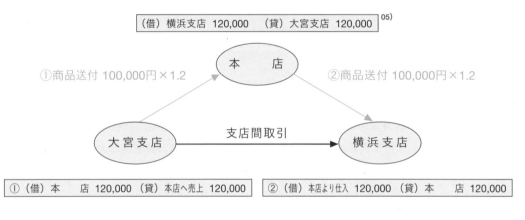

05) 本店における各支店勘定と、各支店における本店勘定は、必ず貸借反対に記入します。

トレーニングⅡ　Ch17　問題2へ

本店にとって○○支店は資産にあたる勘定です
商品の移動により、横浜支店の価値が増え
大宮支店の価値が減っているので
上記の仕訳となります

Section 2 本支店合併財務諸表の作成

重要度

　本店と支店は同じ会社です。いくら独立した期中の取引や会計処理を行っていても、最終的に公表する財務諸表は一つの会社のものとして作成する必要があります。本店の現金が200円、支店の現金が100円であれば、会社全体の現金は300円です。ほとんどの項目は合計するだけです。

　ただし、ちょっと例外もあります。それでも本店と支店の取引をその他の取引と区別して処理していれば何の心配もいりません。在庫の管理もしっかりしていれば大丈夫です。財務諸表の作成にあたり、注意する点をみていきましょう。

1 本支店合併財務諸表の作成手順

本支店合併財務諸表は次の手順で作成されます。

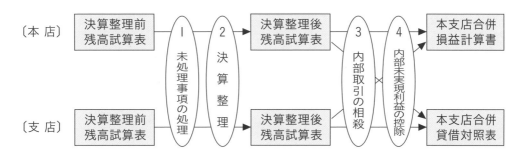

01) 本支店合併財務諸表作成の手続は合併精算表という精算表上で行われます。
02) 合併手続が本支店合併財務諸表作成上、特に重要になります。

Chapter 17 本支店会計

1 未処理事項の処理

▷ 未処理事項の処理により、本店勘定と支店勘定、および本店より仕入勘定と支店へ売上勘定[03]の
残高は必ず一致します。

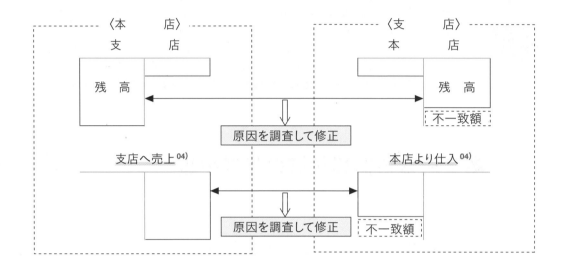

03) 本店仕入勘定、支店売上勘定が用いられることもあります。
04) 支店から本店に商品を発送している場合には、支店より仕入勘定と本店へ売上勘定
になります。

Q 2-1 **未処理事項の処理**

決算において、支店勘定および本店勘定の残高がそれぞれ120,000円（借方残）と98,000円（貸
方残）であり、支店へ売上勘定および本店より仕入勘定の残高がそれぞれ66,000円（貸方残）と
44,000円（借方残）であったため、不一致の原因を調査したところ、本店から支店へ商品22,000
円を発送したが、支店で未処理であったことが判明した。このときの支店における仕訳を示しな
さい。

A 2-1 **解答・解説**

💡 この未処理の取引の処理は期末商品棚卸高や内部利益の算定に影響します。

＜支　店＞

（借）本 店 よ り 仕 入	22,000	（貸）本 店	22,000

2 決算整理

▶▶ 有価証券の評価、貸倒引当金の設定、減価償却といった決算整理[05]を行います。この手続は通常の財務諸表の作成と同じです。

05) 本店および支店で個別に計算しなければならないことがあるので注意してください。

Q | 2-2 | **決算整理** |

決算において、売上債権期末残高に対して2%の貸倒引当金を設定する。本店の売掛金、貸倒引当金の決算整理前残高はそれぞれ、110,000円、1,200円である。なお、当期末現在の未処理の取引は以下のものがあった。未処理事項の仕訳および決算整理仕訳を示しなさい。

支店は本店の売掛金30,000円を回収したが、本店で未処理である。

A | 2-2 | **解答・解説** |

(1) 未処理取引
＜本　店＞

（借）支　　　　　　店	30,000	（貸）売　　　掛　　　金	30,000

(2) 決算整理仕訳
＜本　店＞

（借）貸 倒 引 当 金 繰 入	400[06]	（貸）貸 倒 引 当 金	400

06) 売掛金が減少するので、それにかかわる貸倒引当金の設定が影響を受けます。
(110,000円－30,000円)×2%－1,200円＝400円

3 内部取引の相殺

▶▶ 内部取引の相殺は、次の2項目について行います。

(1) 支店勘定と本店勘定の相殺消去

▶▶ 支店勘定と本店勘定は企業内部の投資額と出資額(または債権額と債務額)を示すものです。

したがって、外部利害関係者への財政状態の報告にさいして相殺消去します。

(2) 内部売上と内部仕入の相殺消去

▶▶ 支店へ売上勘定[07]と本店より仕入勘定[08]は内部取引を示す勘定であり、対外的には企業内部での商品の移動です。

したがって、外部利害関係者への経営成績の報告にさいして相殺消去します。

07) 支店が本店に販売している場合は本店へ売上勘定。
08) 支店が本店に販売している場合は支店より仕入勘定。

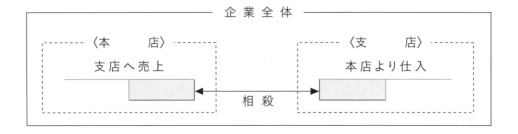

4　内部未実現利益の控除

(1)　内部未実現利益とは

▶▶　内部未実現利益[09]とは、本支店間または支店相互間で売買されている商品の期末棚卸高に含まれている利益です。

09)　"未実現"は"未販売"と読みかえることができます。
すると、企業内部に残る未販売の商品に含まれている利益=内部未実現利益ということになります。

Q ｜2-3｜内部未実現利益｜

　　本店は仕入先から商品10個を@10,000円で仕入れ、これを支店へ@12,000円で送付し、支店はこの商品のうち8個を@20,000円で販売した。このときの支店の未販売商品に含まれる内部未実現利益を計算しなさい。

A ｜2-3｜解答・解説｜

　　内部未実現利益：（@12,000円－@10,000円）×2個＝4,000円

(2)　内部未実現利益の控除

▶▶　財務諸表の作成上、期首商品および期末商品に含まれる内部未実現利益については、損益計算書上の期首商品棚卸高、期末商品棚卸高および貸借対照表上の商品から直接控除します。

① 期首商品に含まれている内部未実現利益
　　期首商品棚卸高から内部未実現利益を控除することにより、その分売上原価を減少させ[10]、結果として利益を増加させます。

② 期末商品に含まれている内部未実現利益
　　期末商品棚卸高から内部未実現利益を控除することにより、その分売上原価を増加させ、結果として利益を減少させます。

10)　本支店会計においては、期首商品は期末までにすべて販売されたと考えます。

▶▶　たとえば、期首商品棚卸高に含まれる内部未実現利益が100円、期末商品棚卸高に含まれる内部未実現利益が200円であったとすると、売上原価に次のような影響を及ぼします。

a 期首商品の影響

↓100円↓ ⇒ ↓ ↓	
期首商品	売上原価
当期仕入	期末商品

b 期末商品の影響

期首商品	売上原価
当期仕入	↓200円↓
	期末商品

期首商品棚卸高	＋	当期商品仕入高	－	期末商品棚卸高	＝売　上　原　価
a　△100					──→　△100
		b　△200		──→	＋200

2 | 合併損益計算書の作成

▶▶ 未処理事項を処理し、内部取引を相殺消去した後に合併損益計算書を作成します。

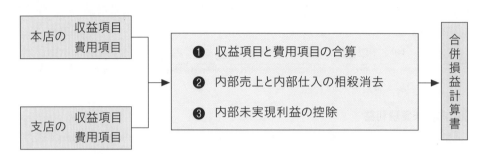

▶▶ 売上原価の内訳科目をみると次のとおりです。

```
 Ⅱ 売 上 原 価
   1. 期首商品棚卸高      ×× ← 直接に内部未実現利益を控除
   2. 当期商品仕入高      ×× ← 内部仕入高を控除
          合   計      ××
   3. 期末商品棚卸高      ×× ← 直接に内部未実現利益を控除
```

3 | 合併貸借対照表の作成

▶▶ 合併損益計算書の作成と同様の手続によって合併貸借対照表を作成します。

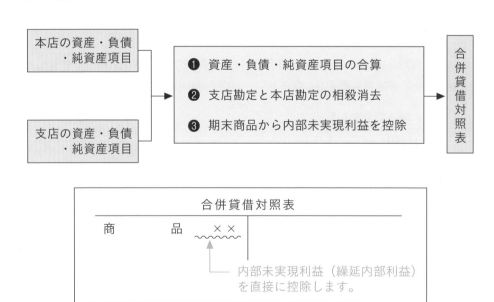

合併貸借対照表

商　　　品　　　××
内部未実現利益（繰延内部利益）を直接に控除します。

トレーニングⅡ　Ch17　問題3へ

Section 3 決算手続と帳簿の締切り

本支店合併財務諸表の作成と帳簿の締切りは必ずしも連動していません。本支店合併財務諸表が作成できたからといって安心するのは早いようです。本店の帳簿と、支店の帳簿をつなぐ「パイプ役」を務めるのは、支店勘定と本店勘定のコンビです。支店はどのようにして利益を本店に渡し、本店はこれをどのように受け取るのでしょうか？ 絶妙な橋渡しをみていきましょう。

Point | 学習ワンポイント |

総合損益勘定の意味

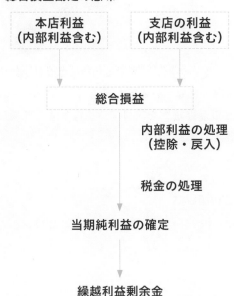

本店の利益だけで配当して株主が納得してくれればいいのですが…。

そうはいきませんよね。

そこで、当然に本店の利益と支店の利益を集める必要があり、そのための勘定が総合損益勘定なのです。

ここで『内部利益』について考えてみましょう。"内部"利益というのは、本店と支店の利益を集めることで初めて"内部"という問題が起こります。ですから、利益を集めた総合損益勘定で、内部利益の控除や戻入れが行われるのです。

裏返していうと、本店や支店が独自の利益を算定するさいには考慮しません。本店より仕入勘定も支店へ売上勘定も通常の収益、費用と同じに本店や支店の損益として扱われます。

この後に税金の処理をして、当期純利益が確定され、それが繰越利益剰余金勘定に振り替えられるのです。

1 | 帳簿の締切り

▶ 帳簿を締め切るまでの流れは次のとおりです。

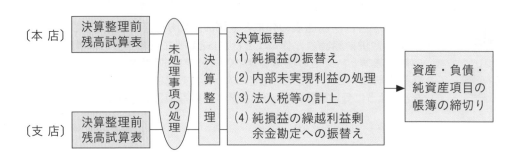

2 | 純損益の振替え

▶ 本店および支店は決算手続を独自に行うので、本店の純損益は本店損益勘定で、支店の純損益は支店損益勘定で把握されます[01]。

しかし、外部へ公表するためには会社全体の純損益の把握が必要です。そこで本店において、総合損益勘定[02]を設けて、会社全体の純損益を算定します[03]。

01) 支店の場合、以下の勘定連絡となります。

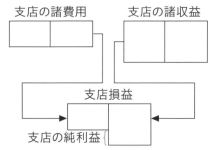

02) 利益の総合計(本店の利益と支店の利益)を行い、内部利益を加減する勘定です。

03) 総合損益勘定を設けずに、本店損益勘定で会社全体の純損益を算定する場合もあります。

1 本店純損益の振替え

▶ 本店の純損益を本店損益勘定から総合損益勘定へ振り替えます。

Q | ∃-1 | 本店純損益の振替え |

本店は決算の結果、20,000円の当期純利益を計上し、これを総合損益勘定へ振り替えた。このとき本店で行われる仕訳を示しなさい。

A | ∃-1 | 解答・解説 |

＜本　店＞

（借）本　　店　　損　　益	20,000	（貸）総　　合　　損　　益	20,000

勘定の流れは次のとおりです。

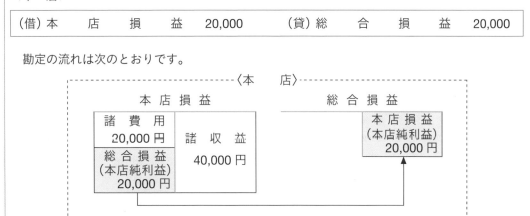

2 支店純損益の振替え

▶ 次に、支店の純損益を総合損益に振り替えます。ただし、本店と支店ではそれぞれ別の帳簿を用いているため、支店の純損益を直接、本店の総合損益勘定に振り替えることはできません [04]。

そこで、支店は純損益をまず本店勘定に振り替えます。本店では、それに対応して [05] 支店の純損益を支店勘定に記入するとともに、総合損益勘定へ振り替えます。

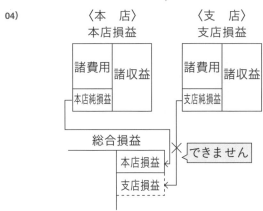

04)

05) 本店における支店純利益を受け入れる仕訳です。勘定の流れは次のとおりです。

Q | 3-2 | **支店純損益の振替え** |

支店は決算の結果、5,000円の当期純利益を計上し、その旨を本店に報告した。このときの本店および支店の仕訳を示しなさい。

A | 3-2 | **解答・解説** |

＜支　店＞

（借）支　　店　　損　　益	5,000	（貸）本　　　　　　　　店	5,000

＜本　店＞

（借）支　　　　　　　　店	5,000	（貸）総　　合　　損　　益	5,000

この仕訳によって、支店の純損益が本店勘定および支店勘定を経由して総合損益に振り替えられることになります。

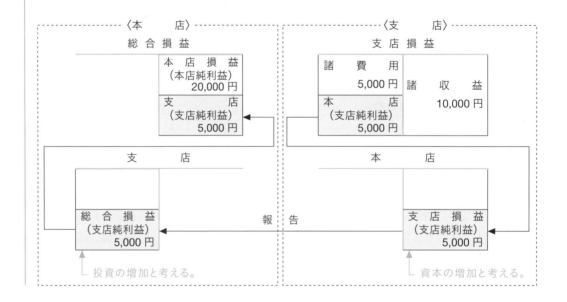

総合損益勘定上、本店の純利益は「本店損益」で表されますが、支店の純利益は「支店損益」ではなく「支店」で表されることになります

3 | 内部未実現利益の処理

(1) 期末商品に含まれる内部未実現利益の控除

▶ 期末商品に含まれる内部未実現利益は、繰延内部利益勘定[01]により次期に繰り延べます。

このときの相手勘定として、繰延内部利益控除勘定[02]を用います。

> [01] 内部利益に関する勘定は、財務諸表に記載される科目ではないので固定化されていません。問題に用いられている科目に合わせて用いてください。
>
> [02] 繰延内部利益控除勘定は、利益の控除項目です。

Q | 3-3 | 内部未実現利益の処理1 |

　支店の期末商品のうち24,000円は本店から仕入れた商品であり、本店は支店へ商品を発送するにあたり、原価に20%の利益を加算している。この期末商品に含まれる内部未実現利益の処理にかかわる仕訳を示しなさい。

A | 3-3 | 解答・解説 |

💡 ＜本　店＞

（借）繰 延 内 部 利 益 控 除	4,000[03]	（貸）繰 延 内 部 利 益	4,000

[03] $24,000円 \times \dfrac{0.2}{1.2} = 4,000円$

(2) 期首商品に含まれる内部未実現利益の戻入れ

▶ 期首商品に含まれる内部未実現利益は、繰延内部利益勘定により前期から繰り延べられています。

したがって、繰延内部利益勘定から繰延内部利益戻入勘定に振り替え、当期の利益に加算[04]します。

> [04] 本支店会計では、先入先出法を前提とします。期首商品については期中に販売されたと考えられ、期首商品に含まれる内部利益は当期に実現したことになります。

Q | 3-4 | 内部未実現利益の処理2 |

　支店の期首商品のうち12,000円は、本店から仕入れた商品であり、本店は支店へ商品を発送するにあたり、原価に20%の利益を加算している。この期首商品に含まれる内部未実現利益の処理にかかわる仕訳を示しなさい。

A | 3-4 | 解答・解説 |

💡 ＜本　店＞

（借）繰 延 内 部 利 益	2,000[05]	（貸）繰 延 内 部 利 益 戻 入	2,000

[05] $12,000円 \times \dfrac{0.2}{1.2} = 2,000円$

⑶ 繰延内部利益戻入・控除の総合損益勘定への振替え

▶▶ 　繰延内部利益戻入勘定と繰延内部利益控除勘定は総合損益勘定へ振り替えます[06]。

> 06)　これにより会社全体の(税引前)当期純利益を算定することができます。

Q ｜ ∃-5 ｜ **内部未実現利益の処理3** ｜
　繰延内部利益戻入2,000円と繰延内部利益控除4,000円を総合損益勘定へ振り替える。このときの本店で行われる仕訳を示しなさい。

A ｜ ∃-5 ｜ **解答・解説** ｜

＜本　店＞

(借)繰 延 内 部 利 益 戻 入	2,000	(貸)総　　合　　損　　益	2,000
(借)総　　合　　損　　益	4,000	(貸)繰 延 内 部 利 益 控 除	4,000

　以上の、⑴～⑶の仕訳を勘定に記入すると次のようになります。

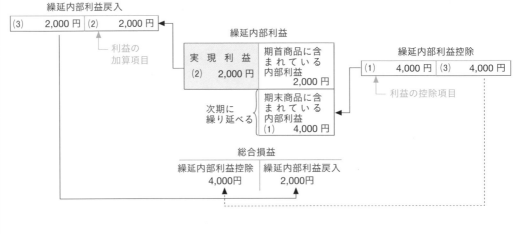

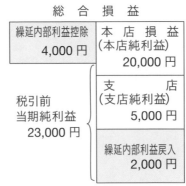

4 | 法人税等の計上

▶▶ 法人税等は会社全体に対して課せられるものなので、本支店の合計の損益を表している総合損益勘定で処理します。

(1) 法人税等の計上

Q | 3-6 | 法人税等の処理1 |

税引前当期純利益23,000円に対して50%の法人税等を計上する。このときの本店で行われる仕訳を示しなさい。なお、中間納付額5,000円が仮払法人税等勘定で処理されている。

A | 3-6 | 解答・解説 |

＜本　店＞

（借）法　人　税　等	11,500[01]	（貸）仮　払　法　人　税　等	5,000
		未　払　法　人　税　等	6,500

01)　法人税、住民税および事業税を指しています。23,000円×50％＝11,500円

(2) 総合損益勘定への振替え

Q | 3-7 | 法人税等の処理2 |

法人税等11,500円を総合損益勘定へ振り替える。このときの本店で行われる仕訳を示しなさい。

A | 3-7 | 解答・解説 |

＜本　店＞

（借）総　合　損　益	11,500	（貸）法　人　税　等	11,500

総　合　損　益

繰延内部利益控除 4,000 円	本 店 損 益 （本店純利益） 20,000 円
法 人 税 等 11,500 円	
当期純利益 11,500 円	支　　　　店 （支店純利益） 5,000 円
	繰延内部利益戻入 2,000 円

5 | 全体純損益の振替え

▶▶ 2〜4の結果、総合損益勘定の残高は会社全体の当期純利益を示すこととなります。

そこで、会社全体の純損益を繰越利益剰余金勘定へ振り替えます。

Q | 3-8 | 繰越利益剰余金への振替え |

会社全体の当期純利益11,500円を繰越利益剰余金へ振り替える。このときの本店で行われる仕訳を示しなさい。

A | 3-8 | 解答・解説 |

💡 <本　店>

| （借）総　合　損　益 | 11,500 | （貸）繰 越 利 益 剰 余 金 | 11,500 |

〈本　店〉

繰越利益剰余金

剰余金の分配	前 期 繰 越
次 期 繰 越	総 合 損 益 11,500 円 （全体純利益）

総　合　損　益

繰延内部利益控除 4,000 円	本 店 損 益 20,000 円 （本店純利益）
法 人 税 等 11,500 円	支　　　店 5,000 円 （支店純利益）
繰越利益剰余金 11,500 円 （全体純利益）	繰延内部利益戻入 2,000 円

6 | 資産・負債・純資産項目の締切り

▶▶ 最後に本店・支店のそれぞれの帳簿の各勘定を締め切ります。

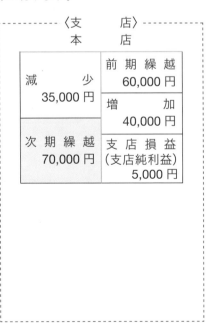

〈本　店〉

支　　　店

前 期 繰 越 60,000 円	減　　　少 35,000 円
増　　　加 40,000 円	次 期 繰 越 70,000 円
総 合 損 益 （支店純利益） 5,000 円	

繰延内部利益

繰延内部利益戻入 2,000 円	前 期 繰 越 2,000 円
次 期 繰 越 4,000 円	繰延内部利益控除 4,000 円

〈支　店〉

本　　　店

減　　　少 35,000 円	前 期 繰 越 60,000 円
次 期 繰 越 70,000 円	増　　　加 40,000 円
	支 店 損 益 （支店純利益） 5,000 円

7 | まとめ

ここは
重要!!

▶ これまでみてきた決算手続と帳簿の締切りの流れをまとめると、次のようになります。

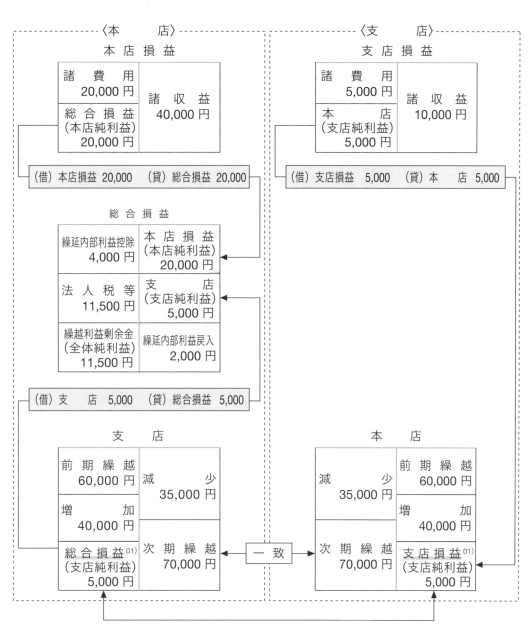

01) 支店勘定、本店勘定は支店純利益5,000円を振り替えた後に締め切ることに注意してください。

総合損益勘定を設けない場合

▶ 会社全体の純損益の計算方法として、総合損益勘定を設けずに、本店損益勘定を代用して計算する方法もあります。

この場合、次の2つの方法があります。

(1) 本店損益勘定でいったん本店独自の純損益を計算した後に中間締切を行い、その下に支店の純損益を記入して会社全体の純利益を計算する方法。

(2) 損益勘定を用い、中間締切を行わずに会社全体の純利益を計算する方法。

総合損益勘定を設ける場合と同じ例で勘定記入を行うと、次のようになります。

(1)	本　店　損　益		
本 店 諸 費 用	20,000	本 店 諸 収 益	40,000
本 店 純 利 益	20,000		
	40,000		40,000
繰延内部利益控除	4,000	本 店 純 利 益	20,000
法 人 税 等	11,500	支　　　店	5,000
繰越利益剰余金	11,500	繰延内部利益戻入	2,000
	27,000		27,000

(2)	損　　益		
本 店 諸 費 用	20,000	本 店 諸 収 益	40,000
繰延内部利益控除	4,000	支　　　店	5,000
法 人 税 等	11,500	繰延内部利益戻入	2,000
繰越利益剰余金	11,500		
	47,000		47,000

トレーニングⅡ　Ch17　問題4へ

(2) の場合、本店の純利益は示されなくなります

4 在外支店の財務諸表項目の換算

　支店の開設は日本国内に限定されるわけではありません。ニューヨーク支店にパリ支店、はたまた上海支店など。国外であっても同じ会社であることにかわりはありません。ただし、ドル・ユーロ・元など通貨の単位が異なるので単純に合計できないため、換算という手続が必要になります。
　うまい具合に「円」に換算できるでしょうか？

1 在外支店[01]の財務諸表項目の換算

▶▶　本支店合併財務諸表を作成するにあたり、外国にある支店の外国通貨で表示されている財務諸表項目を円換算する必要があります。

01)　在外＝外国にあること。在外支店の帳簿は外貨建で記帳されています。

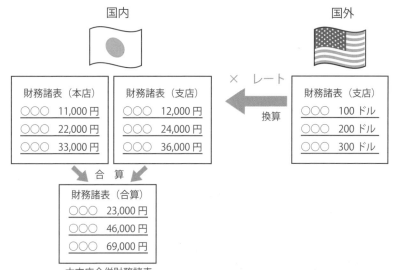

Chapter 17 本支店会計

2 | 換算レート

▶ 在外支店の財務諸表項目の換算方法は、基本的には本店が外貨建の資産・負債を保有している場合の換算方法と同じです。

> 取得時または発生時の価額（原価）で記録されている資産・負債
> **→取引時または発生時の為替レート（HR）**
> 決算時の価額（時価）で記録されている資産・負債
> **→決算時の為替レート（CR）**

▶ 項目別にみると次のようになります。

項　　　　　目	適用為替レート
通　　　　　貨 ……………………………………………	決算時の為替レート
金 銭 債 権 債 務 ……………………………………………	決算時の為替レート
有 価 証 券 [01] ……………………………………………	決算時の為替レート
棚卸資産・有形固定資産等 ……………………………………………	資産取得時のレート [02]
収益および費用 [03] ┬ 前受金・前受収益等の収益性負債の収益化額 …	負債発生時の為替レート
├ 棚卸資産・有形固定資産等の費用性資産の費用化額 [04] …	資産取得時のレート
└ その他の収益および費用 …………………………	計上時の為替レート（または期中平均為替レート）
本 店 勘 定 本店より仕入勘定 本 店 へ 売 上 勘 定 ┃……………………………………	個々の本支店間取引について取引発生時の為替レート [05]

01) 売買目的有価証券、満期保有目的債券、その他有価証券です。
02) 当期仕入が期中平均為替レートを用いた場合、棚卸資産も平均レートで計算することがあります。
本試験においては、問題の指示に従いましょう。
03) 収益および費用に関しては、一部の項目につき期中平均為替レートを用いることが認められています。
本試験においては、問題の指示に従いましょう。
04) 棚卸資産の費用化額→売上原価、有形固定資産の費用化額→減価償却費
05) これにより支店勘定と本店勘定などの金額が一致し、相殺してゼロにすることができます。

Q | 4-1 | 在外支店の財務諸表項目の換算 |

次にあげる在外支店の財務諸表項目の換算を行いなさい。

売　掛　金	1,500ドル	長期借入金　2,000ドル
売買目的有価証券	2,100ドル	本　　店　　1,000ドル
備　　品	5,000ドル	備品減価償却費　500ドル

1. 売買目的有価証券の取得価額は2,000ドルであり、当期末における時価は2,100ドルである。
2. 本店勘定はすべて本店からの送金金額である。
3. 円換算に必要な1ドルあたりの為替レートは次のとおりである。

　　有価証券購入時　108円　　備品購入時　105円

　　本店から送金時　110円　　当　期　末　102円

A | 4-1 | 解答・解説 |

売　　　掛　　　金	153,000円	102円×1,500ドル
売 買 目 的 有 価 証 券	214,200円	102円×2,100ドル
備　　　　　　　品	525,000円	105円×5,000ドル
備 品 減 価 償 却 費	52,500円	105円×　500ドル
長　期　借　入　金	204,000円	102円×2,000ドル
本　　　　　　　店	110,000円	110円×1,000ドル

在外支店も国内支店と同様に、会社の一部ですから、
本店が原価評価している項目はHRで
時価評価している項目はCRで換算し
金額を決定します

3 | 換算手順

▸▸ 在外支店の財務諸表の換算は次の手順で行います。

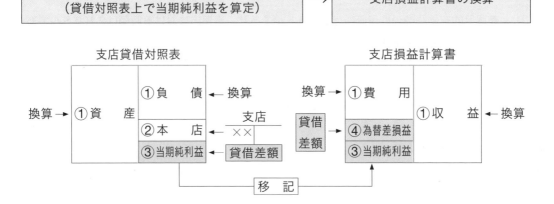

▸▸ 具体的な換算手順は以下のとおりです。

① 資産、負債、収益、費用を換算します。
② 本店の支店勘定の金額に合わせます。
③ B/S上の貸借差額で当期純利益を算定し、P/Lへ移記します。
④ P/Lの貸借差額を為替差損益とします。

"B/Sで純利益を算定し、P/Lに移す"
ことで純利益と為替差損益を分けて
把握することができます

Q 4-2 **在外支店の財務諸表の作成**

次の資料にもとづき、在外支店の円貨額による(1)貸借対照表および(2)損益計算書を完成させなさい。

■資料1■　在外支店の決算整理後残高試算表

決算整理後残高試算表
×9年12月31日　　　（単位：ドル）

現　金　預　金	1,000	買　　掛　　金	5,000
売　　掛　　金	2,000	長 期 借 入 金	5,000
繰　越　商　品	5,000	本　　　　　店	500
備　　　　　品	4,000	売　　　　　上	17,500
仕　　　　　入	13,000		
減 価 償 却 費	500		
そ の 他 の 費 用	2,500		
	28,000		28,000

■資料2■

1. 当期の売上原価は、期首商品3,000ドル（前期の期中平均為替レートにより換算）、当期仕入高15,000ドル、期末商品5,000ドルにより計算されている。

2. 本店勘定はすべて本店からの送金金額である。

3. 換算に必要な1ドルあたりの為替レートは次のとおりである。

長期借入金発生時レート	115円	備品購入時レート	120円
期中平均レート（当期）	112円	本店から送金時レート	114円
期中平均レート（前期）	112円	期末レート	116円

なお、計上時の為替レートが不明な損益項目と期末商品については期中平均為替レートによること。

A 4-2 **解答**

支 店 貸 借 対 照 表　　　（単位：円）

現　金　預　金	116,000	買　　掛　　金	580,000
売　　掛　　金	232,000	長 期 借 入 金	580,000
商　　　　　品	560,000	本　　　　　店	57,000
備　　　　　品	480,000	当 期 純 利 益	171,000 [01]
	1,388,000		1,388,000

支 店 損 益 計 算 書　　　（単位：円）

期首商品棚卸高	336,000	売　　上　　高	1,960,000
当期商品仕入高	1,680,000	期末商品棚卸高	560,000
減 価 償 却 費	60,000	為　替　差　益	7,000 [02]
そ の 他 の 費 用	280,000		
当 期 純 利 益	171,000		
	2,527,000		2,527,000

01) 当期純利益はB/S上の貸借差額で計算。　　02) 為替差益はP/L上の貸借差額で計算。

1. 外貨建支店貸借対照表の換算

(1) 貸借対照表項目の換算

資産、負債をそれぞれ適用される為替レートで換算します(本店勘定を除く)。

支　店　B/S			（単位：円）
現 金 預 金	116,000	買　掛　金	580,000
売　掛　金	232,000	長期借入金	580,000[05]
商　　　品	560,000[03]	本　　　店（　　　）	
備　　　品	480,000[04]		

03) 112円×5,000ドル=560,000円　　**05)** 116円×5,000ドル=580,000円

04) 120円×4,000ドル=480,000円

(2) 本店勘定の換算

▷ 本店勘定の金額は、本店における支店勘定の金額と一致しなければなりません[06]。

そこで、本店における支店勘定の金額を支店における本店勘定の円換算額とします。

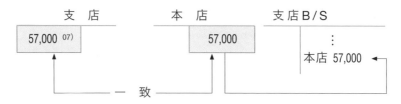

<送金時に本店が行った仕訳>

（借）支	店	57,000	（貸）現	金	57,000

06) 相殺消去が必要になるからです。

07) 114円×500ドル=57,000円

2. 当期純利益の計算

貸借対照表において、当期純利益(損失)を貸借差額で求め、損益計算書に移します。

3. 外貨建損益計算書の換算

(1) 損益計算書項目の換算

収益、費用をそれぞれ適用される為替レートで換算します。

支 店 P/L （単位：円）

期首商品棚卸高	336,000	売 上 高	1,960,000
当期商品仕入高	1,680,000	期末商品棚卸高	560,000
減 価 償 却 費	60,000[08]		
そ の 他 の 費 用	280,000		
支店B/Sより→ 当 期 純 利 益	171,000		

08) 120円×500ドル=60,000円

(2) 為替差損益の計算

損益計算書の貸借差額は為替差損益とします。

支 店 P/L （単位：円）

借 方 合 計	2,527,000	貸 方 合 計	2,520,000
		為 替 差 益	7,000
	2,527,000		2,527,000

トレーニングⅡ　Ch17　問題5・6へ

Q | TRY IT! | 理論問題 | 本支店会計 |

次の各文章について、正しければ○を、正しくなければ×を付けなさい。

(1) 内部利益とは、原則として、本店、支店、事業部等の企業内部における独立した会計単位相互間の内部取引から生ずる未実現の利益をいう。したがって、会計単位内部における原材料・半製品等の振替えから生ずる振替損益は内部利益ではない。

(2) 会計単位内部における原材料や半製品等の振替から生じる原価差額等は内部利益と呼ばれ、外部に公表する財務諸表の作成上、消去しなければならない。　　　　　　　　　（全経161回）

(3) 振替損益とは、原則として、本店、支店、事業部等の企業内部における独立した会計単位相互間の内部取引から生ずる未実現の損益である。　　　　　　　　　　　　　（全経164回）

(4) 在外支店の外貨建取引については、原則として、本店と同様に処理するが、収益および費用（収益性負債の収益化額及び費用性資産の費用化額を除く。）の換算については、期中平均相場によることができる。　　　　　　　　　　　　　　　　　　　　　　　　　　　　（全経170回）

♀ | TRY IT! | 解説 |

(1) 正しいです。

原材料・半製品等に予定価格を用いた場合に生じる振替損益（原価差額等）は内部利益ではありません。

(2) 誤っています。

内部利益とは、原則として本店、支店、事業部等の企業内部における独立した会計単位相互間の内部取引から生ずる未実現の利益をいいます。したがって、会計単位内部における原材料、半製品等の振替えから生ずる振替損益は内部利益ではありません。

(3) 誤っています。

振替損益とは、会計単位内部における原材料、半製品等の振替えから生ずる損益です。

(4) 正しいです。

原則として、本店と同様に処理しますが、収益および費用については、期中平均相場によることもできます。

Chapter

18

キャッシュ・フロー計算書

Point
キャッシュ・フロー計算書は、会計学の個別問題でよく出題されます。
　これまで学んできた各論点は主に発生主義にもとづいたものですが、
キャッシュ・フロー計算書は現金等の収入・支出にもとづいて作成する
という根本的な違いを意識しながら学習するようにしてください。

用語集

現　金
　手許現金および要求払預金
現金同等物
　容易に換金可能であり、かつ価値の
変動について僅少なリスクしか負わな
い短期投資
直接法
　主要な取引ごとに収入総額と支出総
額を算定してキャッシュ・フロー計算
書を作成する方法

間接法
　損益計算書の税引前当期純利益を
ベースに、必要な項目を調整してキャッ
シュ・フロー計算書を作成する方法
原則法
　個別キャッシュ・フロー計算書を基準
に連結キャッシュ・フロー計算書を作
成する方法

簡便法
　連結損益計算書、連結貸借対照表お
よび連結株主資本等変動計算書を基
準に連結キャッシュ・フロー計算書を
作成する方法

Section 1 キャッシュ・フロー計算書の基礎知識

皆さんは家計簿やこづかい帳をつけていますか？　家計簿やこづかい帳をつけていると、月に収入がいくらで、生活費にいくら、学費にいくら費やしているのかなど、自分や家庭のお金がどのように動いているのかが把握でき、また、月の残高を計算するのにも便利です。

企業でも現金や現金同等物がどのように動いているのかを把握し、利害関係者の意思決定に役立つ情報を提供する必要があります。この現金や現金同等物の動きを表すものがキャッシュ・フロー計算書です。

1 キャッシュ・フロー計算書の意義・必要性

1 キャッシュ・フロー計算書[01]の意義

▶ キャッシュ・フロー計算書とは、一会計期間における企業のキャッシュの動き（キャッシュ・フロー[02]）の状況を、一定の活動に区分（営業活動、投資活動、財務活動）して表示する財務諸表です。

01) 英語では「Cash Flow Statement」といい、「C/F」と略されます。
02) キャッシュ・フローも「C/F」と略すことがあります。

2 キャッシュ・フロー計算書の必要性

▶ 損益計算書が表す収益・費用は、資金の流入・流出額とは一致しません。このため、損益計算書上では利益を計上しながら、実際には支払能力がないために、利害関係者の意思決定を誤らせるおそれがあります[03]。

また、貸借対照表は決算日時点の財政状態を表しますが、資金の増減の事実、特に「どのような理由でいくら増減したのか」を読み取ることができません。

そこで、資金の期末残高や増減事実をわかりやすく表し、利害関係者の意思決定に役立つ情報を提供するために、キャッシュ・フロー計算書の作成が必要となるのです。

03) 支払能力がないと、手形の不渡りや、社債の償還不履行（デフォルト）などが起こり、最悪の場合は倒産する可能性も考えられます。

2 | キャッシュの範囲

キャッシュ・フロー計算書における「キャッシュ」(資金)とは、「現金および現金同等物」を指し、「現金」と「現金同等物」は次のように定義されます。

1 現金

現金とは、手許現金[01]および要求払預金をいいます。なお、要求払預金とは当座預金・普通預金など、事前通知なし(または事前通知後数日)で容易に元本を引き出せる預金をいいます。

> 01) 簿記上でのいわゆる「現金」です。

2 現金同等物

現金同等物とは、容易に換金可能であり、かつ価値の変動について僅少なリスクしか負わない[02]短期投資をいいます。

なお、短期投資とは、取得日から満期日までの期間が3カ月以内のもの[03]をいいます。

> 02) 「現金同等物」は、現金と同等に支払手段として役立つ資産が該当します。したがって、頻繁に価格変動が起こる株式等はリスクが高いため「現金同等物」には該当しません。
> 03) 定期預金などは、3カ月を基準として判断します。問題文の日付に注意しましょう。

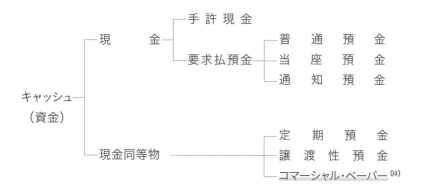

> 04) 資金調達のために企業が短期的に振り出す約束手形のことをいいます。

3 キャッシュ・フロー計算書の記載対象とならない取引

▶▶ 現金及び現金同等物の増減をともなわない取引は、「キャッシュ・フロー計算書」の記載対象にはなりません[01]。

(1) 現金及び現金同等物の増減をともなわない取引(交換取引)

(借)建 物	×××	(貸)有 価 証 券	×××

(2) 現金及び現金同等物相互間の取引

(借)現 金	×××	(貸)当 座 預 金	×××

01) ただし、次のような重要な非資金取引については注記が必要です。
・転換社債の転換
・ファイナンス・リースによるリース資産の取得
・株式発行による資産の取得・合併
・現物出資による株式の取得または資産の交換

4 キャッシュ・フロー計算書の表示区分

▶▶ 一会計期間のキャッシュ・フローの状況は、「Ⅰ営業活動によるキャッシュ・フロー」、「Ⅱ投資活動によるキャッシュ・フロー」、「Ⅲ財務活動によるキャッシュ・フロー」の3つに区分表示します。

外貨建ての現金及び現金同等物から生じる換算差額(為替差損益)は、キャッシュ・フローをともなわないものの、現金及び現金同等物の増減に影響する項目なので、「Ⅳ現金及び現金同等物に係る換算差額」として表示します。

Ⅰ〜Ⅳの合計を「Ⅴ現金及び現金同等物の増加額(減少額)」とし、「Ⅵ現金及び現金同等物の期首残高」と合計することで、「Ⅶ現金及び現金同等物の期末残高」を表示します。

```
              キャッシュ・フロー計算書

   Ⅰ   営業活動によるキャッシュ・フロー    ××
   Ⅱ   投資活動によるキャッシュ・フロー    ××
   Ⅲ   財務活動によるキャッシュ・フロー    ××
   Ⅳ   現金及び現金同等物に係る換算差額    ××
   Ⅴ   現金及び現金同等物の増加額(減少額)  ××  ◀ Ⅴ = Ⅰ + Ⅱ + Ⅲ + Ⅳ
   Ⅵ   現金及び現金同等物の期首残高      ××
   Ⅶ   現金及び現金同等物の期末残高      ××  ◀ Ⅶ = Ⅴ + Ⅵ
```

Section 2 営業活動による キャッシュ・フロー

家計簿やこづかい帳は自分で作成し利用するので、自分が使いやすいように記入すればいいのですが、企業が作成するキャッシュ・フロー計算書は、利害関係者の意思決定に役立てるために作成されます。
したがって、一定のルールにもとづいて作成・表示されることが求められます。
まずは企業の主要業務である"営業活動"によるキャッシュ・フローのルールについてみていきましょう。

1 | 営業活動によるキャッシュ・フローの基礎知識

1 記載対象

▶ 営業活動によるキャッシュ・フローの区分には、以下の項目を記載します。

⑴ **営業活動に係るキャッシュ・フロー**

▶ ① 商品および役務の販売による収入
② 商品および役務の購入による支出
③ 従業員および役員に対する報酬の支出

⑵ **投資活動・財務活動以外に係るキャッシュ・フロー**

▶ キャッシュ・フロー計算書の作成の便宜上投資活動・財務活動以外に係るキャッシュ・フローについて、記載対象とされます。

① 災害による保険金収入
② 損害賠償金の支払
③ 法人税等の支払

(3) 利息・配当金に係るキャッシュ・フロー

▷ 利息・配当金に係るキャッシュ・フローの表示区分については次の2つの方法があります。

① 財務諸表との関連を重視した区分方法

受取利息[01]、受取配当金および支払利息[02]は、損益計算に反映されるため「営業活動によるキャッシュ・フロー」に記載します。

支払配当金は、損益計算に反映されないため「財務活動によるキャッシュ・フロー」に記載します。

② 活動との関連を重視した区分方法

受取利息および受取配当金は、投資活動による成果であるため「投資活動によるキャッシュ・フロー」に記載します。

支払利息および支払配当金は、財務活動上のコストであるため「財務活動によるキャッシュ・フロー」に記載します。

01) 有価証券利息を含みます。
02) 社債利息、ファイナンス・リース取引のリース料支払額（支払利息相当額）を含みます。

① 財務諸表との関連を重視した区分方法

	営業活動	投資活動	財務活動
受 取 利 息	○		
受 取 配 当 金	○		
支 払 利 息	○		
支払配当金[03]			○

② 活動との関連を重視した区分方法

	営業活動	投資活動	財務活動
受 取 利 息		○	
受 取 配 当 金		○	
支 払 利 息			○
支払配当金[03]			○

03) 支払配当金はいずれにしても財務活動によるキャッシュ・フローの区分に記載されます。

2 表示方法

▷ 営業活動によるキャッシュ・フローの表示方法には、直接法と間接法の2つの方法があります。

(1) 直接法

▷ 主要な取引ごとにキャッシュ・フローを総額表示する方法です。

(2) 間接法

▷ 税引前当期純利益に非資金損益項目、営業外損益・特別損益項目[04]、営業資産・負債の増減項目を加減して表示する方法です。

04) 「営業活動によるキャッシュ・フロー」の区分に含まれる営業外損益・特別損益項目は調整の対象になりません。

2 | 直接法[01]

▶▶ 営業活動によるキャッシュ・フローを直接法によって表示する場合、営業収入、原材料または商品の仕入支出、人件費支出など、主要な取引ごとに収支総額を表示します。

また、営業活動に係るキャッシュ・フローの収支合計を、いったん「小計」の行に集計し、その下に投資活動・財務活動以外に係るキャッシュ・フロー等を記載します。

01) 直接法の長所と短所
　〈長所〉総額で表示することにより、営業活動の規模が明瞭に表示される。
　〈短所〉実務上、手数を要する。

```
Ⅰ　営業活動によるキャッシュ・フロー
　　営　業　収　入　　　　　　×××　1
　　原材料又は商品の仕入支出　△×××　2
　　人　件　費　支　出　　　　△×××　3
　　そ の 他 の 営 業 支 出　△×××　4
　　　　小　　　　　計[02]　　　×××
　　利息及び配当金の受取額　　　×××　}
　　利　息　の　支　払　額　　△×××　}5
　　損 害 賠 償 金 の 支 払 額　△×××　}
　　法 人 税 等 の 支 払 額　△×××　}6
　　営業活動によるキャッシュ・フロー　×××
```

02) 小計の金額が、「純粋な営業活動のみからなるキャッシュ・フロー」に相当します。

1　営業収入

▶▶ 営業収入とは、主として現金売上額、売上債権（売掛金・受取手形）の回収額であり、他にも前受金の受取額、手形割引による収入額[03]、償却債権取立額が該当します。なお、実際手取額を収入額とするため、売上割引は売上債権の回収額から控除します。

03) 手形割引による収入額は、①額面総額による場合と、②手形売却損を控除した手取額（純額）による場合があります。

2　原材料または商品の仕入支出

▶▶ 仕入支出とは、主として現金仕入額、仕入債務（買掛金・支払手形）の支払額であり、他にも前渡金の支払額が該当します。

なお、実際支払額を支出額とするため、仕入割引は仕入債務の決済額から控除します。

3 人件費支出

▷ 人件費支出には、従業員や役員の給料や報酬、賞与などが含まれます。なお、キャッシュ・フロー計算書に記載される金額は、実際支払額であり、期首・期末に前払額・未払額があれば、損益計算書上に計上される金額と異なるため、注意が必要です[04]。

[04]

給	料
当期支払 →C/F	前期未払
	当期発生
当期未払	→P/L

4 その他の営業支出

▷ 商品の仕入支出、人件費支出以外の営業活動に係る実際支払額[05]を合計して記載します。

なお、減価償却費や貸倒引当金繰入などは支出をともなわない費用なので計算には含めません。

[05] 家賃や地代の支払額、リース料(オペレーティング・リース)等が該当します。P/L上の「販売費及び一般管理費」のうち、人件費以外の科目の支払額と覚えておきましょう。

5 利息・配当金の受払額

▷ 受取利息・配当金の受取額と、支払利息の支払額を営業活動によるキャッシュ・フローの区分に記載する方法では、小計の下に実際受払額を記載します。

6 投資活動・財務活動以外に係るキャッシュ・フロー

▷ 投資活動・財務活動以外に係るキャッシュ・フロー（損害賠償金の支払額や法人税等の支払額など）も、小計の下に実際受払額を記載します。

　次の資料にもとづき、直接法によるキャッシュ・フロー計算書（営業活動によるキャッシュ・フローまで）を作成しなさい（単位：円）。

■資料1■

貸借対照表

	前期末残高	当期末残高
現　　　　　　金	200	320
売　　掛　　金	400	300
貸 倒 引 当 金	△10	△20
商　　　　　品	700	800
建　　　　　物	1,600	1,600
減 価 償 却 累 計 額	△200	△400
資 産 合 計	2,690	2,600
買　　掛　　金	500	300
未 払 法 人 税 等	200	220
資　　本　　金	1,000	1,000
利 益 準 備 金	100	170
繰 越 利 益 剰 余 金	890	910
負 債・純 資 産 合 計	2,690	2,600

■資料2■

損益計算書

売　　　　上　　　　高	3,000
売　上　原　価	1,200
売 上 総 利 益	1,800
貸 倒 引 当 金 繰 入	10
給　料　・　賞　与	600
減 価 償 却 費	200
消　耗　品　費	100
営　業　利　益	890
受 取 配 当 金	400
税 引 前 当 期 純 利 益	1,290
法　人　税　等	500
当 期 純 利 益	790

⑴　受取配当金に係るキャッシュ・フローは営業活動によるキャッシュ・フローの区分に表示する。

⑵　商品売買はすべて掛けで行われている。

⑶　上記以外の取引はすべて現金決済されている。

Chapter 18　キャッシュ・フロー計算書

A 2-1 **解答・解説**

キャッシュ・フロー計算書　　　（単位：円）

Ⅰ　営業活動によるキャッシュ・フロー
営　業　収　入	（　　　3,100　）
商 品 の 仕 入 支 出	（　△　1,500　）
人　件　費　支　出	（　△　600　）
そ の 他 の 営 業 支 出	（　△　100　）
小　　　計	（　　　900　）
配 当 金 の 受 取 額	（　　　400　）
法 人 税 等 の 支 払 額	（　△　480　）
営業活動によるキャッシュ・フロー	（　　　820　）

(1)営業収入

売　掛　金

期首	400円	回収（差額）	
売上			3,100円
	3,000円	期末	300円

(2)商品の仕入支出

買　掛　金

支払（差額）		期首	500円
	1,500円	仕入	
期末	300円		1,300円

商　　品

期首	700円	売上原価	
仕入（差額）			1,200円
	1,300円	期末	800円

←

(3)人件費支出：給料・賞与600円

(4)その他の営業支出：消耗品費100円

(5)配当金の受取額：受取配当金400円

(6)法人税等の支払額

未払法人税等

支払（差額）		期首	200円
	480円	P/L法人税等 06)	
期末	220円		500円

06)　仮払法人税等は考えず、当期の法人税等をいったんすべて未払法人税等に計上したと考えると、ボックス図が書きやすくなります。

トレーニングⅡ　Ch18　問題2へ

Column

「商品売買はすべて掛けで行われている」がなかったら

　もし仮に、上記の資料がなかったら"解けない"などということはなく、同じ結果になります。

　今、仮に売上3,000円のうち1,000円が現金売上であったとしましょう。

　売掛金の増加は、2,000円となり、回収額は2,100円となります。

　この他に、現金収入が1,000円あるのですから、「営業収入」は合計して3,100円。つまり、「すべて掛けで行われている」ときと同じ結果になるのです。

　つまり、この資料は"あってもなくても同じ"ことになるので、もしなくても「すべて掛けでで行われている」と仮定して解けば良い。ということになります。

3 | 間接法[01]

▸ 間接法では、損益計算書の税引前当期純利益をベースに、この税引前当期純利益と営業活動によるキャッシュ・フローとのズレである次の(1)〜(4)の項目を調整することで、営業活動によるキャッシュ・フローを計算します。

I	営業活動によるキャッシュ・フロー		
	税 引 前 当 期 純 利 益[02]	×× ×	
	減 価 償 却 費	×× ×	(1) 非資金損益項目
	貸 倒 引 当 金 の 増 加 額[03]	×× ×	
	受 取 利 息 及 び 受 取 配 当 金	△×× ×	
	支 払 利 息	△×× ×	
	為 替 差 益	△×× ×	(2) 営業外損益・特別損益項目
	有 形 固 定 資 産 売 却 益	△×× ×	
	損 害 賠 償 損 失	×× ×	
	売 上 債 権 の 増 加 額	△×× ×	
	棚 卸 資 産 の 減 少 額	×× ×	(3) 営業資産・負債の増減項目
	仕 入 債 務 の 減 少 額	△×× ×	
	小 計	×× ×	
	利 息 及 び 配 当 金 の 受 取 額	×× ×	
	利 息 の 支 払 額	△×× ×	(4) 小計以下の項目（直接法と同じ内容）
	損 害 賠 償 金 の 支 払 額	△×× ×	
	法 人 税 等 の 支 払 額	△×× ×	
	営業活動によるキャッシュ・フロー	×× ×	

01) 間接法の長所と短所
　　〈長所〉：①税引前当期純利益とキャッシュ・フローとの関係が表示される。
　　　　　　　②作成が直接法に比べて容易である。
　　〈短所〉：資金の増減明細が総額で表示されず、営業活動の規模が把握できない。
02) スタートは税引前当期純利益です。『税引前』という点に注意が必要です。
03) このほか、退職給付引当金や、役員賞与引当金等の増減額も同様に記載されます。

1 非資金損益項目

▸ 減価償却費や貸倒引当金繰入[04]は、損益計算書上では損益項目として計上されていますが、実際に現金を支払ったわけではありません。

このような項目を非資金損益項目といい、税引前当期純利益に加減します。

04) 貸倒引当金は、営業資産や営業負債と同じようにB/S項目の増減額で調整します。

	キャッシュ・フロー計算書における調整	項目・科目
非資金収益	減 算（−）	貸倒引当金の減少額
非資金費用	加 算（＋）	減価償却費・貸倒引当金の増加額

2 営業外損益・特別損益項目

▶ 営業活動によるキャッシュ・フローの区分（小計より上）は、損益計算書の営業損益区分と対応します。そのため、税引前当期純利益の計算に含まれる営業外損益・特別損益の金額を、損益計算書とプラス・マイナスを逆にして加減することで、税引前当期純利益から営業活動に関係しない金額を除外します。

ただし、営業活動に関係して発生したもの（売上債権・仕入債務に係る為替差損益など）は、例外的にこの調整は行いません[05]。

	キャッシュ・フロー計算書における調整
営業外収益・特別利益	減　算（−）
営業外費用・特別損失	加　算（＋）

[05] このような項目については、「(3)営業資産・負債の増減項目」で考慮されるため、この段階では考慮しません。

3 営業資産・負債の増減項目

▶ 利益をキャッシュ・フローに調整するために、営業活動に係る資産・負債の増減額（期首・期末の差額）を以下のように調整します。

営業資産とは、売上債権（売掛金・受取手形）や棚卸資産など、営業活動に係る資産をいいます[06]。

営業負債とは、仕入債務（買掛金・支払手形）など、営業活動に係る負債をいいます[07]。

	増減	キャッシュ・フロー計算書における調整
営業資産	増加額	減　算（−）
	減少額	加　算（＋）
営業負債	増加額	加　算（＋）
	減少額	減　算（−）

[06] 他には、販売費及び一般管理費に含まれる項目に対する前払費用も含まれます。
[07] 他には、販売費及び一般管理費に含まれる項目に対する未払費用も含まれます。

4 小計以下の項目

▶ 小計より下の項目は、直接法による場合と同じものとなります。

【**Q2-1**】の資料にもとづき、間接法によるキャッシュ・フロー計算書（営業活動によるキャッシュ・フローまで）を作成しなさい（単位：円）。

■資料1■

貸借対照表

	前期末残高	当期末残高
現　　　　　金	200	320
売　　掛　　金	400	300
貸 倒 引 当 金	△10	△20
商　　　　　品	700	800
建　　　　　物	1,600	1,600
減 価 償 却 累 計 額	△200	△400
資　産　合　計	2,690	2,600
買　　掛　　金	500	300
未 払 法 人 税 等	200	220
資　　本　　金	1,000	1,000
利　益　準　備　金	100	170
繰 越 利 益 剰 余 金	890	910
負 債 ・ 純 資 産 合 計	2,690	2,600

■資料2■

損益計算書

売　　　上　　　高	3,000
売　上　原　価	1,200
売　上　総　利　益	1,800
貸 倒 引 当 金 繰 入	10
給　料　・　賞　与	600
減　価　償　却　費	200
消　耗　品　費	100
営　業　利　益	890
受　取　配　当　金	400
税 引 前 当 期 純 利 益	1,290
法　人　税　等	500
当　期　純　利　益	790

A | 2-2 | **解答・解説**

キャッシュ・フロー計算書　　　　（単位：円）

営業活動によるキャッシュ・フロー

税 引 前 当 期 純 利 益	（	1,290 ）
減 価 償 却 費	（	200 ）
貸 倒 引 当 金 の 増 加 額	（	10 ）
受 取 配 当 金	（	△400 ）
売 上 債 権 の 減 少 額	（	100 ）
棚 卸 資 産 の 増 加 額	（	△100 ）
仕 入 債 務 の 減 少 額	（	△200 ）
小　　　計	（	900 ）
配 当 金 の 受 取 額	（	400 ）
法 人 税 等 の 支 払 額	（	△480 ）
営業活動によるキャッシュ・フロー	（	820 ）

1．非資金損益項目　　　　　　減価償却費：200円(加算)

　　　　　　　　　　　　　　　貸倒引当金：20円－10円＝10円(増加：加算)

2．営業外損益・特別損益項目　受取配当金：400円(減算)

3．営業資産・負債の増減項目　売上債権(売掛金)：300円－400円＝△100円(減少：加算)

　　　　　　　　　　　　　　　棚卸資産(商　品)：800円－700円＝100円(増加：減算)

　　　　　　　　　　　　　　　仕入債務(買掛金)：300円－500円＝△200円(減少：減算)

4．小計以下の項目　　　　　　小計より下の項目は、【**Q2-1**】と同じです。

トレーニングⅡ　Ch18　問題1へ

Chapter 18

キャッシュ・フロー計算書

4 その他の論点

1 決済条件が多岐にわたる場合

▶ 商品売買について、現金や掛け、手形など様々な決済条件で行っている場合、直接法における営業収入や仕入支出の計算が複雑になります。

損益計算書の売上高・売上原価(または当期商品仕入高)と、前期末と当期末における売上債権・仕入債務の金額から営業収入・仕入支出を求める場合、特に条件が明示されていない取引は、仕入・売上は掛けで行い、掛代金の決済はすべて手形で行ったと考え、手形の決済による収支額を営業収入・仕入支出と考えて計算します[01]。

01) あくまでも解答上のテクニックです。

Q | 2-3 | **営業活動によるキャッシュ・フロー(直接法)** |

次の資料にもとづき、営業活動によるキャッシュ・フローの区分(直接法)の営業収入の金額を示しなさい(単位:円)。

■資料1■

貸借対照表

	前期末残高	当期末残高
⋮	⋮	⋮
売　掛　金	5,200	5,400
受　取　手　形	3,200	4,300
⋮	⋮	⋮
資　産　合　計	×××	×××
⋮	⋮	⋮
前　受　金	200	800
⋮	⋮	⋮
負債・純資産合計	×××	×××

■資料2■
その他の事項

1. 損益計算書に計上された当期の売上高は20,000円である。

2. 当期の売上のうち、前受金による売上は400円であった。

3. 当期の仕入のさい、持っていた他店振出しの約束手形800円を裏書譲渡している。

A | 2-3 | **解答** |

営業収入 ┃ 18,500 ┃ 円

▶ 現金売上、売上債権(売掛金・受取手形)回収の内訳が資料から判明しないため、「全額掛売上⇒手形による掛代金の受取」によるものと仮定し、最終的に受取手形のうち当期回収された金額を営業収入とします。なお、前受金の受取額も営業収入です。

売　掛　金

期首　5,200円	受取手形(差額) 19,400円
売上 19,600円[02]	
	期末　5,400円

受　取　手　形

期首　3,200円	回収(差額) 17,500円
売掛金 19,400円	仕入(裏書) 800円
	期末　4,300円

前　受　金

売上 400円	期首　200円
	受取(差額)
期末　800円	1,000円

∴営業収入:17,500円+1,000円=18,500円

02) 20,000円−400円=19,600円

2 貸倒れ

▸ 期中に貸倒れがあり、それによって貸倒引当金が取り崩された場合、「貸倒引当金繰入(戻入)」の金額と「貸倒引当金の増加額(減少額)」は一致しません。間接法によって表示している場合、注意が必要です。

Q 2-4 | 貸倒れ |

次の資料にもとづき、営業活動によるキャッシュ・フローの区分(小計まで)を、(1)直接法、(2)間接法によりそれぞれ作成しなさい(単位:円)。

■資料1■

貸借対照表

	前期末残高	当期末残高
⋮	⋮	⋮
売　掛　金	2,400	2,600
貸 倒 引 当 金	△ 120	△ 130
⋮	⋮	⋮
資 産 合 計	×××	×××
⋮	⋮	⋮
買　掛　金	1,400	1,100
⋮	⋮	⋮
負 債・純 資 産 合 計	×××	×××

■資料2■

損益計算書

Ⅰ 売　　上　　高		10,000
Ⅱ 売　上　原　価		4,000
売 上 総 利 益		6,000
Ⅲ 販売費及び一般管理費		
貸 倒 損 失	150	
貸 倒 引 当 金 繰 入	110	260
税引前当期純利益		5,740

①当社の商品売買はすべて掛けによって行っており、期首・期末における商品の在庫はなかった。
②前期発生の売掛金のうち100円、当期発生の売掛金のうち150円が、期中に貸し倒れている。

A 2-4 | 解答 |

(1)直接法
営　業　収　入	(9,550)
商 品 の 仕 入 支 出	(△4,300)
小　　計	(5,250)

(2)間接法
税引前当期純利益	(5,740)
貸倒引当金の増加額	(10)
売上債権の増加額	(△ 200)
仕入債務の減少額	(△ 300)
小　　計	(5,250)

(Ⅰ) 直接法による場合

① 営業収入

売　掛　金

期首　2,400円	回収(差額)　9,550円
売上　10,000円	貸引　100円
	貸損　150円
	期末　2,600円

② 商品の仕入支出

買　掛　金

支払(差額)　4,300円	期首　1,400円
期末　1,100円	仕入　4,000円

商　　品

期首　0円	売上原価　4,000円
仕入(差額)　4,000円	期末　0円

⑵ 間接法による場合

間接法による場合、非資金損益項目として調整する金額は「貸倒引当金の増加額（減少額）」であり、「貸倒引当金繰入（戻入）」の金額ではない点に注意が必要です。

① 貸倒引当金：130円 − 120円 = 10円（増加：加算）
② 売上債権（売掛金）：2,600円 − 2,400円 = 200円（増加：減算）
③ 仕入債務（買掛金）：1,100円 − 1,400円 = △300円（減少：減算）

3 棚卸減耗損と商品評価損

棚卸減耗損や商品評価損が計上された場合、その分の利益が減少するとともに棚卸資産も減少します。そのため、費用と支出のズレは、棚卸資産の増減額と一致します。

したがって、棚卸減耗損や商品評価損が計上されていても、キャッシュ・フロー計算書上は**棚卸資産の増減額を調整するだけでよい**ことになります。

Q 2-5 │棚卸減耗損・商品評価損│

次の資料にもとづき、営業活動によるキャッシュ・フローの区分（小計まで）を、⑴直接法、⑵間接法によりそれぞれ作成しなさい（単位：円）。

■資　料■

損益計算書

Ⅰ 売　上　高	5,000
Ⅱ 売　上　原　価	3,530
売　上　総　利　益	1,470
Ⅲ 販売費及び一般管理費	
棚　卸　減　耗　損	20
税引前当期純利益	1,450

期首商品は1,000円である。期中、商品3,000円を現金により仕入れ、商品3,500円を現金5,000円で売り上げた。期末商品帳簿棚卸高は500円であり、棚卸減耗損20円と商品評価損30円が計上された。なお、損益計算書の売上原価には、商品評価損が含まれている。

A 2-5 │解答・解説│

⑴直接法		⑵間接法	
営　業　収　入	（　　5,000）	税引前当期純利益	（　　1,450）
商品の仕入支出	（　△3,000）	棚卸資産の減少額	（　　　550）
小　　計	（　　2,000）	小　　計	（　　2,000）

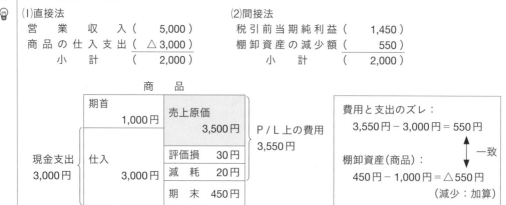

4 営業活動に係る経過勘定の増減額

▷ 給料や営業費の支払など、営業活動に係る費用に対して前払費用や未払費用を計上している場合、損益計算書上の費用と実際の支出にズレが生じることになります。

そのため、間接法の場合は、営業活動に係る前払費用や未払費用に関しても、営業資産・営業負債の増減額としてキャッシュ・フロー計算書に記載する必要があります。

Q | 2-6 | 営業活動に係る経過勘定の増減額 |

次の資料にもとづき、営業活動によるキャッシュ・フローの区分(小計まで)を、(1)直接法、(2)間接法によりそれぞれ作成しなさい(単位：円)。

■資料1■

貸借対照表

	前期末残高	当期末残高
⋮	⋮	⋮
前 払 費 用	100	150
⋮	⋮	⋮
資 産 合 計	×××	×××
⋮	⋮	⋮
未 払 費 用	220	300
⋮	⋮	⋮
負債・純資産合計	×××	×××

■資料2■

損益計算書

Ⅰ 売　　上　　高		10,000
Ⅱ 売　上　原　価		4,000
売 上 総 利 益		6,000
Ⅲ 販売費及び一般管理費		
給　　　　料	2,200	
その他の営業費	1,400	3,600
税引前当期純利益		2,400

①当社の商品売買はすべて現金によって行っており、期首・期末における商品の在庫はなかった。

②前払費用は営業費に係るもの、未払費用は給料に係るものである。

③給料およびその他の営業費は、現金により支払われている。

A | 2-6 | 解答・解説 |

(1)直接法

営 業 収 入	(10,000)
商 品 の 仕 入 支 出	(△ 4,000)
人 件 費 支 出	(△ 2,120)
その他の営業支出	(△ 1,450)
小 計	(2,430)

(2)間接法

税 引 前 当 期 純 利 益	(2,400)
前 払 費 用 の 増 加 額	(△ 50)
未 払 費 用 の 増 加 額	(80)
小 計	(2,430)

①給料

給料(未払費用)

支払(差額)	期首　　220円
2,120円	P/L計上
期末　　300円	2,200円

費用と支出のズレ：2,200円－2,120円＝80円
　　　　　　　　　　　　　　　↕一致
未払費用：300円－220円＝80円(増加：加算)

②その他の営業費

その他の営業費(前払費用)

期首　　100円	P/L計上
支払(差額)	1,400円
1,450円	期末　　150円

費用と支出のズレ：1,400円－1,450円＝△50円
　　　　　　　　　　　　　　　　↕一致
前払費用：150円－100円＝50円(増加：減算)

5 外貨建取引に係るキャッシュ・フロー

▶▶ 外貨建取引によって生じる為替差損益は、キャッシュ・フロー計算書上、発生要因によって取扱いが異なるため注意が必要です。

(1) 現金及び現金同等物に係る為替差損益

▶▶ 期末に現金及び現金同等物を換算したさいや、期中に外国通貨を邦貨に両替えしたさいに発生する為替差損益は、財務活動によるキャッシュ・フローの下に「現金及び現金同等物に係る換算差額」として記載します。

また、現金及び現金同等物に係る為替差損益は、営業外損益・特別損益項目として、「間接法の調整項目」となります。

Q │ 2-7 │ **現金及び現金同等物に係る為替差損益**

次の資料にもとづき、営業活動によるキャッシュ・フローの区分を、(1)直接法による場合、(2)間接法による場合の、キャッシュ・フロー計算書を作成しなさい(単位:円)。

■資料1■

貸借対照表

	前期末残高	当期末残高
現 金 預 金	14,000	15,530
⋮	⋮	⋮
資 産 合 計	×××	×××
⋮	⋮	⋮
負債・純資産合計	×××	×××

■資料2■

損益計算書

Ⅰ 売 上 高	50,000
Ⅱ 売 上 原 価	48,000
売 上 総 利 益	2,000
Ⅲ 営 業 外 費 用	
為 替 差 損	470
税引前当期純利益	1,530

■資料3■

1. 現金預金に含まれる外国通貨の当期における取引は次のとおりであった。なお、期首に外国通貨は保有していなかった。

   当期取得額:18,720円(180ドル、1ドル=104円で取得)

   当期邦貨両替額:5,250円(上記で取得した50ドルを両替え)

   期末有高:130ドル(決算日における為替レートは、1ドル=100円であった)

2. 売上・仕入取引は、すべて現金で行っている。また、期首および期末に商品の在庫はなかった。

3. 貸借対照表の「現金預金」とキャッシュ・フロー計算書の「現金及び現金同等物」の範囲は一致しているものとする。

(1)直接法による場合

　Ⅰ　営業活動によるキャッシュ・フロー
　　　　営　業　収　入　　　　　　（　　　50,000　）
　　　　商 品 の 仕 入 支 出　　　（　△48,000　）
　　　営業活動によるキャッシュ・フロー　（　　　2,000　）
　Ⅱ　現金及び現金同等物に係る換算差額　（　　△470　）
　Ⅲ　現金及び現金同等物の増加額　　　（　　　1,530　）
　Ⅳ　現金及び現金同等物の期首残高　　（　　14,000　）
　Ⅴ　現金及び現金同等物の期末残高　　（　　15,530　）

(2)間接法による場合

　Ⅰ　営業活動によるキャッシュ・フロー
　　　　税 引 前 当 期 純 利 益　　（　　　1,530　）
　　　　為　　替　　差　　損　　　（　　　　470　）
　　　営業活動によるキャッシュ・フロー　（　　　2,000　）
　Ⅱ　現金及び現金同等物に係る換算差額　（　　△470　）
　Ⅲ　現金及び現金同等物の増加額　　　（　　　1,530　）
　Ⅳ　現金及び現金同等物の期首残高　　（　　14,000　）
　Ⅴ　現金及び現金同等物の期末残高　　（　　15,530　）

邦貨両替時：

（借）現　　金　　預　　金	5,250	（貸）現　　金　　預　　金	5,200[03]
		為　替　差　損　益	50

03)　104円×50ドル＝5,200円

決算時：

（借）為　替　差　損　益	520	（貸）現　　金　　預　　金	520[04]

04)　（100円－104円）×130ドル＝△520円

∴為替差損：50円－520円＝△470円

（間接法の調整項目：加算、現金及び現金同等物に係る換算差額：減算）

Chapter 18

キャッシュ・フロー計算書

(2) 投資活動・財務活動に係る為替差損益

▶ 貸付金の回収や借入金の返済など、投資活動・財務活動に係るキャッシュ・フローには、為替差損益を加味した実際受払額で記載します。

また、投資活動・財務活動に係る為替差損益は、営業外損益・特別損益項目として「間接法の調整項目」となります。

Q | 2-8 | **投資活動・財務活動に係る為替差損益** |

次の資料にもとづき、営業活動によるキャッシュ・フローの区分を、(1)直接法による場合、(2)間接法による場合の、キャッシュ・フロー計算書を作成しなさい(単位:円)。

■資料1■

貸借対照表

	前期末残高	当期末残高
⋮	⋮	⋮
土　　　　地	5,000	8,000
⋮	⋮	⋮
資　産　合　計	×××	×××
⋮	⋮	⋮
短　期　借　入　金	5,200	6,180
⋮	⋮	⋮
負債・純資産合計	×××	×××

■資料2■

損益計算書

I 売　　　上　　　高	50,000
II 売　　上　　原　　価	48,000
売　上　総　利　益	2,000
III 営　業　外　収　益	
為　　替　　差　　益※	250
税引前当期純利益	2,250

※この為替差益は、すべて■資料3■に示した取引により発生したものである。

■資料3■その他の事項

1. 当期首に、国外の営業所に使用する土地を30ドルで取得した。なお、土地取得時の為替レートは1ドル＝100円、代金支払時の為替レートは1ドル＝98円であった。

2. 期首の短期借入金は外貨建ての借入金(50ドル)であり、全額を期中に5,250円で返済した。

3. 当期に借り入れた短期借入金はすべて外貨建ての借入金60ドル(借入時の為替レートは1ドル＝107円)であり、期末時点で返済していない。なお、決算日の為替レートは1ドル＝103円であった。

4. 売上および仕入取引はすべて現金で行っており、期首および期末に商品の在庫はなかった。

A | 2-8 | **解答・解説** |

(1)直接法による場合

I 営業活動によるキャッシュ・フロー	
営　　業　　収　　入	(50,000)
商　品　の　仕　入　支　出	(△48,000)
営業活動によるキャッシュ・フロー	(2,000)
II 投資活動によるキャッシュ・フロー	
有形固定資産の取得による支出	(△2,940)
投資活動によるキャッシュ・フロー	(△2,940)
III 財務活動によるキャッシュ・フロー	
短　期　借　入　れ　に　よ　る　収　入	(6,420)
短期借入金の返済による支出	(△5,250)
財務活動によるキャッシュ・フロー	(1,170)

(2)間接法による場合

Ⅰ	営業活動によるキャッシュ・フロー	
	税引前当期純利益	(2,250)
	為 替 差 益	(△250)
	営業活動によるキャッシュ・フロー	(2,000)
Ⅱ	投資活動によるキャッシュ・フロー	
	有形固定資産の取得による支出	(△2,940)
	投資活動によるキャッシュ・フロー	(△2,940)
Ⅲ	財務活動によるキャッシュ・フロー	
	短期借入れによる収入	(6,420)
	短期借入金の返済による支出	(△5,250)
	財務活動によるキャッシュ・フロー	(1,170)

有形固定資産の取得による支出(土地購入代金支払額):98円×30ドル=2,940円

短期借入れによる収入:107円×60ドル=6,420円

短期借入金の返済による支出:5,250円(■資料3■2.より)

為替差益:250円(**間接法の調整項目:減算**)

有形固定資産

(借)土	地	3,000	(貸)未 払 金	3,000
(借)未 払 金		3,000	(貸)現 金 預 金	2,940
			為 替 差 損 益	60

短期借入金

(借)短 期 借 入 金	5,200	(貸)現 金 預 金	5,250
為 替 差 損 益	50		
(借)現 金 預 金	6,420	(貸)短 期 借 入 金	6,420
(借)短 期 借 入 金	240	(貸)為 替 差 損 益	240

(3) 営業活動に係る為替差損益

▶ 売上債権(売掛金・受取手形)・仕入債務(買掛金・支払手形)の期末換算など、営業活動によって生じた為替差損益については、営業活動によるキャッシュ・フローの区分を①直接法、②間接法のどちらによって表示しているかで、扱いが異なります。なお、営業活動に係る為替差損益は、「間接法の調整項目」ではありません。

① 直接法の場合

▶ 営業収入や仕入支出などのキャッシュ・フローには、為替差損益を加味した実際受払額で記載します。

② 間接法の場合

▶ 売上債権・仕入債務の増減額(円建て)に為替差損益を加味することで、円建ての実際増減額を表示することができます。

Q 2-9 | **営業活動に係る為替差損益** |

次の資料にもとづき、営業活動によるキャッシュ・フローの区分を、(1)直接法による場合、(2)間接法による場合の、キャッシュ・フロー計算書(営業活動によるキャッシュ・フローのみ)を作成しなさい(単位：円)。

■資料1■

貸借対照表

	前期末残高	当期末残高
⋮	⋮	⋮
売 掛 金	3,200	4,000
⋮	⋮	⋮
資 産 合 計	×××	×××
⋮	⋮	⋮
負債・純資産合計	×××	×××

■資料2■

損益計算書

Ⅰ 売 上 高	20,000
Ⅱ 売 上 原 価	18,000
売 上 総 利 益	2,000
Ⅲ 営 業 外 費 用	
為 替 差 損	10
税引前当期純利益	1,990

■資料3■その他の事項

1．当期より国外向けの販売を行ったため、外貨建売掛金の発生および回収が生じることとなった。当期の外貨建売掛金の変動は次のとおりである。

　　当期外貨建売上(すべて掛)　80ドル(販売時の為替レート　1ドル＝95円)

　　当期回収額(邦貨にて回収)　50ドル(回収時の為替レート　1ドル＝93円)

　　当期末外貨建売掛金残高　　30ドル(決算時の為替レート　1ドル＝98円)

2．上記以外の売上と、それに係る売掛金は邦貨建てである。

3．仕入取引はすべて現金で行っている。また、期首および期末に商品の在庫はなかった。

A 2-9 | **解答・解説** |

(1)直接法による場合

　Ⅰ　営業活動によるキャッシュ・フロー

　　　営　業　収　入　　　　　（　　19,190　）

　　　商 品 の 仕 入 支 出　　（　△18,000　）

　　営業活動によるキャッシュ・フロー　（　　1,190　）

(2)間接法による場合

　Ⅰ　営業活動によるキャッシュ・フロー

　　　税 引 前 当 期 純 利 益　　（　　1,990　）

　　　売 上 債 権 の 増 加 額　　（　　△800　）

　　営業活動によるキャッシュ・フロー　（　　1,190　）

(1) 販売時：

（借）売　　　掛　　　金	7,600	（貸）売　　　　　　　上	7,600[05]

05) 95円×80ドル＝7,600円

(2) 売掛金回収時：

（借）現　　金　　預　　金	4,650[06]	（貸）売　　　掛　　　金	4,750
為　替　差　損　益	100		

06) 93円×50ドル＝4,650円

(3) 決算時：

（借）売　　　掛　　　金	90	（貸）為　替　差　損　益	90[07]

07) （98－95円）×30ドル＝90円

```
          売　掛　金
┌─────────┬──────────────┐
│ 期首        │ 回収（差額）    │
│     3,200円 │      19,190円  │
├─────────┤              │
│ 売上        ├──────┬───────┤
│             │ 換算 100円│     │
│    20,000円 ├──────┤       │
│             │ 期末      │     │
├─────────┼──────┤       │
│ 換算   90円 │      4,000円   │
└─────────┴──────────────┘
```

収益と収入のズレ；
(20,000円－100円＋90円)[08]－19,190円＝800円
　　　　　　　　　　　　　　　一致
売上債権（売掛金）：4,000円－3,200円＝800円
　　　　　　　　　　　　　　　（増加：減算）

08) 売上取引による収益は、売上高のほかに、売掛金の回収や期末における換算で生じた為替差損益も含めて考え、収益と収入とのズレを計算します。

(4) まとめ

① 間接法の調整項目

> 営業外活動に係る為替差損益＝為替差損益総額－(3)営業活動に係る為替差損益
> 　　間接法の調整項目　　　　＝(1)現金及び現金同等物に係る為替差損益
> 　　　　　　　　　　　　　　　＋(2)投資活動・財務活動に係る為替差損益

② 為替差損益のC／F上の扱い

	現金及び現金同等物の換算差額	間接法の調整項目
(1) 現金及び現金同等物に係るもの	○	○
(2) 投資活動・財務活動に係るもの	×	○
(3) 営業活動に係るもの	×	×

投資活動・財務活動による キャッシュ・フロー

　企業の主要な活動たる営業活動によるキャッシュが好調な場合、潤沢な キャッシュを新たな有形固定資産の購入など投資活動にあてることで、企業 活動に役立てることができます。
　逆に、営業活動が振るわない場合、キャッシュが不足して営業活動が滞る おそれがあります。しかし、このような場合でも財務活動をうまくやりくりすれ ば、キャッシュを維持し、企業活動を継続することができます。このように、 投資活動・財務活動は、企業の活動を陰ながら支えているのです。

1 投資活動によるキャッシュ・フローの記載

▶▶　投資活動によるキャッシュ・フローの区分には、固定資産の取得・売却、現金同等物に含まれな い短期投資の取得・売却等によるキャッシュ・フローを記載します[01]。

II　投資活動によるキャッシュ・フロー	
有価証券[02]の取得による支出	△×××
有価証券の売却による収入	×××
有形固定資産の取得による支出	△×××
有形固定資産の売却による収入	×××
投資有価証券の取得による支出	△×××
投資有価証券の売却による収入	×××
貸付けによる支出	△×××
貸付金の回収による収入	×××
⋮	⋮
投資活動によるキャッシュ・フロー	×××

01)　貸借対照表の借方科目(資産)をイメージすると、覚えやすいでしょう。
　　　この他に、現金及び現金同等物に該当しない(期間が3カ月より長い)定期預金の預 入や払戻しなども、この区分に該当します。

02)　勘定科目上は「有価証券」でも現金同等物に該当するものは、ここでいう「有価証券の 取得・売却」には該当しないので注意しましょう。

2 │ 財務活動によるキャッシュ・フローの記載

▶ 財務活動によるキャッシュ・フローの区分には、資金の調達・返済によるキャッシュ・フローを記載します[01]。

```
Ⅲ 財務活動によるキャッシュ・フロー
    短 期 借 入 れ に よ る 収 入            ×××
    短 期 借 入 金 の 返 済 に よ る 支 出      △×××
    長 期 借 入 れ に よ る 収 入            ×××
    長 期 借 入 金 の 返 済 に よ る 支 出      △×××
    社 債 の 発 行 に よ る 収 入[02]          ×××
    社 債 の 償 還 に よ る 支 出            △×××
    株 式 の 発 行 に よ る 収 入[02]          ×××
    自 己 株 式 の 取 得 に よ る 支 出        △×××
    配 当 金 の 支 払 額                   △×××
                ：                          ：
    財務活動によるキャッシュ・フロー           ×××
```

01) 貸借対照表の貸方科目（負債・純資産）をイメージすると、覚えやすいでしょう。この他に、ファイナンス・リース取引のリース料支払額（元本相当額）なども、この区分に記載されます。

02) 発行費用等を除いた手取額（純額）で記載します。

Q │ 3-1 │ 投資活動・財務活動によるキャッシュ・フロー

次の資料にもとづき、投資活動によるキャッシュ・フロー区分と財務活動によるキャッシュ・フロー区分の記載を完成させなさい（単位：円）。

■資料1■

貸借対照表

	前期末残高	当期末残高
：	：	：
有 価 証 券	1,600	900
短 期 貸 付 金	400	200
建 物	4,800	2,800
減価償却累計額	△600	△500
：	：	：
資 産 合 計	×××	×××
：	：	：
短 期 借 入 金	3,600	3,000
資 本 金	4,000	4,800
：	：	：
負債・純資産合計	×××	×××

■資料2■その他の事項

1．帳簿価額1,200円の有価証券を売却し、売却益200円を計上した。なお、当期末において有価証券評価損100円を計上している。また、評価損益は切放法により処理している。

2．短期貸付金（貸付期間はすべて1年以内）の当期貸付額は480円である。

3．取得原価2,000円の建物（減価償却累計額200円）を期首に2,400円で売却した。

4．短期借入金（借入期間はすべて1年以内）の当期借入額は3,400円である。

5．当期に新株を発行し、現金800円の払込みを受けた。

6．当期中に株主に対し、配当金40円を現金で支払った。

キャッシュ・フロー計算書　　（単位：円）

Ⅱ　投資活動によるキャッシュ・フロー
　　有価証券の取得による支出　　（△　　600　）
　　有価証券の売却による収入　　（　　1,400　）
　　有形固定資産の売却による収入　（　　2,400　）
　　貸付けによる支出　　（△　　480　）
　　貸付金の回収による収入　　（　　680　）
　　投資活動によるキャッシュ・フロー　（　　3,400　）
Ⅲ　財務活動によるキャッシュ・フロー
　　短期借入れによる収入　　（　　3,400　）
　　短期借入金の返済による支出　（△　4,000　）
　　株式の発行による収入　　（　　800　）
　　配当金の支払額　　（△　　40　）
　　財務活動によるキャッシュ・フロー　（　　160　）

有価証券

期首	売却原価03)
1,600円	1,200円
	評価損　100円
取得（差額）600円	期末 900円

03)　有価証券の売却原価は帳簿価額1,200円です。売却価額1,400円と混同しないように注意しましょう。

短期貸付金

期首 400円	回収（差額）680円
貸付 480円	期末 200円

短期借入金

返済（差額）4,000円	期首 3,600円
期末 3,000円	借入 3,400円

投資活動によるキャッシュ・フローは
"悠々と貸付"と覚えましょう！
　悠（有価証券）、
　悠（有形固定資産）
　と（投資有価証券）
　貸付（貸付金）
ただ、他に無形固定資産や長期定期預金の増減も
この区分になります

トレーニングⅡ　Ch18　問題3へ

3 キャッシュ・フロー計算書のひな型

▸ これまでに学習した内容をふまえてキャッシュ・フロー計算書のひな型を示すと、以下のように
なります。

＜直接法＞
キャッシュ・フロー計算書（単位：千円）
自×1年4月1日　至×2年3月31日

Ⅰ	営業活動によるキャッシュ・フロー	
	営業収入	307,000
	原材料又は商品の仕入支出	△ 130,000
	人件費支出	△ 50,000
	その他の営業支出	△ 20,000
	小計	107,000
	利息及び配当金の受取額	2,100
	利息の支払額	△ 1,000
	損害賠償金の支払額	△ 1,500
	法人税等の支払額	△ 40,000
	営業活動によるキャッシュ・フロー	66,600
Ⅱ	投資活動によるキャッシュ・フロー	
	有価証券の取得による支出	△ 1,000
	有価証券の売却による収入	5,000
	有形固定資産の取得による支出	△ 30,000
	有形固定資産の売却による収入	10,000
	投資有価証券の取得による支出	△ 2,000
	投資有価証券の売却による収入	3,000
	貸付けによる支出	△ 10,000
	貸付金の回収による収入	10,000
	投資活動によるキャッシュ・フロー	△ 15,000
Ⅲ	財務活動によるキャッシュ・フロー	
	短期借入れによる収入	10,000
	短期借入金の返済による支出	△ 1,000
	長期借入れによる収入	40,000
	長期借入金の返済による支出	△ 1,000
	リース債務の返済による支出	△ 1,000
	社債の発行による収入	20,000
	社債の償還による支出	△ 10,000
	株式の発行による収入	10,000
	自己株式の取得による支出	△ 2,000
	配当金の支払額	△ 20,000
	財務活動によるキャッシュ・フロー	45,000
Ⅳ	現金及び現金同等物に係る換算差額	400
Ⅴ	現金及び現金同等物の増加額	97,000
Ⅵ	現金及び現金同等物の期首残高	30,000
Ⅶ	現金及び現金同等物の期末残高	127,000

＜間接法＞
キャッシュ・フロー計算書（単位：千円）
自×1年4月1日　至×2年3月31日

Ⅰ	営業活動によるキャッシュ・フロー	
	税引前当期純利益	100,000
	減価償却費	3,000
	貸倒引当金の増加額	4,000
	受取利息及び受取配当金	△ 2,000
	支払利息	1,000
	為替差損	800
	固定資産売却益	△ 300
	損害賠償損失	1,500
	売上債権の増加額	△ 700
	棚卸資産の減少額	200
	仕入債務の減少額	△ 500
	小計	107,000
	以下直接法と同じ	

Section 4 連結キャッシュ・フロー計算書

子会社から受け取った配当金により、親会社のキャッシュ・フローが増加しても、企業集団としては子会社から親会社へ資金の移動があったにすぎません。このような取引は親会社のみの個別キャッシュ・フロー計算書をみてもわかりません。

そこで、企業集団の資金状況を正確に表示するために、連結財務諸表を作成する会社は連結キャッシュ・フロー計算書を作成します。

1 連結キャッシュ・フロー計算書の基礎知識

1 連結キャッシュ・フロー計算書の必要性

▶ 企業グループ全体の経営成績や財政状態を明らかにするために、連結損益計算書や連結貸借対照表が作成されるように、企業グループ全体のキャッシュ・フローの状況を明らかにするために連結キャッシュ・フロー計算書を作成する必要があります。

2 連結キャッシュ・フロー計算書の作成方法

▶ 連結キャッシュ・フロー計算書の作成方法には、以下の2つがあります。

⑴ 個別キャッシュ・フロー計算書を基準に作成する方法（原則法）

⑵ 連結損益計算書・連結貸借対照表を基準に作成する方法（簡便法）

▶▶ なお、原則法により作成する場合には「営業活動によるキャッシュ・フロー」の区分を直接法によることが一般的です。

簡便法により作成する場合には「営業活動によるキャッシュ・フロー」の区分を間接法[01]により表示することが一般的です。本テキストにおいては、この２つの場合について説明します。

01) 間接法の趣旨が簡便性にあるためです。

2　連結キャッシュ・フロー計算書のひな型

1 「営業活動によるキャッシュ・フロー」の区分を直接法により表示する場合

▶▶ 直接法による連結キャッシュ・フロー計算書のひな型は次のとおりです。

個別キャッシュ・フロー計算書と異なる箇所は青字になっています。

連結キャッシュ・フロー計算書

NS商事株式会社　自×１年４月１日　至×２年３月31日（単位：千円）

Ⅰ	営業活動によるキャッシュ・フロー	
	営　業　収　入	×××
	原材料又は商品の仕入れによる支出	△　×××
	人　件　費　支　出	△　×××
	その他の営業支出	△　×××
	小　　　計	×××
	利息及び配当金の受取額	×××
	利　息　の　支　払　額	△　×××
	法　人　税　等　の　支　払　額	△　×××
	営業活動によるキャッシュ・フロー	×××
Ⅱ	投資活動によるキャッシュ・フロー	
	有価証券の取得による支出	△　×××
	有価証券の売却による収入	×××
	有形固定資産の取得による支出	△　×××
	有形固定資産の売却による収入	×××
	投資有価証券の取得による支出	△　×××
	投資有価証券の売却による収入	×××
	連結範囲の変更を伴う子会社株式の取得による支出[01]	△　×××
	連結範囲の変更を伴う子会社株式の売却による収入	×××
	貸　付　け　に　よ　る　支　出	△　×××
	貸付金の回収による収入	×××
	投資活動によるキャッシュ・フロー	×××
Ⅲ	財務活動によるキャッシュ・フロー	
	短期借入れによる収入	×××
	短期借入金の返済による支出	△　×××
	長期借入れによる収入	×××
	長期借入金の返済による支出	△　×××
	社債の発行による収入	×××
	社債の償還による支出	△　×××
	株式の発行による収入	×××
	自己株式の取得による支出	△　×××
	配　当　金　の　支　払　額	△　×××
	非支配株主への配当金の支払額[02]	△　×××
	財務活動によるキャッシュ・フロー	×××
Ⅳ	現金及び現金同等物に係る換算差額	×××
Ⅴ	現金及び現金同等物の増加額	×××
Ⅵ	現金及び現金同等物の期首残高	×××
Ⅶ	現金及び現金同等物の期末残高	×××

01) 株式の取得により新たに連結対象会社に加わった場合の支出額を記載します。なお、当該支出額は株式取得原価から、新規子会社が保有する現金等キャッシュを控除した純額で評価します。

02) 子会社が行った配当のうち、非支配株主に支払ったものを記載します。

2 「営業活動によるキャッシュ・フロー」の区分を間接法により表示する場合

▶▶ 間接法による連結キャッシュ・フロー計算書のひな型は次のとおりです。

個別キャッシュ・フロー計算書と異なる箇所は青字になっています。

<table>
<tr><td colspan="3" align="center">連結キャッシュ・フロー計算書</td></tr>
<tr><td colspan="3">NS商事株式会社　自×1年4月1日　至×2年3月31日（単位：千円）</td></tr>
<tr><td>Ⅰ</td><td>営業活動によるキャッシュ・フロー</td><td></td></tr>
<tr><td></td><td>税金等調整前当期純利益 03)</td><td>×××</td></tr>
<tr><td></td><td>減　価　償　却　費</td><td>×××</td></tr>
<tr><td></td><td>の　れ　ん　償　却　額 04)</td><td>×××</td></tr>
<tr><td></td><td>貸倒引当金の増加額</td><td>×××</td></tr>
<tr><td></td><td>受取利息及び受取配当金</td><td>△ ×××</td></tr>
<tr><td></td><td>支　払　利　息</td><td>×××</td></tr>
<tr><td></td><td>為　替　差　損</td><td>×××</td></tr>
<tr><td></td><td>持分法による投資利益</td><td>△ ×××</td></tr>
<tr><td></td><td>有形固定資産売却益</td><td>△ ×××</td></tr>
<tr><td></td><td>損　害　賠　償　損　失</td><td>×××</td></tr>
<tr><td></td><td>売上債権の増加額</td><td>△ ×××</td></tr>
<tr><td></td><td>棚卸資産の減少額</td><td>×××</td></tr>
<tr><td></td><td>仕入債務の減少額</td><td>△ ×××</td></tr>
<tr><td></td><td>前受金の減少額</td><td>△ ×××</td></tr>
<tr><td></td><td>前渡金の減少額</td><td>×××</td></tr>
<tr><td></td><td>未払費用の減少額</td><td>△ ×××</td></tr>
<tr><td></td><td>　　　小　　計</td><td>×××</td></tr>
<tr><td></td><td>利息及び配当金の受取額</td><td>×××</td></tr>
<tr><td></td><td>利　息　の　支　払　額</td><td>△ ×××</td></tr>
<tr><td></td><td>法人税等の支払額</td><td>△ ×××</td></tr>
<tr><td></td><td>営業活動によるキャッシュ・フロー</td><td>×××</td></tr>
<tr><td>Ⅱ</td><td>投資活動によるキャッシュ・フロー</td><td></td></tr>
<tr><td></td><td>　　（直接法と同じ）</td><td></td></tr>
<tr><td></td><td>投資活動によるキャッシュ・フロー</td><td>×××</td></tr>
<tr><td>Ⅲ</td><td>財務活動によるキャッシュ・フロー</td><td></td></tr>
<tr><td></td><td>　　（直接法と同じ）</td><td></td></tr>
<tr><td></td><td>財務活動によるキャッシュ・フロー</td><td>×××</td></tr>
<tr><td>Ⅳ</td><td>現金及び現金同等物に係る換算差額</td><td>×××</td></tr>
<tr><td>Ⅴ</td><td>現金及び現金同等物の増加額</td><td>×××</td></tr>
<tr><td>Ⅵ</td><td>現金及び現金同等物の期首残高</td><td>×××</td></tr>
<tr><td>Ⅶ</td><td>現金及び現金同等物の期末残高</td><td>×××</td></tr>
</table>

03) 個別上は税引前当期純利益ですが、連結上は税金等調整前当期純利益となります。

04) 非資金損益項目です。

3 原則法による連結キャッシュ・フロー計算書

▶▶ 原則法による連結キャッシュ・フロー計算書（直接法）は、親会社と子会社の個別キャッシュ・フロー計算書を合算し、親子会社間のキャッシュ・フローを相殺消去して作成します。

これは、連結会社相互間のキャッシュ・フローは、企業グループ内部における現金等の保管場所の変更にすぎないためです。

相殺消去の対象となる連結会社相互間のキャッシュ・フローの例としては、次のものがあります。

> ⑴ 営業収入と仕入支出
> ⑵ 有形固定資産の売却による収入と取得による支出
> ⑶ 貸付けによる支出と借入れによる収入
> ⑷ 配当金の受取額と支払額
> ⑸ 社債の発行による収入と投資有価証券の取得による支出

---

1 営業収入と仕入支出

⑴ 現金販売

▶▶ たとえば、親会社が子会社に商品を現金10,000円で売り上げた場合には、親会社の個別キャッシュ・フロー計算書に計上されている「営業収入」と、子会社の個別キャッシュ・フロー計算書に計上されている「商品の仕入による支出」を相殺消去します。

Q | 4-1 | **営業収入と商品仕入支出1** |

P社はS社株式の80%を所有し、支配している。当期、P社は商品（原価8,000円）をS社に10,000円で現金で販売した。

次の資料にもとづき、連結キャッシュ・フロー計算書を作成しなさい（単位：円）。

キャッシュ・フロー計算書（P社）	キャッシュ・フロー計算書（S社）
Ⅰ 営業活動によるキャッシュ・フロー	Ⅰ 営業活動によるキャッシュ・フロー
営 業 収 入 100,000	営 業 収 入 50,000
商品の仕入れによる支出△70,000	商品の仕入れによる支出△38,000

A | 4-1 | **解答** |

連結キャッシュ・フロー計算書

Ⅰ 営業活動によるキャッシュ・フロー
　　営 業 収 入 　　　140,000[01]
　　商品の仕入れによる支出 　△98,000[02]

01) 100,000円 + 50,000円 − 10,000円 = 140,000円
02) 70,000円 + 38,000円 − 10,000円 = 98,000円

⑵ 掛け販売

▶ たとえば、親会社が子会社に商品10,000円を掛けで売上げ、代金のうち、6,000円を現金で回収した場合、親会社の個別キャッシュ・フロー計算書に計上されている「営業収入」6,000円と、子会社の個別キャッシュ・フロー計算書に計上されている「商品の仕入による支出」6,000円を相殺消去します。

Q | 4-2 | 営業収入と商品仕入支出2 |

P社はS社株式の80％を所有し支配している。当期、P社は商品（原価8,000円）をS社に10,000円で掛け販売し、そのうち、6,000円を現金で回収した。

次の資料にもとづき、連結キャッシュ・フロー計算書を作成しなさい（単位：円）。

キャッシュ・フロー計算書（P社）		キャッシュ・フロー計算書（S社）	
Ⅰ 営業活動によるキャッシュ・フロー		Ⅰ 営業活動によるキャッシュ・フロー	
営業収入	100,000	営業収入	50,000
商品の仕入れによる支出	△70,000	商品の仕入れによる支出	△38,000

A | 4-2 | 解答 |

連結キャッシュ・フロー計算書

Ⅰ 営業活動によるキャッシュ・フロー	
営業収入	144,000[03]
商品の仕入れによる支出	△102,000[04]

03) 100,000円＋50,000円－6,000円＝144,000円
04) 70,000円＋38,000円－6,000円＝102,000円

トレーニングⅡ　Ch18　問題4へ

2 有形固定資産の売却による収入と取得による支出

▶ たとえば、親会社が子会社に建物（帳簿価額100,000円）を120,000円で売却し、代金を現金で受け取った場合、親会社の個別キャッシュ・フロー計算書に計上されている「有形固定資産の売却による収入」120,000円と、子会社の個別キャッシュ・フロー計算書に計上されている「有形固定資産の取得による支出」120,000円を相殺消去します。

Q | 4-3 | 固定資産の売却による収入と取得による支出 |

P社はS社株式の80％を所有し支配している。当期、P社はS社に建物（帳簿価額100,000円）を販売し、代金120,000円を現金で回収した。

次の資料にもとづき、連結キャッシュ・フロー計算書を作成しなさい（単位：円）。

キャッシュ・フロー計算書（P社）		キャッシュ・フロー計算書（S社）	
Ⅱ 投資活動によるキャッシュ・フロー		Ⅱ 投資活動によるキャッシュ・フロー	
有形固定資産の取得による支出	△300,000	有形固定資産の取得による支出	△150,000
有形固定資産の売却による収入	200,000	有形固定資産の売却による収入	140,000

A | 4-3 | **解答**

連結キャッシュ・フロー計算書

Ⅱ　投資活動によるキャッシュ・フロー
有形固定資産の取得による支出　△330,000[05]
有形固定資産の売却による収入　220,000[06]

05) 300,000円＋150,000円－120,000円＝330,000円
06) 200,000円＋140,000円－120,000円＝220,000円

3 貸付けによる支出と借入れによる収入

▶▶ たとえば、親会社が子会社に100,000円を貸し付けた場合、親会社の個別キャッシュ・フロー計算書に計上されている「貸付けによる支出」100,000円と、子会社の個別キャッシュ・フロー計算書に計上されている「借入れによる収入」100,000円を相殺消去します。

Q | 4-4 | **貸付けによる支出と借入れによる収入1**

P社はS社株式の80％を所有し支配している。当期首、P社はS社に100,000円を貸し付けた。なお、この貸付金および利息の回収日は翌々期である。

次の資料にもとづき、連結キャッシュ・フロー計算書を作成しなさい（単位：円）。

キャッシュ・フロー計算書（P社）
Ⅱ　投資活動によるキャッシュ・フロー
貸付けによる支出△150,000
Ⅲ　財務活動によるキャッシュ・フロー
長期借入れによる収入　70,000

キャッシュ・フロー計算書（S社）
Ⅱ　投資活動によるキャッシュ・フロー
貸付けによる支出　△20,000
Ⅲ　財務活動によるキャッシュ・フロー
長期借入れによる収入　180,000

A | 4-4 | **解答**

連結キャッシュ・フロー計算書

Ⅱ　投資活動によるキャッシュ・フロー
貸付けによる支出　　△70,000[07]
Ⅲ　財務活動によるキャッシュ・フロー
長期借入れによる収入　150,000[08]

07) 150,000円＋20,000円－100,000円＝70,000円
08) 70,000円＋180,000円－100,000円＝150,000円

連結キャッシュ・フロー計算書│Section 4　18-33

なお、親子会社間の資金の貸借にともない、利息の授受があった場合には、個別キャッシュ・フロー計算書上計上されている「利息の受取額」と「利息の支払額」も相殺消去します。

Q | 4-5 | **貸付けによる支出と借入れによる収入2** |

　P社はS社株式の80％を所有し支配している。P社は前々期首にS社に貸し付けた100,000円を利息1,000円とともに回収した。

　次の資料にもとづき、連結キャッシュ・フロー計算書を作成しなさい（単位：円）。

キャッシュ・フロー計算書（P社）		キャッシュ・フロー計算書（S社）	
Ⅰ　営業活動によるキャッシュ・フロー		Ⅰ　営業活動によるキャッシュ・フロー	
⋮	⋮	⋮	⋮
利息及び配当金の受取額	3,000	利息及び配当金の受取額	800
利息の支払額	△2,800	利息の支払額	△4,200
Ⅱ　投資活動によるキャッシュ・フロー		Ⅱ　投資活動によるキャッシュ・フロー	
貸付金の回収による収入	150,000	貸付金の回収による収入	20,000
Ⅲ　財務活動によるキャッシュ・フロー		Ⅲ　財務活動によるキャッシュ・フロー	
長期借入金の返済による支出	△70,000	長期借入金の返済による支出	△180,000

A | 4-5 | **解答** |

連結キャッシュ・フロー計算書

Ⅰ　営業活動によるキャッシュ・フロー	
⋮	⋮
利息及び配当金の受取額	2,800[09]
利息の支払額	△6,000[10]
Ⅱ　投資活動によるキャッシュ・フロー	
貸付金の回収による収入	70,000[11]
Ⅲ　財務活動によるキャッシュ・フロー	
長期借入金の返済による支出	△150,000[12]

09)　3,000円＋800円－1,000円＝2,800円
10)　2,800円＋4,200円－1,000円＝6,000円
11)　150,000円＋20,000円－100,000円＝70,000円
12)　70,000円＋180,000円－100,000円＝150,000円

トレーニングⅡ　Ch18　問題5へ

4 配当金の受取額と支払額

▶▶ 子会社の個別キャッシュ・フロー計算書に計上されている「配当金の支払額」のうち、親会社に対する支払額は、親会社の個別キャッシュ・フロー計算書に計上されている「配当金の受取額」と相殺消去します。

また、非支配株主に対する配当金の支払額については、「非支配株主への配当金の支払額」として財務活動によるキャッシュ・フローの区分に独立して記載します。

Q | 4-6 | **配当金受取額と支払額** |

　P社はS社株式の80％を所有し支配している。P社は当期に90,000円、S社は当期に50,000円の剰余金の配当を行った。

　次の資料にもとづき、連結キャッシュ・フロー計算書を作成しなさい（単位：円）。

キャッシュ・フロー計算書（P社）
Ⅰ　営業活動によるキャッシュ・フロー
　　利息及び配当金の受取額　50,000
Ⅲ　財務活動によるキャッシュ・フロー
　　配 当 金 の 支 払 額△90,000

キャッシュ・フロー計算書（S社）
Ⅰ　営業活動によるキャッシュ・フロー
　　利息及び配当金の受取額　20,000
Ⅲ　財務活動によるキャッシュ・フロー
　　配 当 金 の 支 払 額△50,000

A | 4-6 | **解答** |

連結キャッシュ・フロー計算書

Ⅰ　営業活動によるキャッシュ・フロー
　　利息及び配当金の受取額　　　　　30,000[13]
Ⅲ　財務活動によるキャッシュ・フロー
　　配 当 金 の 支 払 額　　△90,000[14]
　　非支配株主への配当金の支払額　　△10,000[15]

[13]　50,000円＋20,000円－50,000円×80％＝30,000円
[14]　90,000円＋50,000円－50,000円＝90,000円
[15]　50,000円×20％＝10,000円

トレーニングⅡ　Ch18　問題7へ

Chapter 18

キャッシュ・フロー計算書

4 簡便法による連結キャッシュ・フロー計算書

▶▶ 簡便法・間接法による連結キャッシュ・フ
ロー計算書は、連結損益計算書の税金等調整前

当期純利益をベースに、以下の項目[01]を調整
することで作成します。

> ① 非資金損益項目
> ② 営業外損益・特別損益項目
> ③ 営業資産・負債の増減項目

01) 個別C/Fの調整項目と同じです。

▶▶ なお、連結損益計算書や連結貸借対照表を
作成するさいに、すでに連結修正仕訳をして親
子会社間の取引を相殺消去しています。

したがって、簡便法・間接法による連結キャッ
シュ・フロー計算書を作成するさいには、改め

て親子会社間のキャッシュ・フローの相殺消去
を行う必要はありません。

ただし、連結特有の処理として、以下の点に
注意する必要があります。

1 非支配株主に帰属する当期純利益

▶▶ 損益計算書上、「非支配株主に帰属する当
期純利益」は「税金等調整前当期純利益」を計算
した後に計上される損益項目ですから、税金等

調整前当期純利益からスタートする間接法にお
いては調整不要です。

2 のれん償却額

▶▶ 「のれん償却額」は、非資金損益項目である
ため、「営業活動によるキャッシュ・フロー」の

区分における調整項目となります。

3 持分法による投資損益

▶▶ 「持分法による投資損益」は、営業外損益項
目であるため、「営業活動によるキャッシュ・
フロー」の区分における調整項目となります。

持分法による投資損失（営業外費用）の場合には
加算、持分法による投資利益（営業外収益）の場
合には減算します。

Q | 4-7 | **簡便法によるキャッシュ・フロー計算書の作成** |

　次の資料にもとづき、簡便法・間接法による連結キャッシュ・フロー計算書を作成しなさい。なお、受取配当金に係るキャッシュ・フローは、営業活動によるキャッシュ・フローの区分に表示すること（単位：円）。

■資料1■

連結貸借対照表

	前期末残高	当期末残高
現　　　　　金	200	300
売　　掛　　金	400	300
貸 倒 引 当 金	△ 10	△ 20
商　　　　　品	700	800
の　　れ　　ん	450	300
その他の資産	1,060	1,580
資　産　合　計	2,800	3,260
買　　掛　　金	500	300
未 払 法 人 税 等	200	220
資　　本　　金	1,000	1,000
利 益 剰 余 金	900	1,440
非支配株主持分	200	300
負債・純資産計	2,800	3,260

■資料2■

連結損益計算書

売　　　上　　　高	3,000
売　　上　　原　　価	1,200
売　上　総　利　益	1,800
貸 倒 引 当 金 繰 入	10
販売費及び一般管理費	790
減　価　償　却　費	50
の　れ　ん　償　却　額	150
営　　業　　利　　益	800
受　取　配　当　金	300
持 分 法 に よ る 投 資 利 益	100
税金等調整前当期純利益	1,200
法　　人　　税　　等	500
当　期　純　利　益	700
非支配株主に帰属する当期純利益	160
親会社株主に帰属する当期純利益	540

A | 4-7 | **解答** |

Ⅰ　営業活動によるキャッシュ・フロー	
税金等調整前当期純利益	1,200
減　価　償　却　費	50
の　れ　ん　償　却　額	150
貸倒引当金の増加額	10
受　取　配　当　金	△ 300
持分法による投資利益	△ 100
売 上 債 権 の 減 少 額	100
棚 卸 資 産 の 増 加 額	△ 100
仕 入 債 務 の 減 少 額	△ 200
小　　　　計	810
利息及び配当金の受取額	300
法 人 税 等 の 支 払 額	△ 480
営業活動によるキャッシュ・フロー	630

トレーニングⅡ　Ch18　問題8へ

Q | TRY IT! | 理論問題 | 連結キャッシュ・フロー計算書 |

次の文章の空欄に適切な語句または数値を記入しなさい。

(1) 連結キャッシュ・フロー計算書が対象とする資金の範囲は、（　ア　）とする。

① 現金とは、（　イ　）および（　ウ　）をいう。

（　ウ　）には、例えば、当座預金、普通預金、通知預金が含まれる。

② 現金同等物とは、容易に換金可能であり、かつ価値の変動について僅少なリスクしか負わない（　エ　）をいう。

現金同等物には、例えば、取得日から満期日または償還日までの期間が（　オ　）カ月以内の短期投資である定期預金等が含まれる。

(2) 利息および配当金に係るキャッシュ・フローは、次のいずれかの方法により記載する。

① 受取利息、受取配当金および支払利息は「（　カ　）活動によるキャッシュ・フロー」の区分に記載し、支払配当金は「（　キ　）活動によるキャッシュ・フロー」の区分に記載する方法

② 受取利息、受取配当金は「（　ク　）活動によるキャッシュ・フロー」の区分に記載し、支払利息および支払配当金は「（　ケ　）活動によるキャッシュ・フロー」の区分に記載する方法

A | TRY IT! | 解答 |

ア	イ	ウ	エ	オ
現金及び現金同等物	手許現金	要求払預金	短期投資	3
⑮	⑮	⑩	⑩	⑩

カ	キ	ク	ケ
営業	財務	投資	財務
⑩	⑩	⑩	⑩

合計 **100** 点

キャッシュ風呂？？？

Chapter **19**

特殊論点編

> **Point**
> このChapterでは、出題頻度、難易度、重要性の観点から扱って
> こなかった特殊な論点について学習していきます。
> 分配可能額についてはあまり出題がありませんので、基本的なところをお
> さえれば十分かと思います。その他の論点も重要性は低いです。

用語集

分配可能額
　債権者保護のため、会社法により定
められている株式会社の配当上限額

約定日基準
　有価証券の売買の約定日に買手は有
価証券の発生を認識し、売手は有価
証券の消滅の認識を行う方法

修正受渡日基準
　有価証券の売買について、買手は約
定日に有価証券の発生を認識せず、
約定日から受渡日までの時価の変動
のみを認識し、売手は約定日に有価
証券の消滅を認識せず、売却損益の
みを約定日に認識する方法

Section 1 分配可能額の計算

　純資産 1,000 万円の会社が 1,000 万円の剰余金の配当を行うと、どうなるのでしょうか。株主は一瞬喜ぶかもしれませんが、いきなりその会社の純資産はゼロとなるので、じきに倒産することになるでしょう。すると今度は債権者が債権を回収できずに大混乱、ということになります。
　このような状況を防止するために会社法では、資本金や準備金を配当不能とし、株式会社の配当額の上限(分配可能額)を定めています。

1 概　要

ここはサラッと流そう

▶▶　会社法により、会社が剰余金の配当を行う場合には、その金額は配当時の「分配可能額」を超えてはならないこととされています。

　この「分配可能額」は、「剰余金」を基礎として以下のプロセスを経て計算します。

Step1　分配可能額算定のための剰余金の算定
Step2　分配可能額の算定

2 | 分配可能額算定のための剰余金の算定

▶ 分配可能額算定のための剰余金は、①前期末の剰余金を算定し、それに②前期末から分配の日までの剰余金の増減を加味することにより計算します。

前期末の剰余金とは、前期末貸借対照表における「株主資本＋自己株式[01] − 資本金 − 準備金」のことで、いい換えると「その他資本剰余金＋その他利益剰余金」となります。

01) 符号はプラスになっていますが、株主資本の控除項目のため差し引かれます。

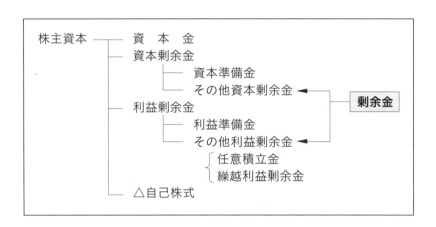

以上をまとめると、分配可能額算定のための剰余金は、以下の計算式により計算されます。

> **分配可能額算定のための剰余金**
> ＝ **①前期末の剰余金 ± ②前期末から分配の日までの剰余金の増減**
> ＝ **剰余金分配時の「その他資本剰余金＋その他利益剰余金」**

Chapter 19

特殊論点編

Q | 1-1 | 剰余金の算定

×2年9月30日における分配可能額算定のための剰余金の金額を計算しなさい。なお、3月31日を決算日とする。

前期末貸借対照表
×2年3月31日 （単位：円）

資　本　金	5,200,000
資　本　準　備　金	500,000
その他資本剰余金	450,000
利　益　準　備　金	740,000
任　意　積　立　金	600,000
繰　越　利　益　剰　余　金	800,000
自　己　株　式	△100,000

×2年9月30日までに行われた資本取引の概要

(1) 株主総会決議により、繰越利益剰余金からの配当 100,000円を行った。

(2) 株主総会決議により、資本準備金 50,000円および利益準備金 80,000円を剰余金に振り替えた。

(3) 株主総会決議により、任意積立金 100,000円を取り崩し、任意積立金 70,000円を積み立てた。

(4) 自己株式 30,000円を取得した。

(5) 自己株式 20,000円を 25,000円で処分した。

A | 1-1 | 解答・解説

剰余金の額　　　1,875,000円

1. ×2年9月30日までに行われた資本取引の仕訳

(1) 剰余金の配当

（借）繰 越 利 益 剰 余 金	110,000	（貸）利　益　準　備　金	10,000[02]
		現　金　預　金	100,000

02)　$5,200,000円 \times \dfrac{1}{4} - (500,000円 + 740,000円) = 60,000円 > 100,000円 \times \dfrac{1}{10} = 10,000円$

(2) 準備金の振替え

（借）資　本　準　備　金	50,000	（貸）その他資本剰余金	50,000
（借）利　益　準　備　金	80,000	（貸）繰 越 利 益 剰 余 金	80,000

(3) 任意積立金の取崩し・積立て

（借）任　意　積　立　金	100,000	（貸）繰 越 利 益 剰 余 金	100,000
（借）繰 越 利 益 剰 余 金	70,000	（貸）任　意　積　立　金	70,000

(4) 自己株式の取得

（借）自　己　株　式	30,000	（貸）現　金　預　金	30,000

(5) 自己株式の処分

（借）現　金　預　金	25,000	（貸）自　己　株　式	20,000
		その他資本剰余金	5,000

2. ×2年9月30日における残高試算表

残 高 試 算 表			
×2年9月30日			(単位：円)
自 己 株 式	110,000	資　　本　　金	5,200,000
		資 本 準 備 金	450,000
		その他資本剰余金	505,000
		利 益 準 備 金	670,000
		任 意 積 立 金	570,000
		繰 越 利 益 剰 余 金	800,000

3. 分配可能額算定のための剰余金の算定

以下の(1)または(2)の方法により算定します。

(1)　前期末（450,000円 + 600,000円 + 800,000円）

　　+ 当期変動額（- 110,000円 + 50,000円 + 80,000円 + 5,000円）= 1,875,000円

(2)　×2年9月30日における剰余金

　　505,000円 + 570,000円 + 800,000円 = 1,875,000円

---

3 | 分配可能額の算定

1　分配可能額の算定

▶　分配可能額は、分配可能額算定のための剰余金の額から①分配時の自己株式の帳簿価額、②前期末から分配時までに自己株式を処分した場合の自己株式処分対価、③のれん等調整額などによる分配制限額を控除することにより算定します。

分配可能額 = 剰余金 - 分配時の自己株式 - 自己株式処分対価 - 分配制限額

Q | 1-2 | 分配可能額の算定 |

【Q1-2】において、×2年9月30日における分配可能額を計算しなさい。

A | 1-2 | 解答・解説 |

💡　分配可能額：1,875,000円 - 110,000円 - 25,000円 = 1,740,000円

　　　　　　　　　　　　　分配時の自己株式　自己株式処分対価

2 分配制限額

分配可能額算定のさいに考慮する「分配制限額」には、主に以下のようなものがあります[01]。

> (1) のれん等調整額による分配制限額
> (2) その他有価証券評価差額金による分配制限額

01) のれん等調整額などによる分配制限額については、会社計算規則により具体的に規定されています。

(1) のれん等調整額による分配制限額

▶▶ 「のれん等調整額」とは、資産の部に計上したのれんの額の2分の1と繰延資産に計上した額の合計をいいます。

この「のれん等調整額」と前期末貸借対照表における資本金と準備金(資本準備金と利益準備金)の合計額である「資本等金額」を比較して、一定の場合には分配制限額が生じます。

具体的には、以下のような公式にあてはめて計算しますが、図解によりイメージして計算することもできます。

① 公式により計算する方法

	分配制限額
(ⅰ)のれん等調整額 ≦ 資本等金額	→ゼロ
(ⅱ)資 本 等 金 額 < のれん等調整額 ≦ 資本等金額 + その他資本剰余金	→のれん等調整額 − 資本等金額
(ⅲ)のれん等調整額 > 資本等金額 + その他資本剰余金	
(a)の れ ん ÷ 2 ≦ 資本等金額 + その他資本剰余金	→のれん等調整額 − 資本等金額
(b)の れ ん ÷ 2 > 資本等金額 + その他資本剰余金	→その他資本剰余金 + 繰延資産

② 図解により計算する方法

分配制限額

上記の方法のほかに、以下のフローチャートにより計算することもできます。

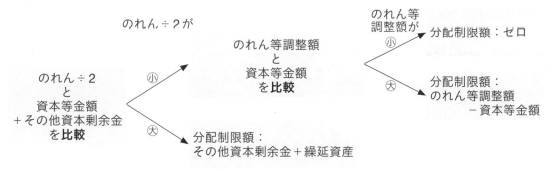

分配を行う上では、のれんの資産価値は
1／2しかないと想定されているんですね

Q | 1-3 | のれん等調整額による分配制限額 |

前期末貸借対照表に計上されたのれん（資産の部）および繰延資産が以下の場合について、それぞれ分配可能額を算定しなさい。なお、前期末から分配日まで、株主資本項目に変動はなかった。

<table>
<tr><td colspan="2" align="center">前期末貸借対照表
×2年3月31日 （単位：円）</td></tr>
<tr><td>資　本　金</td><td align="right">5,200,000</td></tr>
<tr><td>資　本　準　備　金</td><td align="right">500,000</td></tr>
<tr><td>その他資本剰余金</td><td align="right">450,000</td></tr>
<tr><td>利　益　準　備　金</td><td align="right">740,000</td></tr>
<tr><td>任　意　積　立　金</td><td align="right">600,000</td></tr>
<tr><td>繰越利益剰余金</td><td align="right">800,000</td></tr>
</table>

① のれん　5,000,000円
② のれん　13,000,000円
③ のれん　8,000,000円、繰延資産　3,000,000円
④ のれん　14,000,000円、繰延資産　500,000円

A | 1-3 | 解答・解説 |

① [1,850,000円]　② [1,790,000円]　③ [1,290,000円]　④ [900,000円]

1. 公式により計算する方法

わかりにくいので、解答の下書きをつくりましょう。

①下書きを書く
②のれん等調整額と、資本等金額を比較する
③のれん等調整額と、資本等金額＋その他資本剰余金を比較する
④のれん÷2と、資本等金額＋その他資本剰余金を比較する

(1) **分配可能額算定のための剰余金の算定**

その他資本剰余金450,000円＋任意積立金600,000円＋繰越利益剰余金800,000円

= 1,850,000円

(2) **資本等金額**

資本金5,200,000円＋資本準備金500,000円＋利益準備金740,000円＝6,440,000円

(3) **資本等金額＋その他資本剰余金**

資本等金額6,440,000円＋その他資本剰余金450,000円＝6,890,000円

① **のれん5,000,000円の場合（ⅰ）**

のれん等調整額：5,000,000円÷2＝2,500,000円

のれん等調整額2,500,000円＜資本等金額6,440,000円　分配制限額0円

∴分配可能額：1,850,000円－0円＝1,850,000円

② **のれん13,000,000円の場合（ⅱ）**

のれん等調整額：13,000,000円÷2＝6,500,000円

資本等金額6,440,000円＜のれん等調整額6,500,000円＜資本等＋その他6,890,000円

分配制限額：のれん等調整額6,500,000円－資本等金額6,440,000円＝60,000円

∴分配可能額：1,850,000円－60,000円＝1,790,000円

③ **のれん8,000,000円、繰延資産3,000,000円の場合（ⅲa）**

のれん等調整額：8,000,000円÷2＋3,000,000円＝7,000,000円

のれん等調整額7,000,000円＞資本等＋その他6,890,000円

のれん÷2：8,000,000円÷2＝4,000,000円＜資本等＋その他6,890,000円

分配制限額：のれん等調整額7,000,000円－資本等金額6,440,000円＝560,000円

∴分配可能額：1,850,000円－560,000円＝1,290,000円

④ **のれん14,000,000円、繰延資産500,000円の場合（ⅲb）**

のれん等調整額：14,000,000円÷2＋500,000円＝7,500,000円

のれん等調整額7,500,000円＞資本等＋その他6,890,000円

のれん÷2：14,000,000円÷2＝7,000,000円＞資本等＋その他6,890,000円

分配制限額：その他資本剰余金450,000円＋繰延資産500,000円＝950,000円

∴分配可能額：1,850,000円－950,000円＝900,000円

2．図解により計算する方法

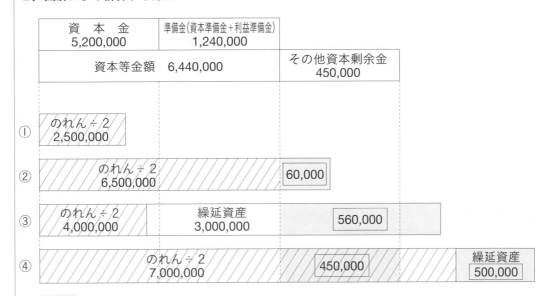

  分配制限額

① 1,850,000円－0円＝1,850,000円

② 1,850,000円－60,000円＝1,790,000円

③ 1,850,000円－560,000円＝1,290,000円

④ 1,850,000円－（450,000円＋500,000円）＝900,000円

トレーニングⅡ　Ch19　問題1・2へ

その他有価証券評価差額金による分配制限額

▶ 前期末貸借対照表にその他有価証券評価差額金が計上されている場合、その金額は剰余金には含まれません。

しかし、その他有価証券評価差額金がマイナスの場合には、分配可能額の算定において、控除します[01]。具体的には、以下のように考えます。

	分配制限額
（ⅰ）その他有価証券評価差額金 ≧ 0　→	ゼ　　　ロ
（ⅱ）その他有価証券評価差額金 < 0　→	マイナス金額

01) その他有価証券評価差額金は未実現の損益ですが、マイナスの場合、保守主義から一種の損失と考えるからです。その他有価証券評価差額金がプラスの場合は加算しないので注意してください。

Q │ その他有価証券評価差額金による分配制限額 │

前期末貸借対照表が以下の場合について、分配可能額を算定しなさい。

なお、前期末から分配日まで、株主資本項目に変動はなかった。

前期末貸借対照表
×2年3月31日　　　　　　　　　（単位：円）

資　　本　　金	5,200,000
資 本 準 備 金	500,000
その他資本剰余金	450,000
利 益 準 備 金	740,000
任 意 積 立 金	600,000
繰 越 利 益 剰 余 金	800,000
その他有価証券評価差額金	△120,000

A │ 解答・解説 │

分配可能額　　1,730,000円

(1) 分配可能額算定のための剰余金の算定
その他資本剰余金450,000円＋任意積立金600,000円＋繰越利益剰余金800,000円
＝1,850,000円

(2) その他有価証券評価差額金
△120,000円＜0円　∴　分配制限額　120,000円

(3) 分配可能額
1,850,000円－120,000円＝1,730,000円

参考 | 純資産額規制による分配制限額

株式会社の純資産額が300万円未満の場合、株主に対して剰余金の配当を行うことはできません。

また、剰余金の配当を行うことにより、純資産額が300万円を下回るような剰余金の配当を行うこともできません。

補足 | 自己株式の取扱いについて

(1) 自己株式を剰余金から控除する理由

自己株式は、会社から見ると株主への会社財産の払戻額を意味します。そのため、分配可能額の計算上、剰余金から控除します。

(2) 自己株式の処分対価を控除する理由

たとえば、前期末の剰余金の額が5,000円、前期末の自己株式が1,000円という状況を考えます。

① 効力発生日までに株主資本項目に変動がなかった場合

分配可能額：5,000円 − 1,000円（自己株式）= 4,000円

② 効力発生日までに自己株式1,000円の全部を10,000円で処分した場合

自己株式処分時の仕訳は次のようになります。

（借）現　　金　　預　　金	10,000	（貸）自　　己　　株　　式	1,000
		その他資本剰余金	9,000

確かに自己株式を処分すれば、その代金の分、分配可能額が増加すると考えることもできます。しかし、会社法では、期末日後に自己株式を不当に高い価額で処分し、それにより生じたその他資本剰余金から配当されることを懸念したようです。

そのため、分配時に生じた処分対価を分配可能額の計算上、控除することにより、期末日後の処分対価を分配可能額に含めない仕組みになっています。

分配可能額：5,000円 + 9,000円 − 10,000円 = 4,000円

上記①の変動がなかった場合と同額になります。

なお、自己株式の処分対価は期末の決算書類等で承認されて初めて分配可能額に含めることになります。

Chapter 19

特殊論点編

ここでは過去の本試験で１、２回ほど出題された論点、いまだ未出題の論点が中心となります。
　その中でも、有価証券の消滅、貸付金の譲渡と保有目的の変更については今後の出題が考えられますが、その他の論点についてはあまり深入りしすぎないようにしましょう。

1 | 有価証券の消滅

▸▸　有価証券などの金融商品を取得したときは、原則として取得する契約を締結した日（約定日）に取得の処理を行います。これを約定日基準といいます。

　ただし、例外として有価証券の場合のみ、受渡しが実際に行われた日に取得の処理を行うことも認められています。これを修正受渡日基準といいます。

　有価証券の売手の場合も、原則として契約締結日に有価証券を消滅させますが（約定日基準）、受渡日に消滅の処理を行うことも認められています（修正受渡日基準）。

　ただし、約定日に売却損益が確定するため、修正受渡日基準の場合でも売却損益の計上だけは行います。

Q | 2-1 | **有価証券の消滅** |

　次の各取引について、Ｎ社とＳ社の仕訳を、⑴約定日基準、⑵修正受渡日基準によりそれぞれ示しなさい。

1. ×1年3月29日

　Ｎ社は売買目的有価証券（簿価70円）をＳ社に100円で売却する契約を締結した。Ｓ社は売買目的で保有する。

2. ×1年3月31日

　当該株式の時価は120円である。Ｓ社は切放法に評価を行う。

3. ×1年4月2日

　株式の受渡しが行われ、Ｎ社は代金100円をＳ社より現金で受け取った。

A | 2-1 | **解答・解説** |

💡　**Ｎ社の仕訳**

⑴　約定日基準の場合

　①3月29日（約定日）

（借）未　収　入　金	100	（貸）売買目的有価証券	70
		有価証券売却益	30

② 3月31日 (決算日)

仕　訳　な　し		

③ 4月2日 (受渡日)

(借) 現　　　　　　　金	100	(貸) 未　収　入　金	100

⑵ 修正受渡日基準の場合

① 3月29日 (約定日)

(借) 売 買 目 的 有 価 証 券	30	(貸) 有 価 証 券 売 却 益	30

② 3月31日 (決算日)

仕　訳　な　し		

③ 4月2日 (受渡日)

(借) 現　　　　　　　金	100	(貸) 売 買 目 的 有 価 証 券	100

S社の仕訳

⑴ 約定日基準の場合

① 3月29日 (約定日)

(借) 売 買 目 的 有 価 証 券	100	(貸) 未　　払　　金	100

② 3月31日 (決算日)

(借) 売 買 目 的 有 価 証 券	20	(貸) 有 価 証 券 評 価 損 益	20

③ 4月2日 (受渡日)

(借) 未　　払　　金	100	(貸) 現　　　　　　　金	100

⑵ 修正受渡日基準の場合

① 3月29日 (約定日)

仕　訳　な　し		

② 3月31日 (決算日)

(借) 売 買 目 的 有 価 証 券	20	(貸) 有 価 証 券 評 価 損 益	20

③ 4月2日 (受渡日)

(借) 売 買 目 的 有 価 証 券	100	(貸) 現　　　　　　　金	100

トレーニングⅡ　Ch19　問題3へ

Chapter 19

特殊論点編

参考　有価証券の保有目的の変更

有価証券の保有目的は取得時に決めるため、その後は正当な理由[01]がなければ変更することはできません。

これは恣意的に保有目的を変更し、利益を操作するのを防ぐためです。

01) 正当な理由としては、会社の資金運用方針の変更や、株式の追加取得および売却などによって、他の保有目的から子会社株式に変更したり、子会社株式から他の保有目的に変更する場合などです。

1　原則的処理

有価証券の保有目的を変更した場合には、⑴振替価額をどうするか、⑵振替時の評価差額をどうするかの2点がポイントとなります。

【保有目的の変更の原則的処理】

⑴**振替価額：原則として変更「前」の保有目的の評価基準による金額で振り替える**[02]。

⑵**振替時の評価差額：変更「前」の保有目的区分から発生したものとして処理する**[02]。

02) 例えば、「売買目的有価証券」から「子会社株式」に振り替えた場合、振替価額は振替時の時価となり、振替時の評価差額は「有価証券評価損益」とします。

Q 保有目的の変更（原則的処理）

当社は、正当な理由により以下の有価証券について保有目的を変更した。変更時の仕訳を示しなさい。

銘　柄	変　更　前	変　更　後	帳簿価額	変更時の時価
A社株式	売買目的有価証券	子会社株式	1,000 円	1,200 円
B社社債	満期保有目的債券	売買目的有価証券	900 円	930 円
C社株式	子会社株式	その他有価証券	2,000 円	2,200 円

B社社債の保有目的変更時の償却原価は920円である。

A **解答**

(1) A社株式

（借）子 会 社 株 式	1,200	（貸）売 買 目 的 有 価 証 券	1,000
時 価		有 価 証 券 評 価 損 益	200

(2) B社社債

（借）売 買 目 的 有 価 証 券	920	（貸）満 期 保 有 目 的 債 券	900
償却原価		有 価 証 券 利 息	20

(3) C社株式

（借）そ の 他 有 価 証 券	2,000	（貸）子 会 社 株 式	2,000
簿 価			

2 例外的処理（その他有価証券からの変更）

▶ その他有価証券から他の保有目的に変更した場合には、変更「後」の保有目的区分に従って処理を行います。

【保有目的の変更の例外的処理】

「その他有価証券」から「売買目的有価証券」に変更
　(1)振替価額：時価
　(2)振替時の評価差額：損益に計上（例外的処理）

「その他有価証券」から「子会社株式・関連会社株式」に変更
　①振替価額：簿価（例外的処理）03)
　②振替時の評価差額：生じない

03)　「その他有価証券」から、「子会社株式」や「関連会社株式」に振り替える場合には、企業結合や連結との関係で、個別上は簿価で評価する必要があるため、例外的処理を行います。

Q | 保有目的の変更（例外的処理）

　当社は、正当な理由により以下のその他有価証券について保有目的を変更した。変更時の仕訳を示しなさい。

銘　柄	変 更 前	変 更 後	帳簿価額	変更時の時価
Ｄ社株式	その他有価証券	売買目的有価証券	700 円	900 円
Ｅ社株式	その他有価証券	子会社株式	3,000 円	3,100 円

A | 解答

(1)　Ｄ社株式

(借)売 買 目 的 有 価 証 券	900	(貸)そ の 他 有 価 証 券	700
	時　価	投 資 有 価 証 券 評 価 損 益 03)	200

03)　「その他有価証券」から「売買目的有価証券」に振り替えるときに評価差額を損益に計上するのは、変更前の評価方法で行うと、売買目的有価証券に対して「その他有価証券評価差額金」が計上されてしまうからです。

(2)　Ｅ社株式

(借)子 会 社 株 式 04)	3,000	(貸)そ の 他 有 価 証 券	3,000
	簿　価		

04)　この他に、「その他有価証券」から「子会社株式」や「関連会社株式」に振り替える場合で、前期末に部分純資産直入法を採用し評価損を計上していたときは、前期末時価で振り替えます。
　　これは前期末時価で振り替えることにより借方に評価損を計上し、期首の洗替えで貸方に計上されている投資有価証券評価損益と相殺するためです。
　　その他有価証券（帳簿価額3,000円）について、当期に子会社株式へ変更した。前期末時価が2,900円の場合
　　　期首の洗替え
　　　　(借)そ の 他 有 価 証 券　　100　(貸)投資有価証券評価損益　　100

　　　変更時
　　　　(借)子 会 社 株 式　2,900　(貸)そ の 他 有 価 証 券　3,000
　　　　　　投資有価証券評価損益　　100

3 保有目的の変更のまとめ

▷ 有価証券の保有目的の変更をまとめると、次のとおりです。なお、子会社株式・関連会社株式は合わせて関係会社株式として表示しています。

変 更 前	変 更 後	(1)振替価額	(2)振替時の評価差額
売買目的有価証券	関 係 会 社 株 式	振 替 時 の 時 価	有価証券評価損益
	その他有価証券		
満期保有目的債券	売買目的有価証券	振替時の償却原価	―
	その他有価証券		
関 係 会 社 株 式	売買目的有価証券	振 替 時 の 簿 価	―
	その他有価証券		
その他有価証券	売買目的有価証券	振 替 時 の 時 価	(例外) 投資有価証券評価損益
	関 係 会 社 株 式	(例外) 振替時の簿価 05)	―

05) 部分純資産直入法で前期末に評価損を計上したときは「前期末時価」で振り替える。

参考 **貸付金の譲渡**

1 貸付金の譲渡とは

▷ 貸付金の譲渡とは、貸付金の債権者が第三者に債権を譲渡することにより、回収期日前に現金化することをいいます。

2 金融資産の消滅の認識

▷ 貸付金などの金融資産には、元本と利息を受け取る権利(将来キャッシュ・フロー)と貸付金の回収業務、貸倒リスク等などの複数の要素(財務構成要素)が含まれます。

ここで貸付金を譲渡した場合であっても、譲渡人が貸付金の回収業務を譲受人の代わりに行う場合があります。この場合、譲渡した財務構成要素の消滅を認識 01)するとともに、当社に残る財務構成要素の存続を認識します。

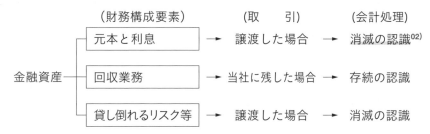

01) このように財務構成要素ごとに消滅を認識する考え方を「財務構成要素アプローチ」といいます。
一方、不動産の流動化のように財務構成要素ごとに分けずに、リスクと経済価値のほとんどすべてが移転した場合に資産の消滅を認識する考え方を「リスク・経済価値アプローチ」といいます。

02) 「消滅の認識」とは、帳簿価額を減らすこととイメージすればよいでしょう。

3 会計処理

▸ 貸付金の一部（の要素）を譲渡した場合の処理は次のとおりです。

> **貸付金の譲渡の処理**
> ① 貸付金の帳簿価額のうち、譲渡により消滅する部分を減らす。
> ② 貸付金の帳簿価額のうち、当社に残る部分（残存部分）を適切な科目に振り替える。
> ③ 貸付金の譲渡により新たに発生した資産・負債を譲渡時の時価により計上し、消滅する部分との差額を貸付金売却益（損）とする。

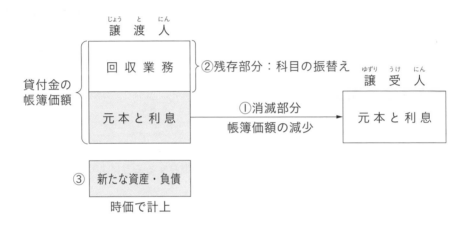

(1) 貸付金の帳簿価額の配分

▸ 消滅部分と残存部分の帳簿価額を、それぞれの時価の割合で配分します。

$$貸付金の帳簿価額 \times \frac{消滅部分の時価}{消滅部分の時価 + 残存部分の時価} = 消滅部分の帳簿価額①$$

$$貸付金の帳簿価額 \times \frac{残存部分の時価}{消滅部分の時価 + 残存部分の時価} = 残存部分の帳簿価額②$$

(2) 差額の処理

▸ 新たに発生した資産・負債の時価と、消滅部分に対応する帳簿価額との差額を**貸付金売却益**（または**貸付金売却損**）[03] として処理します。

> 03) 債権売却益、長期貸付金売却益などの科目を使うこともあります。本試験では、問題文の指示に従ってください。

Q | 貸付金の譲渡 |

次の取引の当社における仕訳を示しなさい。

1　当社(決算日年1回、3月末日)は、A社に対する貸付金(帳簿価額122,000円)を×2年3月31日にB社に119,000円で譲渡し、対価は現金で受け取った。

2　貸付金の回収業務は当社が引き続き担当する。回収業務から得られる手数料の現在価値(回収サービス業務資産の時価[04])は5,000円である。

3　当社には、債権の価値が上がった場合などに債権を買い戻す権利(買戻権[05])が生じる。買戻権の時価は3,000円である。

4　貸付金が回収不能になった場合に当社が負担する遡及義務(リコース義務[06])の時価は2,000円である。

A | 解答 |

(借)現	金	119,000	(貸)貸	付	金	122,000
買 戻 権		3,000	リ コ ー ス 義 務			2,000
回収サービス業務資産		4,880	貸 付 金 売 却 益			2,880

04) 回収サービス業務資産の時価とは、債権の回収業務を新たな債権者(B社)に代わって行うことにより新たな債権者から受け取る手数料の現在価値であり、これにもとづいて資産計上します。

05) 買戻権は、債権の価値が上がった場合、債権を買える権利なのでコール・オプションをイメージするとよいでしょう。

06) リコース義務は債権が回収不能になった場合に負担する遡及義務ですので、手形割引のさいの保証債務をイメージするとよいでしょう。

解説 |

(1) 貸付金の帳簿価額の配分

消滅部分の時価は、譲渡により新たに発生した資産から新たに発生した負債を引いた純額とします。

消滅部分の時価：$\underset{現\ 金}{119,000円} + \underset{買戻権}{3,000円} - \underset{リコース義務}{2,000円} = 120,000円$

消滅部分：$122,000円 \times \dfrac{120,000円}{120,000円 + 5,000円} = 117,120円$

残存部分：$122,000円 \times \dfrac{5,000円}{120,000円 + 5,000円} = 4,880円$

(2) 消滅部分の処理

新たに発生した資産・負債の時価(純額)と、消滅部分に対応する帳簿価額との差額を貸付金売却益として処理します。

(借)現	金	119,000	(貸)貸	付	金	117,120
買 戻 権		3,000	リ コ ー ス 義 務			2,000
			貸 付 金 売 却 益			2,880[07]

07) 120,000円－117,120円＝2,880円

⑶ 残存部分の処理

回収サービス業務資産[08]に振り替えます。

（借）回収サービス業務資産	4,880	（貸）貸 付 金	4,880

08) 回収サービス業務資産は貸借対照表上、未収収益（期間が1年を超える場合は長期未収収益）として表示します。なお、長期未収収益は収益の見越しによる純粋な経過勘定とは異なるため、長期前払費用だけが一年基準が適用されることとは矛盾しません。

上記の仕訳⑵と⑶を合わせると、解答の仕訳になります。

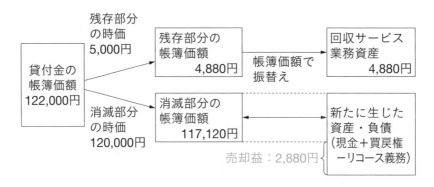

参考 | 総合償却

総合償却とは、一定の基準によってグルーピングした有形固定資産について一括して減価償却を行う方法です。減価償却費を計算するにあたっては、平均耐用年数を用います。

$$平均耐用年数 = \frac{要償却額の合計}{定額法^{01)} 年償却額の合計}$$

$$減価償却費 = （取得原価合計 - 残存価額合計） ÷ 平均耐用年数$$

01) 平均耐用年数を算定する段階では、年償却額は定額法によります。なお、平均耐用年数が割り切れない場合には、通常端数を切り捨てます。

Q | 総合償却 |

次の取引の仕訳を示しなさい。

1. 当社は、×5年4月1日に以下の機械を取得した。×6年3月31日の決算にあたり、これらの機械について定額法により総合償却を行う。減価償却の記帳方法は間接法による。なお、平均耐用年数の計算で1年未満の端数が生じた場合には切り捨てること。

	取得原価	耐用年数	残存価額
A 機 械	1,000,000円	12年	取得原価の10%
B 機 械	700,000円	7年	取得原価の10%
C 機 械	300,000円	5年	取得原価の10%

2. 翌期末(×7年3月31日)に機械C(取得原価:300,000円、残存価額:取得原価の10%)を除却した。除却時の機械の評価額は20,000円であった。除却時に除却した資産の要償却額を減価償却累計額として減らす方法による。

A | 解答・解説 |

(1) 平均耐用年数の計算

	要 償 却 額		年 償 却 額	
A 機 械	1,000,000円×0.9 =	900,000円	900,000円÷12年 =	75,000円
B 機 械	700,000円×0.9 =	630,000円	630,000円÷7年 =	90,000円
C 機 械	300,000円×0.9 =	270,000円	270,000円÷5年 =	54,000円
	合計:	1,800,000円	合計:	219,000円

平均耐用年数:$\dfrac{1,800,000円}{219,000円} = 8.219\cdots \rightarrow 8$年

(2) 減価償却費:2,000,000円 × 0.9 ÷ 8年 = 225,000円

(借)減 価 償 却 費	225,000	(貸)機 械 減 価 償 却 累 計 額	225,000

(3) 除却時

総合償却の場合、個々の資産の帳簿価額は不明であるため、償却済みとみなして要償却分の減価償却累額を減らします。なお、評価額は貯蔵品(流動資産)で処理します。

(借)機 械 減 価 償 却 累 計 額	270,000[02]	(貸)機　　　　　　　械	300,000
貯　　蔵　　品	20,000		
固 定 資 産 除 却 損	10,000		

02) 300,000円×0.9=270,000円

参考 | **有価証券の貸付・借入**

これまで、様々な目的のために有価証券を取得、保有、売却した場合の処理について学習してきましたが、この他にも有価証券には変わった使い方があります。

1 有価証券の貸付・借入

企業の資金調達は、株式の発行や、資金の借入・社債の発行により行うのが一般的ですが、金融機関などから有価証券を借りて、それを市場で売却することにより資金調達する方法もあります。また、資金を借り入れるときに担保として有価証券を差し入れることもあります。

2 有価証券の貸付・借入の処理

企業が金融機関などから有価証券を借りて⁰¹⁾、それを市場で売却し資金を調達します。

その後、有価証券の返還期限までに、企業は市場から有価証券を購入し、金融機関に返還します⁰²⁾。

01) 金融機関と有価証券の消費貸借契約を締結します。消費貸借は、借り入れた有価証券そのものでなくても、同一銘柄、同一数量を返還すればよいというものです。

02) 実際には金融機関に借入料(かりいれりょう)(実質的な利息)を支払いますが、本書では割愛しています。

(1) 有価証券の貸手の処理⁰³⁾

借手には有価証券を自由に処分する権利が与えられ、貸手は有価証券の使用が拘束されるため、財務諸表上、有価証券を貸し付けている旨と貸借対照表価額を注記します。

また、貸し付ける直前の有価証券の保有目的区分に従った評価と会計処理⁰⁴⁾を継続します。

03) 貸付時(借入時)に社内の管理目的で、備忘記録を行うこともありますが、本書では割愛しています。

04) 貸し付けた有価証券が売買目的であれば、時価で評価し、評価損益は当期の損益とします。

⑵ 有価証券の借手の処理

① 決算時

▷ 有価証券の借手は、有価証券を売却する前に決算をむかえた場合には財務諸表上、有価証券を借り入れている旨と貸借対照表日の時価を注記します。

② 有価証券の売却時

▷ 有価証券を売却したときに、時価で有価証券の受入れと売却の処理を同時にするとともに、返還義務を時価で売却借入有価証券（負債）として計上します[05]。

(借) 保 管 有 価 証 券	××	(貸) 売 却 借 入 有 価 証 券	××
有価証券の受入れ	時 価	有価証券の返還義務	時 価
(借) 現 金 等	××	(貸) 保 管 有 価 証 券	××
	時 価	有価証券の売却	時 価

05) 売却借入有価証券は決算時に時価評価を行い、評価損益は当期の損益とします。

③ 有価証券の購入・返還時

▷ 有価証券の購入時には、通常の有価証券の取得の処理を行います。

有価証券の返還時に、購入した有価証券の帳簿価額と、返還義務を表す売却借入有価証券との差額を当期の損益に計上します。

(借) 有 価 証 券	××	(貸) 現 金 等	××
有価証券の購入			
(借) 売 却 借 入 有 価 証 券	××	(貸) 有 価 証 券	××
返還義務の消滅		有価証券の返還	
		有 価 証 券 評 価 損 益	××
		（または有価証券運用損益）	

貸借には法律上、レンタカーのようにそのものを返さなければならない使用貸借と借金のように同じものを返せばよい消費貸借があります。ここでの有価証券の貸借、借入は消費貸借に該当します

Q | 有価証券の貸付・借入 |

次の取引についてA社およびB社の仕訳を示しなさい。会計期間は、A社およびB社とも3月31日を決算日とする1年である。なお、売買目的有価証券に関しては切放方式で処理し、両社とも有価証券評価損益勘定を用いるものとする。

①　×5年3月1日

A社はB社に、売買目的で保有している有価証券（帳簿価額：2,000円、時価：2,100円）を貸し付けた。

②　×5年3月31日

有価証券の時価は1,900円であった。

③　×5年5月1日

B社は有価証券を2,200円で売却し、代金は当座預金とした。

④　×6年3月31日

有価証券の時価は1,950円であった。

⑤　×6年5月1日

B社はA社から借り入れた有価証券を返還するために、売買目的で同一銘柄の有価証券を1,800円で購入し、代金は小切手を振り出して支払った。

⑥　×6年5月31日

B社はA社から借り入れた有価証券を返還した。

A | 解答・解説 |

①　×5年3月1日（貸付・借入日）

A社（貸手）、B社（借手）ともに仕訳は不要です。

②　×5年3月31日（決算日）

＜A社（貸手）＞

（借）有 価 証 券 評 価 損 益	100[06]	（貸）売 買 目 的 有 価 証 券	100

06)　1,900円（時価）－2,000円（簿価）＝△100円（評価損）

また、有価証券を貸し付けている旨と貸借対照表価額1,900円を注記します。

＜B社（借手）＞

仕 訳 な し

ただし、有価証券を借り入れている旨と貸借対照表日の時価を注記する必要があります。

③　×5年5月1日(有価証券の売却)

＜A社(貸手)＞

仕　訳　な　し

＜B社(借手)＞

　　有価証券を売却したときは、有価証券の受入れおよび売却処理(保管有価証券の発生と同時に消滅の認識)を行い、返還義務を時価で負債(売却借入有価証券)として認識します。

(借)保　管　有　価　証　券	2,200	(貸)売 却 借 入 有 価 証 券	2,200
(借)当　　座　　預　　金	2,200	(貸)保　管　有　価　証　券	2,200

④　×6年3月31日(決算日)

＜A社(貸手)＞

(借)売 買 目 的 有 価 証 券	50[07]	(貸)有 価 証 券 評 価 損 益	50

07)　1,950円(時価)−1,900円(簿価)=50円(評価益)

　　また、有価証券を貸し付けている旨と貸借対照表価額1,950円を注記します。

＜B社(借手)＞

　　負債に計上した返還義務は毎期末、時価により評価し[08]、差額を当期の損益に計上します。

(借)売 却 借 入 有 価 証 券	250	(貸)有 価 証 券 評 価 損 益	250[09]

08)　返還義務(売却借入有価証券)が貸借対照表に計上されるため、注記は不要となります。
09)　2,200円(簿価)−1,950円(時価)=250円(評価益)
　　負債の評価のため、損益が逆になることに注意してください。

⑤　×6年5月1日(売却有価証券の取得)

＜A社(貸手)＞

仕　訳　な　し

＜B社(借手)＞

　　通常の有価証券の取得の処理を行います。

(借)売 買 目 的 有 価 証 券	1,800	(貸)当　　座　　預　　金	1,800

⑥　×6年5月31日(有価証券の返還日)

＜A社(貸手)＞

仕　訳　な　し

＜B社(借手)＞

　　返還時には、返還する有価証券および負債に計上した返還義務の消滅を認識し、差額を当期の損益に計上します。

(借)売 却 借 入 有 価 証 券	1,950	(貸)売 買 目 的 有 価 証 券	1,800
		有 価 証 券 評 価 損 益	150

参考 有価証券の差入・預り

▶ 資金を借り入れるときに担保として有価証券を差し入れた場合、資金を返済したときに差し入れた有価証券を取り戻します。

▶ 有価証券の差入側は、その有価証券の使用が拘束されるため、財務諸表上、有価証券を差し入れている旨と貸借対照表価額を注記します。

　一方、有価証券の預り側は、売却等により自由に処分できる権利を有する場合には、有価証券を預かっている旨と貸借対照表日の時価を注記します。

参考 不動産の流動化(証券化)

▶ 不動産の流動化とは、当社が保有する不動産[01]を当社が設立した特別目的会社[02]に譲渡(売却)し、特別目的会社を通じてその不動産が生み出すキャッシュ・フロー[03]を裏付けとして社債を発行して投資家から資金調達を行うことをいいます。

　具体的には、特別目的会社は不動産を第三者に貸すことなどにより得られる収益を担保に、有価証券(社債)を発行して投資家[04]から資金を調達し、不動産の購入代金にあてます。

01) 不動産とは土地、建物などをいいます。
02) 特別目的会社は英語では、Special Purpose Company であり、略してSPC と呼ばれています。
03) 不動産を他の人に貸すことによって得られる賃貸料などです。
04) 投資家は、不動産から生じる利益(賃貸料から委託手数料を引いた額)を社債利息として受け取ります。

1 不動産売却時

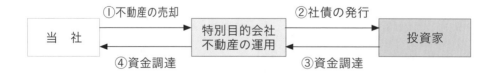

2 不動産運用時（賃貸）

▶▶ 特別目的会社は不動産の管理を管理会社に委託し管理会社に委託手数料を支払うとともに、賃貸料を受け取ります。

また、特別目的会社は投資家に対して社債利息を支払います。

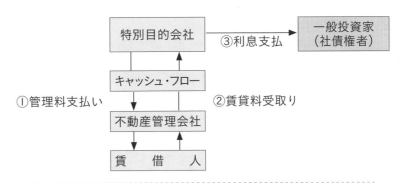

> **不動産の流動化のメリット**
> 　譲渡人（当社）は不動産を貸借対照表から切り離し、売却代金で借入金などを返済することにより、貸借対照表のスリム化や自己資本比率などの財務指標を改善することができます[05]。
>
> ### 例　不動産100円を同額で流動化した場合[06]

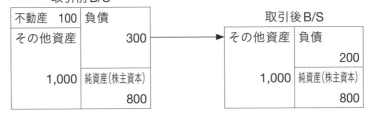

05) 不動産が証券化され、小口化され、多数の者が投資することにより、投資家は投資のリスクを分散できます。

06) 簿価100円の不動産を100円で売却し、借入金を返済した場合、自己資本比率は約73%から80%に改善しています。

Chapter 19

特殊論点編

3 譲渡人の会計処理（売却取引と金融取引）

(1) 不動産の譲渡

⯈ 不動産を譲渡したときに、当社が特別目的会社に出資し優先出資証券[07]を購入し、当社が譲渡後も不動産に関与することがあります。

ここで、譲渡の事実だけでなく、不動産のリスク[08]と経済価値[09]が、他の者に移転したかで処理が異なります。

> **07)** 優先出資証券とは、特別目的会社が発行するもので、配当の優先権が高い代わりに、議決権がないことが特徴です。
> **08)** 不動産のリスクとは、不動産の価値が下落して損失が生ずる危険性をいいます。
> **09)** 不動産の経済価値とは、不動産を保有、使用等することにより生ずる経済的利益を得る権利をいいます。

(2) 売却取引と金融取引

⯈ 不動産のリスクと経済価値のほとんどすべてが他の者に移転していると認められる場合には、当社は売却取引として処理します。

一方、不動産のリスクと経済価値のほとんどすべてが移転していると認められない場合には、金融取引として処理します。

リスクと経済価値の移転の判断基準

不動産の譲渡価額に対する当社のリスク負担の金額（取得した有価証券の金額）の割合が概ね5％以下[10]であれば、リスクと経済価値のほとんどすべてが他に移転したと考えます。

> **10)** 当社のリスクの負担割合が5％超であれば、当社にリスクと経済価値が残っていると考え、売却取引は認められず、固定資産を担保として資金を借り入れたと考えます。

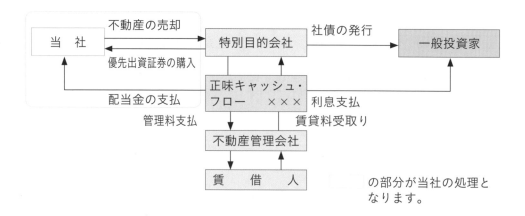

の部分が当社の処理となります。

Q | **不動産の流動化1**

次の取引に関して、当社の仕訳を示しなさい。

① 当社は所有する土地（簿価8,000円）を特別目的会社に時価10,000円で売却した。また、特別目的会社が土地購入資金の調達を目的として、普通社債9,600円と優先出資証券400円を発行し、当社は優先出資証券400円を購入（その他有価証券）した。

当社のリスク負担の割合は4%であり、5%以下であるため売却取引として会計処理する。

② 特別目的会社は土地の管理を不動産管理会社に委託した。特別目的会社は不動産管理会社に当期分の管理手数料等250円を支払うとともに、不動産管理会社を通じて土地の賃借人より賃貸料600円を受け取っている。

③ 特別目的会社が普通社債および優先出資証券について社債利息300円および配当金50円を支払い、当社は配当金50円を受け取った。

A | **解答・解説**

① 不動産の売却・証券の発行

当社のリスクの負担割合： $\dfrac{400円}{10,000円} = 4\%$

5%を下回っているため、リスクと経済価値のほとんどすべてが他に移転したと考え、不動産の売却の処理をします。

（借）現　金　預　金	10,000	（貸）土　　　　　　　地	8,000
		固 定 資 産 売 却 益	2,000
（借）投 資 有 価 証 券	400	（貸）現　金　預　金	400

② 管理手数料の支払・賃貸料の受取り

特別目的会社の処理のため、当社の仕訳はなし

③ 社債利息および配当金の支払

（借）現　金　預　金	50	（貸）受 取 配 当 金	50

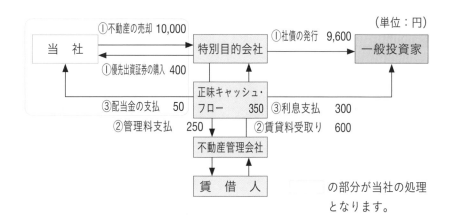

（単位：円）

の部分が当社の処理
となります。

Q | **不動産の流動化2**

次の取引に関して、当社の仕訳を示しなさい。

① 当社は所有する土地（簿価8,000円）を特別目的会社に時価10,000円で売却した。また、特別目的会社が土地購入資金の調達を目的として、普通社債8,000円と優先出資証券2,000円を発行し、当社は優先出資証券2,000円を購入した。

当社のリスク負担の割合は20％であり5％を大幅に超えているため、売却取引とは認められず金融取引として会計処理する。金融取引とした場合の科目は長期借入金とする。

② 特別目的会社は土地の管理を不動産管理会社に委託した。特別目的会社は不動産管理会社に当期分の管理手数料等200円を支払うとともに、不動産管理会社を通じて土地の賃借人より賃貸料600円を受け取っている。

③ 特別目的会社が普通社債および優先出資証券について社債利息300円および配当金100円を支払い、当社は配当金100円を受け取った。

A | **解答・解説**

① 不動産の売却・証券の発行

当社のリスクの負担割合：$\dfrac{2,00円}{10,000円} = 20\%$

▶▶ 5％を上回っているため、金融取引として処理します。

金融取引では、不動産を担保として借入を行ったと考えます。また、優先出資証券の購入による資金流出分は借入金の返済と考えます[11]。

（借）現　金　預　金	10,000	（貸）長　期　借　入　金	10,000
（借）長　期　借　入　金	2,000	（貸）現　金　預　金	2,000

11) 結果として、不動産の流動化により8,000円の資金調達ができたことになります。

② 管理手数料の支払・賃貸料の受取り

金融取引では、不動産を当社が売却せず保有したまま、当社が不動産の賃借人から賃貸料をもらって、管理会社に管理費用等を支払ったとみなします。

（借）現　金　預　金	600	（貸）賃　貸　収　入	600
（借）賃　貸　原　価	200	（貸）現　金　預　金	200

③ 社債利息および配当金の支払

正味8,000円の資金調達にともなう利息と考え、支払利息とします。

（借）支　払　利　息	300	（貸）現　金　預　金	300

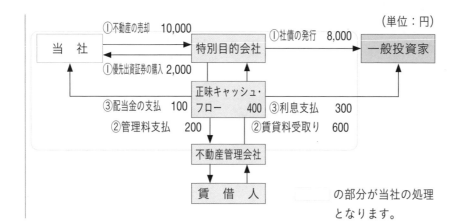

（単位：円）

の部分が当社の処理
となります。

INDEX

日商簿記1級

簿記検定の最高峰、日商簿記 1 級の WEB 講座では、実務的な話も織り交ぜながら、誰もが納得できるよう分かりやすく講義を進めていきます。

また、WEB 講座であれば、自宅にいながら受講できる上、受講期間内であれば何度でも繰り返し納得いくまで受講できるため、範囲が広くて1つひとつの内容が高度な日商簿記 1 級の学習を無理なく進めることが可能です。

ネットスクールと一緒に、日商簿記 1 級に挑戦してみませんか？

標準コース　学習期間（約1年）

じっくり学習したい方向けのコースです。初学者の方や、実務経験のない方でも、わかり易く取引をイメージして学習していきます。お仕事が忙しくても 1 級にチャレンジされる方向きです。

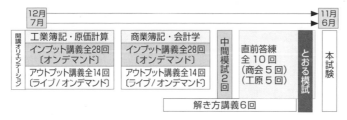

速修コース　学習期間（約6カ月）

短期間で集中して 1 級合格を目指すコースです。比較的残業が少ない等、一定の時間が取れる方向きです。また、税理士試験の受験資格が必要な方にもオススメのコースです。

※ 1 級標準・速修コースをお申し込みいただくと、特典として 2 級インプット講義が本試験の前日まで学習いただけます。
　2 級の内容に少し不安が…という場合でも安心してご受講いただけます。

日商簿記1級WEB講座で採用『反転学習』とは？

【従　来】　INPUT（集合授業）　➡　OUTPUT（各自の復習）

簿記の授業でも、これまでは上記のように問題演習を授業後の各自の復習に委ねられ、学習到達度の大きな差が生まれる原因を作っていました。そこで、ネットスクールの日商簿記対策 WEB 講座では、このスタイルを見直し、反転学習スタイルで講義を進めています。

【反転学習】　INPUT（オンデマンド講義）　➡　OUTPUT（ライブ講義）

各自、オンデマンド講義でまずは必要な知識のインプットを行っていただき、その後のライブ講義で、インプットの復習とともに具体的な問題演習を行っていきます。ライブ講義とオンデマンド講義、それぞれの良い点を組み合わせた「反転学習」のスタイルを採用することにより、学習時間を有効活用しながら、早い段階で本試験レベルの問題にも対応できる実力が身につきます。

講義中は、先生がリアルタイムで質問に回答してくれます。対面式の授業だと、むしろここまで質問できない場合が多いと思います。

（loloさん）

ネットスクールが良かったことの1番は講義がよかったこと、これに尽きます。講師と生徒の距離がとても近く感じました。ライブに参加すると同じ時間を先生と全国の生徒が共有できる為、必然的に勉強する習慣が身につきました。

（みきさん）

試験の前日に桑原先生から激励の電話を直接いただきました。ほんとうにうれしかったです。WEB講座の端々に先生の人柄がでており、めげずに再試験を受ける気持ちにさせてくれたのは、先生の言葉が大きかったと思います。

（りんさん）

合格出来たのは、ネットスクールに出会えたからだと思います。
40代、2児の母です。小さな会社の経理をしています。勉強できる時間は1日1時間がせいぜいでしたが、能率のよい講座のおかげで3回目の受験でやっと合格できました！

（M.Kさん）

WEB講座受講生の声

合格された皆様の喜びの声をお届けします！

本試験直前まで新しい予想問題を作って解説していただくなど、非常に充実したすばらしい講座でした。WEB講座を受講してなければ合格は無理だったと思います。

（としくんさん）

無事合格しました!!
平日休んで学校に通うわけにもいかず困っていましたが、WEB講座を知り、即申し込みました。桑原先生の解説は本当に解りやすく、テキストの独学だけでは合格出来なかったと思います。本当に申し込んで良かったと思っています。

（匿名希望さん）

専門学校に通うことを検討しましたが、仕事の関係で週末しか通えないこと、せっかくの休日が専門学校での勉強だけの時間になる事に不満を感じ断念しました。
WEB講座を選んだ事は、素晴らしい講師の授業を、自分の好きな時間に早朝でも深夜でも繰り返し受講できるので、大正解でした！

（ラナさん）

予想が面白いくらい的中して、試験中に「ニヤリ」としてしまいました。更なるステップアップを目指したいと思います。

（NMさん）

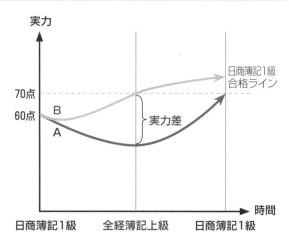

学びやすい！分かりやすい！
ネットスクールの 税理士WEB講座

【開講科目】簿記論・財務諸表論、法人税法、相続税法、消費税法、国税徴収法

～税理士 WEB 講座の5つの特長～

楽しく学べる！ オンライン受講システム

●ネットスクールの WEB 講座は、まるで目の前に講師がいるかのような臨場感のある講義をご自宅や外出先、どこでも受講できます。しかも、生配信の際には、チャットでの双方向コミュニケーションを用いて、教室よりも楽しく学習できます。また、講義はすべて収録しているので、受講期間内であればお好きな時に何度でも講義を見直すことも可能です。

丸暗記にサヨナラ！ 実力派講師陣

●近年の税理士試験は「理解力」を必要とし、とにかく覚える「丸暗記型学習」では対応できなくなっていることを踏まえ、税理士 WEB 講座では、経験豊富なベテラン講師を集結！本質を捉えた内容の濃い講義を分かりやすくお届けします。

最新トレンドに対応！ ムリ・ムダ・ムラのないカリキュラム

●ネットスクールの税理士 WEB 講座では、知識を身に付ける INPUT 講義と、問題演習を行う OUTPUT 講義を最適な形で組み合わせて、理想的な形で実力を伸ばすことができるカリキュラムとしています。また、初めての方には『標準コース』、再挑戦の方には『上級コース』といった具合に、受験生の方々に合ったコースを選んで頂くことが可能です。

初めてでも安心！ 徹底サポート

●ネットスクールの WEB 講座では、受講生専用 SNS『学び舎』を開設しており、講師へのご質問やご相談はもちろんのこと、受講生の方々が交流できる場としてもご活用頂けるようになっています。通信講座ではありますが、一人にはさせないサポートで、合格までご案内します。

喜びの声！ 合格者 続々輩出！

●ネットスクールの税理士 WEB 講座で合格された方々から、毎年多くの喜びの声を頂戴して おります。紙面の都合上、少しではありますがご紹介させていただきます。

> 5年間、簿記論・財務諸表論ともに合格することができず、もう試験を受けること自体をやめようと思ったこともありました。しかし、初心に返り、基礎から学び直すつもりで標準コースを受講したところ簿記論に合格することが出来ました。質問が簡単に出来るところがよく、直前期ではすぐに対応をしてもらえたので、わからない問題を放置することなく解決できたことがとてもよかったです。（簿記論合格 I さん）

> 仕事や住まいの関係で通信でしか勉強できない環境だったのでいろいろ検討した結果、先生の評判や通信なのにその場で質問できるライブ授業が決め手でネットスクールを選びました。なによりも先生の授業が楽しく待ち遠しく感じるほど魅力があったことが合格につながったのかなと思います。（財務諸表論合格 A さん）

無料説明会や無料体験講義を随時配信中！　詳しい情報はネットスクールホームページをご確認下さい。

ネットスクール WEB 講座

ネットスクール 検索 今すぐアクセス！

（フリーコール）**0120-979-919** （平日 10:00 ～ 18:00）
https://www.net-school.co.jp/

簿記の知識に+α(プラスアルファ)
~ビジネスシーンで簿記の知識を更に活かすために~

財務諸表の「作り方」が分かったら、次は「読み方」

簿記学習者のためのビジネス会計検定試験®3級テキスト&厳選過去問

ISBN:978-4-7810-0294-1　本体価格(税込):1,980円

大阪商工会議所が主催する「ビジネス会計検定試験®」は、あらゆるビジネスシーンで役立つ財務諸表に関する知識、分析力をはかる検定試験です。
簿記検定では財務諸表を「作る」ことに重点が置かれていますが、財務諸表の「読み方」も重要な知識です。
簿記の勉強をした方であれば基礎は十分に備わっているので、ぜひ挑戦してみましょう!

☑ 経理職以外で簿記の知識を活用する方法を知りたい。
☑ 経済ニュースの内容が理解できるようになりたい。
☑ マネジメントに役立つ会計の知識を身に付けたい。　という方にオススメ

簿記の仕組みはビジネスの世界共通言語

マンガでサクッとわかる簿記3級からの英文会計

ISBN:978-4-7810-0255-2　本体価格(税込):1,980円

皆さんが学ぶ複式簿記の原理は世界共通で、国際的なビジネスシーンの共通言語ともいえます。
せっかく学んだ簿記の知識に英語の要素も加えて、グローバルで活躍できる第1歩を踏み出して みませんか?　マンガで学べる本書で、英文会計の世界を覗いて みましょう!

☑ 「借方」・「貸方」って、英語では何て言うの?
☑ 掛仕入や減価償却の仕訳を英語で書くとどうなる…?
☑ 英文会計の基礎が分かったら、BATIC® の問題にも挑戦してみよう!

ネットスクールが誇る講師、スタッフが一丸となってこの1冊ができあがりました。
十分理解できましたか?
繰り返し学習し、合格の栄冠を勝ち取ってください。
制作スタッフ一同、心よりお祈り申し上げます。

■制作スタッフ■
森田　文雄／山田　暁人／中村　雄行／神原　大二／藤本　拓也

■カバーデザイン■
久積　昌弘（B-rain）

■DTP■
長谷川　正晴（ドアーズ本舎）

■本文イラスト■
桑原　ふさみ

■編集コーディネート■
落合　明江

◆本書に関する制度改正及び訂正情報について◆

本書の発行後に公表された法令等及び試験制度の改正情報、並びに判明した誤りに関する訂正情報については、弊社 WEB サイト内の『読者の方へ』にてご案内しておりますので、ご確認下さい。

https://www.net-school.co.jp/

なお、万が一、誤りではないかと思われる箇所のうち、弊社 WEB サイトにて掲載がないものにつきましては、書名（ＩＳＢＮコード）と誤りと思われる内容のほか、お客様のお名前及びご連絡先（電話番号）を明記の上、弊社まで郵送または e-mail にてお問い合わせ下さい。

〈郵送先〉 〒101-0054
　　　　　東京都千代田区神田錦町 3-23 メットライフ神田錦町ビル 3 階
　　　　　ネットスクール株式会社　正誤問い合わせ係
〈e-mail〉 seisaku@net-school.co.jp
※正誤に関するもの以外のご質問にはお答えできません。
※お電話によるお問い合わせはお受けできません。ご了承下さい。
※解答及び内容確認のためにお電話を差し上げることがございますので、必ずご連絡先をお書きください。